ENVIRONMENTAL
AND
RESOURCES LAW
REVIEW

环境资源法论丛

第15卷

吕忠梅 主编

法律出版社
LAW PRESS·CHINA
北京

图书在版编目（CIP）数据

环境资源法论丛. 第 15 卷 / 吕忠梅主编. -- 北京 :
法律出版社, 2024. -- ISBN 978-7-5197-8726-4

Ⅰ. D912. 604-53

中国国家版本馆 CIP 数据核字第 20249HJ641 号

环境资源法论丛(第 15 卷)

HUANJING ZIYUANFA LUNCONG(DI-15 JUAN)

吕忠梅 主编

责任编辑 罗 欣
装帧设计 李 瞻

出版发行 法律出版社
编辑统筹 法律教育出版分社
责任校对 张翼羽
责任印制 刘晓伟
经　　销 新华书店

开本 710 毫米×1000 毫米 1/16
印张 17. 5　　**字数** 288 千
版本 2024 年 12 月第 1 版
印次 2024 年 12 月第 1 次印刷
印刷 北京虎彩文化传播有限公司

地址:北京市丰台区莲花池西里 7 号(100073)
网址:www. lawpress. com. cn
投稿邮箱:info@ lawpress. com. cn
举报盗版邮箱:jbwq@ lawpress. com. cn

销售电话:010-83938349
客服电话:010-83938350
咨询电话:010-63939796

书号:ISBN 978-7-5197-8726-4　　**定价**:49. 00 元

凡购买本社图书,如有印装错误,我社负责退换。电话:010-83938349

生态环境法典编纂研究的沉淀与期许
（代序）

时光如白驹过隙，充满变化与希望的2024年即将画上句号，2025年的脚步声已清晰可闻，岁月的沉淀与未来的期许充盈心间！

回望2024年，最值得环境法学人记录的当然还是生态环境法典编纂理论研究与实践的进展：党的二十届三中全会部署了“编纂生态环境法典”的重大政治任务和立法任务，这也是继《民法典》后党的政治决议再次明确写入法典编纂的内容；全国人大常委会生态环境法典编纂工作专班完成《生态环境法典（草案）》并定向征求100多家单位的意见建议；中国法学会环境资源法学研究会在湘潭大学召开以“生态环境法典编纂的理论与实践”为题的2024年学术年会，这也是自研究会成立以来规格最高、与立法机关和生态环境保护实务部门直接交流最充分的一次年会；中国法学会环境资源法学研究会“生态环境法典编纂研究”课题组完成了《生态环境法典专家建议稿》3.5版，在《中国社会科学》《中国法学》等刊物发表了近40篇论证文章，到最高人民法院、最高人民检察院、生态环境部等多家单位进行了实地调研，也召开了数十场不同形式的内部会议；当然，还有广大环境法学者及关心和支持生态环境法典编纂的学者们发表的从不同学科、不同层次、不同角度研究生态环境法典编纂理论与实践问题的文章。看到这些，我们有充分的理由相信，在党中央的坚强领导下，在全国人大常委会的有力组织下，在广大法律工作者的共同努力下，生态环境法典的编纂一定能够圆满成功！

正因如此，本卷不可能也不应该离开生态环境法典编纂研究。我们围绕这一主题，组织了“环境法法典化”重点专题以及“环境法方法论”等专题。

“环境法法典化”专题选取了3篇紧扣生态环境法典编纂主题的文章，内容涵盖了宪法视角下的环境法律规范体系、空间思维的生态环境表达，以及生物入侵检验检疫、环境法防灾减灾功能等不同层次,总体上反映了生态环境法典编纂研究的多角度特征,也提出了生态环境法典编纂的全方位需求。杜健勋教授和黄一帆同学的《环境宪法秩序的规范阐释及其展开》一文分析了环境宪法条文的体系结构,指出《宪法》序言设定了环境宪法主体条文的基本框架,环境宪法主体条文在《宪法》序言的约束下各有侧重地形成与展开;宪法秩序与环境法律体系化的关联方式更多是价值性的。落志筠教授和李靖雯同学的《空间思维的环境立法映射及其法典表达》一文从法律的空间性出发,认为空间思维可以作为环境立法的方法论指引,其在生态环境法典中的表达有助于环境立法充分关注法律的空间性,更新人类对人与自然关系的认知,开启空间治理的新探索,不断提升生态环境治理水平。李晓慧博士的《法典化背景下的防止生物入侵检验检疫制度立法完善》一文对防止生物入侵检验检疫制度进行了系统探讨,并认为应当采取"环境法典引致性规定+单行法"的模式规定防止生物入侵检验检疫制度。将具体环境法律制度纳入生态环境法典编纂视野的研究,是不断优化生态环境法典方案的重要推动力。

"环境法方法论"和"制度研究"两个专题的文章也与生态环境法典编纂相关。屈振辉副教授和李爱年教授合作的《中国环境法学研究方法论争》一文对中国环境法的"主客一体化"的研究范式、"生态人"的研究逻辑起点以及"生态化"的研究方法论等观点进行了梳理和评析,指出环境法学研究既重视传统法学研究方法,也重视环境法学特有研究方法,但在重视中也不免存在某些偏颇。这些关于环境法学研究方法的重大论争恰恰是促进中国环境法学研究方法和方法论发展的动力。环境法制度研究仍呈现多点开花的局面,本卷收入的《推动全民参与"碳中和"的政策法规与措施建设》《生态环境修复责任与赔偿损失责任的混同及矫正》《"双碳"目标视域下碳排放权司法执行路径探析——基于539份裁判文书的实证分析》《论污染环境罪的过失责任》四篇文章对相关制度进行了深入分析,对环境立法的发展完善有启示意义。"域外法治"专题收录的《"富有感染力的"环境立法——环境立法的全球扩散与移植》一文通过界定"富有感染力的"立法现象,厘清研究中所涉及的术语、应对方法及面临的挑战,以进一步研究环境法的全球扩散。同时指出,环境影响评价制度的"全球"性扩散,也证明其本身是"全球最广泛采用的环境管理工具"。"学位论文"专题收录的《相邻采光妨害的认定与救济——基于〈民法典〉第293条的分析》一文立足于对《民法典》第293条的解释,对相邻采光妨害的认定标准和救济措施进行了深入探讨。

法典编纂是立法发展过程中的重大事件,也是法律研究的重大机遇。生态环境法典编纂进入立法程序,需要对已有环境立法进行系统的梳理、归纳和总结,并且将其凝练、提升为更加系统的环境法律制度体系,在此过程中,有非常多的问题需要深入的理论研究。包括本卷选录的文章在内,近年来已经涌现了一批生态环境法典编纂方面的成果,在生态环境法典编纂的立法条件、立法模式、逻辑框架、编纂方法等方面达成了广泛共识,总则、污染控制、自然生态保护、绿色低碳发展、生态环境责任的五编制编纂方案获得了立法机关的认可;在基本概念、基本制度等方面也取得了一定共识,但是在具体的制度设计上还存在一些不同的观点。生态环境法典编纂进程还在推进中,在达成基本共识的基础上继续深入研究具体的制度问题并提出可行的法典编纂方案,是环境法学界乃至法律理论和实务界努力的方向。

2025年已来,岁月的沉淀让我们更加成熟,未来的期许激励我们不断前行!我们还将继续围绕生态环境法典编纂研究主题组织文章,进一步推动生态环境法律制度的体系化研究,继续书写属于环境法学人的精彩篇章。

吕忠梅

2024年12月5日于星火西路八号院

环境资源法论丛 第15卷

重点专题:环境法法典化

环境法方法论

制度研究

域外法治

学位论文

重点专题：环境法法典化

《环境资源法论丛》
第 15 卷,第 3~25 页

环境宪法秩序的规范阐释及其展开*

杜健勋** 黄一帆***

摘 要 国家通过宪法设定阶段性的国家任务、多元的国家目标以实现国家目的。2018 年生态文明入宪后,我国《宪法》序言规定的国家任务与目标均呈现以经济、政治、法治和环境为横向维度,以为人民服务为最终目的的总体图景,环境宪法秩序由此形塑。《宪法》序言设定了环境宪法主体条文的基本框架,环境宪法主体条文在《宪法》序言的约束下各有侧重地形成与展开。自然资源与土地条款从横向维度彰显了环境宪法秩序的四大目标,并指引环境资源法律与国家权力实现环境治理任务。环境保护条款彰显了环境宪法秩序的横向维度,在关于环保事项的法律和国家权力运行中,更加指向人民的根本利益。关于国家机构的环境条款,其形成适应了环境宪法秩序的变迁,落实了《宪法》序言的叙述逻辑,并影响了生态文明建设中的国家权力分配。由于《宪法》序言和主体条文是价值承载体、宪法与部门法的规范性质不同、环境宪法秩序与环境法典证成理由的价值一致,宪法秩序与环境法律体系化的关联方式更多是价值性的。

关键词 环境宪法 环境法律体系 法典化 价值秩序

---

* 本文系国家社会科学基金项目"宪法规范下环境法律体系化研究"(项目编号:21XFX002)的阶段性成果。

** 杜健勋,西南政法大学西部生态法研究中心教授,法学博士。

*** 黄一帆,西南政法大学西部生态法研究中心研究助理。

引　言

在古希腊早期的宪法思想与宪制实践奠定的良好基础上,西方宪法于近代资产阶级革命时期发展并成熟,中国近代以来的宪法在很大程度上参考了西方宪法的内容。自宪法思想和宪法制度问世以来,国家治理便是立于宪法,宪法成就国家运行的基本模式,宪法的内容至关重要,不仅承载着社会生活和国家活动的价值共识,更是权利行使与权力运行的价值约束,随着社会的变化,宪法也择适当时机作出调整。20世纪中期以来,环境问题成为各国宪法增补的重要方向与内容,在一定程度上,环境治理重新塑造了宪法秩序,对国家法律规范与体系也提出了新要求,对国家运行产生了深刻影响。

就我国而言,自1978年《宪法》开始,环境事务进入宪法文本,1982年《宪法》拓展了环境事务的内容并且具体化了环境保护的对象,现行《宪法》从序言到总纲,再到国家机构全面规定了环境事务,从部门宪法的学理与规范出发,我国环境宪法已初具雏形,形成了“以国家义务为内容的国家任务驱动型的环境宪法立法模式”[1]。环境宪法重塑了宪法秩序,宪法追求的以“富强”为中心的蓝图正变得日益多元,在“新发展理念”的指导下,生态文明、美丽中国等成为宪法追求的新秩序。宪法价值追求的改变反馈到国家法律体系和法治进程中表现为,宪法秩序需要通过各层级法律规范与体系予以规范表达和展开,依循宪法的法律体系是法治的原初材料与动力支持。2018年之后的所有立法与修法都将生态环保作为一个重要的考虑事项,传统民商事、经济、行政、刑事等立法都纳入了环保事项,关乎人类生存的环境资源在遭受过度开发行为导致的污染与破坏时,作为社会控制工具的法律及时作出回应,国家法律有整体“绿化”的趋势。在这样的背景下,环境法律为适应新的宪法方向与现实的需要,在立法和修法中都作出了较大的改变,其中对于环境法律体系化以及体系化之下的环境法典化的讨论尤为热烈。[2] 自《环境保护法(试行)》颁行以来,我国环境立法已走过40多个年头,走过初创与

---

[1] 杜健勋:《国家任务变迁与环境宪法续造》,载《清华法学》2019年第4期。

[2] 在理论研究方面,自《民法典》颁布以来,“环境法典化”研究空前繁荣,仅2022年发表在法学核心期刊上的有关“环境法典化”的论文数量(37篇)就占到了以前年度这些期刊发表的环境法论文数量的一半之多(2020年度和2021年度环境法论文总数分别为49篇和45篇,数据来源为中国法学创新网)。在立法与实践方面,全国人大常委会在2021年度的立法工作计划中,明确提到“研究启动环境法典……条件成熟的行政立法领域的法典编纂工作”;2023年9月发布的《十四届全国人大常委会立法规划》中,明确“积极研究推进环境(生态环境)法典和其他条件成熟领域的法典编纂工作”,并将其列为第一类项目。

奋斗，进入不惑之年。一方面，环境立法需要总结经验，梳理法律体系，处理环境法律层级和环境要素协同治理的客观需要；另一方面，立足于环境宪法与法典化的时代追求，环境立法从内容到技术都朝着更为精细与务实的方向进步，准确理解宪法的意图，实现宪法目的，在全面厘清环境宪法价值秩序的基础上，制定环境宪法框架下体系完整、结构合理、内容全面并达到有效环境治理目的的环境法律规范应当是客观且重要的议题。

一、环境宪法秩序的建立与期待

2018年《宪法修正案》发布之后，《宪法》革新了生态环境的内容，特别是“序言”第7自然段对于国家目标的更新，使我国的生态环境保护进入了新阶段，以国家目标为指向，包括第9条、第10条、第26条和第89条在内的宪法规定，形成了一个较为完备的宪法环境保护规范体系，从部门宪法的角度观之，环境宪法初步建立。[3] 环境宪法建立了国家生态环境保护的基本格局，提供了国家生态环境的法律秩序框架，环境法的任务就是在环境宪法框架下建立体系完备、制度合理、法律责任严谨的环境法律规范体系。“宪法从理念与规范层面施展其对环境法律规范的统合性影响，环境法律规范合乎逻辑地担负起践行宪法的使命，而且环境法律规范要在公法和私法之间进行协调，确保环境宪法的价值在国家法律体系中整体实现，环境法律规范的合宪性是评价其正当性的重要标准。”[4]宪法是权力的控制法，以主要的政治行动者为规范对象，立宪的直接目的是在对共同体秩序进行批判反思的基础上以法的形式重新塑造国家与社会的关系，通过约束国家把个体解放出来以使个体在政治强力下方方面面免受国家机器裹挟，这是宪法规范国家的动态结构。[5] 在环境宪法的价值结构下，环境事务成为国家方向与个体行动之间重要的参数，无论是在理论抱负还是治理成效方面，环境的可持续发展都会成为宪法法治的基本目标与准绳。

国家目的随着社会发展发生改变，宪法的变化反映了其对国家的认识变迁并通过合法性证成使国家的结构回应时代要求，一般认为，安全保障、福祉保障和自由保障是传统的国家目的。19世纪以前的国家宪法，普遍以此理念建构宪法体系，至19世纪末期，当环境问题成为影响国家决策的重大事项时，“环境国”的概念被广泛认同，这促使人们重新认识和描述国家的概念，

---

〔3〕 张翔：《环境宪法的新发展及其规范阐释》，载《法学家》2018年第3期。
〔4〕 杜健勋：《中国环境法治：体系、教义与法典化》，载《学术论坛》2022年第2期。
〔5〕 苏永钦：《再访部门宪法》，载《治理研究》2020年第3期。

并在国家学的意义上思考国家与环境的关系。适宜的生态环境是人类命运共同体生存发展的基础,也是公民基本权利保障实现的前提,在新的历史阶段思考国家与环境的关系时,要将环境保障蕴含在国家目的之中。在工业革命的推动及现代科技的加持下,社会经济发展使得生态环境与人类生存产生联系并深刻影响社会行动,此时国家不得不思考生态环境对于国家秩序与公民权利的重要性。因此,环境保障是国家的正当性基础,也是国家权力重要的着力方向。在一个尊重人的尊严并保障人的健康且促进幸福的环境中生活是近代宪制一直以来的基本要求,宪法关于环境事务的规定无不以此为支撑,人的尊严、健康和幸福是宪法和法律治理下国家追求的最终目的,宪法中的环境被打上了深深的人本主义烙印,宪法不仅是对人与环境关系中人的身体等物理层面的关怀,更追求人的心理层面的精神愉悦,指向哲学上人的终极目的。

我国环境宪法秩序提供了这样一幅图景,环境保护作为国家目标,通过国家目标达成国家目的。国家目标相对国家目的来说,是更具体的宪法法律治理事项,宪法中有多个国家目标,多个国家目标共同指向国家目的。在这一逻辑框架下,我国环境宪法通过对公权力赋予义务与职责的形式推动环境保护工作,公权力主体依宪法和法律的规定履行义务与职责,在规范与严格的意义上,环境保护的国家目标就会实现,也会因此导向国家目的,“和谐美丽”成为和“富强民主文明”并列的国家目标,意味着国家的发展方向与发展模式的调整。公权力主体不仅在环境保护上有相应的义务与职责,而且在其所有行动过程中,必须注意其行为可能涉及的环境事务,如果不这样考虑,则可能会折损国家目标并进而影响国家目的的达成,其行为就会有违宪之嫌。就环境宪法的塑造来说,首先,要求立法机构根据宪法意旨建立完善的环境法律规范体系,环境法律规范的立法目的是实现宪法关于环境保护的总体价值设定,在环境法基本原则、基本制度与法律责任等诸多方面落实宪法的宏观性规定,从形式到内容都要符合合宪性要求。其次,要求执法机构严格按照法律从事行政行为,在行政自由裁量空间中,其总体考虑倾向不能偏离宪法目的的价值要求,即行政行为要将宪法的“和谐美丽”国家目标作为重要的思考方向。最后,要求司法机构在司法裁判中也要朝向宪法目的的价值意旨。这意味着司法裁判的结果应有利于环境保护,并且基于人与自然和谐的理念,而不仅仅以惩罚归责作为其判断的基点。所以,环境宪法描绘了环境保护的新图景,并基于环境保护图景描绘了国家发展的新图景,对公权力主体提出了新要求,期待环境宪法统领下的环境系统良法善治画卷徐徐展开。

二、《宪法》序言中环境保护的规范叙事

我国环境宪法以《宪法》“序言”第7自然段为基本框架。《宪法》序言是置于宪法正文之前的叙述性内容,一般为说明宪法制定的由来、目的、制宪者意图、治国的基本理念等的陈述性或宣告性文字。〔6〕我国《宪法》“序言”第7自然段规定了国家任务,并且基于国家任务的规定设定了国家目标。国家目标是“把我国建设成为富强民主文明和谐美丽的社会主义现代化强国,实现中华民族伟大复兴”。建设社会主义现代化强国与实现中华民族伟大复兴的路径与内容包括“在中国共产党领导下,在马克思列宁主义、毛泽东思想、邓小平理论、‘三个代表’重要思想、科学发展观、习近平新时代中国特色社会主义思想指引下,坚持人民民主专政,坚持社会主义道路,坚持改革开放,不断完善社会主义的各项制度,发展社会主义市场经济,发展社会主义民主,健全社会主义法治,贯彻新发展理念,自力更生,艰苦奋斗,逐步实现工业、农业、国防和科学技术的现代化,推动物质文明、政治文明、精神文明、社会文明、生态文明协调发展”。这是关于国家任务的规定,这里的逻辑很清晰,国家目标是方向性的,国家任务是过程性与操作性的,通过国家任务实现国家目标。

综上,我们厘清了国家任务、国家目标与国家目的的相互关系。国家目的是国家存在的根本理由,是国家存在的终极意义,宪法设定一定的国家目标来实现国家目的,相对于国家目的来说,国家目标具有阶段性与适应性,而国家任务则是更为具体的实现国家目标的内容、路径、方法、手段等。立足于宪法规范,国家具体行动都以国家任务为内容,在完成一个个国家任务的过程中,阶段性地实现国家目标,最终都朝向国家目的努力,国家目的是一切国家行为的最高价值指示,国家目的也是公权力合法性的基础。我国宪法表述的国家目的是“为人民服务”,亦可表达为“以人民利益为根本指向”。〔7〕分析我国《宪法》“序言”第7自然段国家任务规定中的环境事务可知,“和谐美丽”是国家目标,“新发展理念”和“生态文明”是国家任务,就环境事务来说,即通过“新发展理念”和“生态文明”的建设任务达成“和谐美丽”的目标,实现这些目标以成就国家目的(制宪目的)。按一般的理解,《宪法》序言是宪

---

〔6〕［日］宫泽俊义著、［日］芦部信喜补订:《日本国宪法精解》,董璠舆译,中国民主法制出版社1990年版,第25页。

〔7〕陈玉山:《论我国宪法的效力根据——基于一种开放的规范主义立场》,载《浙江学刊》2010年第3期。

法的历史与理论背景,在位阶上高于宪法主体条文,在价值构造上,《宪法》序言是一种"高级法"。因此,我国《宪法》序言中的环境事务规定是环境宪法的框架与理论基础,由此推之,可以认为环境治理是国家目标,并以"和谐美丽"为目标呈现,以发展理念的更新和文明形态的演变为任务路径,最终服务于人民的根本利益这一国家目的。

《宪法》序言的相关表述使用的是肯定的陈述句,承上文,我们把第7自然段的国家任务分解为国家任务和国家目标,先来看国家任务部分,"新发展理念"与"社会主义市场经济"、"社会主义民主"、"社会主义法治"并列。这四项国家任务分别对应于"环境"、"经济"、"政治"和"法治",这也是我们通常认为的社会发展的几个重要领域。"生态文明"与"物质文明"、"政治文明"、"精神文明"和"社会文明"并列,如果把"精神文明"和"社会文明"合并理解为法治成果,则这几个文明的类型分别对应于"环境""经济""政治""法治"。可以看出,在国家任务的指向上,宪法的逻辑一贯如此,即认为环境是和经济、政治与法治并列的国家任务。再来看国家目标部分,"和谐美丽"与"富强民主文明"并列,二者共同作为"社会主义现代化强国"的定语,自立宪主义产生以来,文明通常都被理解为法治的成果,且需要通过法治来延续,富强是经济发展的成果,民主是政治的基本内容。因此,在国家目标中,也是从"环境""经济""政治""法治"这四个向度来作"强国复兴"的基本测定。可以看出,国家目标用语简洁有力,是国家任务的导向与成果。在2018年《宪法》修改之后,从国家任务到国家目标的范围与方向大致被框定,"环境""经济""政治""法治"是国家建构的基本价值要求。这四个重要领域中,"环境"是新晋的维度,也是和其他三个维度同等重要的维度,指向国家任务,国家不仅有消极的不干预的义务,更有积极的促使其向良好方向发展的义务,也就是说,国家负有积极的环境治理义务。这对公权力主体提出了特别要求,在公权力行使过程中,环境义务是承载其合法性的必需维度。

我国《宪法》序言是由"历史叙事+基本国情+国家任务+基本政策"等构成的"多中心"结构,《宪法》序言具有"高级法"背景,因此,它与宪法主体条文之间是一般与特殊的关系,《宪法》序言高度理论化、抽象化、概括化,宪法主体条文是对序言的阐释和具体化。在序言规定的国家任务中,将国家在"环境"方面的论述表现为以"新发展理念+生态文明"的路径实现"和谐美丽"的目标。如果说宪法是部门法的"权源"和"法源",[8]部门法是对宪法

---

〔8〕 叶海波:《"根据宪法,制定本法"的规范内涵》,载《法学家》2013年第5期。

的具体化，那么《宪法》序言就是宪法主体部分的基础和根据，更是普通立法的原则与精神。基于这样的理解，《宪法》序言关于“环境”的论述为宪法主体部分的环境条款定下了框架与基调，更是普通环境立法的基本准则，宪法主体条文中环境事务的规定则需依《宪法》序言确定其边界，并设定其内容。这样，环境宪法的基本框架就呈现出来了，并且立于环境宪法基本框架的应然环境法律体系的轮廓也大致明显，制定环境法律的目的当是建设“和谐美丽”的国家，这是指导当前讨论热烈的环境法律体系化和环境法典研究的基础部分。“和谐”指的是人与自然和谐，这是“人际同构”〔9〕的基本含义，“美丽”是指有利于人类健康的生态环境的状态，包括较低水平的污染、生物多样性的保持、生态系统的平衡与良好运转等。所以，在宪法的价值指导下，明确环境法立法目的，是具有建设性的以环境立法为基础进行环境规制的第一步。

三、《宪法》总纲中环境事务的规范逻辑

在《宪法》总纲中，第9条规定了自然资源的所有权和国家保护自然资源的义务，第10条规定了土地的所有权和对土地的保护，第26条规定了国家的环境保护义务。这三条是《宪法》环境事务的主体性规定，涵盖了环境事务的各项要素，对于土地和自然资源来说，在明确其所有权的前提下，规定对其进行保护的国家义务，通过第26条一般性的规定，直接设置了国家的环境保护义务。

（一）第9条：自然资源所有权及国家保护义务

关于自然资源所有权的规定首次出现于1954年《宪法》，在第6条第2款规定，“矿藏，水流，由法律规定为国有的森林、荒地和其他资源，都属于全民所有”。在此后的历次宪法修改中，此条都得以保留且未作修改。1982年《宪法》对此条作了修改，在第9条规定，“矿藏、水流、森林、山岭、草原、荒地、滩涂等自然资源，都属于国家所有，即全民所有；由法律规定属于集体所有的森林和山岭、草原、荒地、滩涂除外。国家保障自然资源的合理利用，保护珍贵的动物和植物。禁止任何组织或者个人用任何手段侵占或者破坏自然资源”。此后，这条规定就固定下来，一直延续到现在。此条规定涉及两个方面，一个是自然资源的所有权问题，另一个是自然资源国家保护义务的规

〔9〕“人际”即“天人之际”的省称，意指人与自然之间及其相接、相交关系。“人际同构”，即人在与自在、己域与他域、人域法与自在法的理性追求及其秩序彰显。参见江山：《人际同构的法哲学》，中国政法大学出版社2002年版，“序言”第9-16页。

定。在1982年之前,以列举的方式规定了自然资源的国家所有权,且只涉及矿藏、水流、森林、荒地等;1982年之后,一方面扩大了自然资源的种类,增补了山岭、草原、滩涂等,另一方面,将自然资源的保护明确为国家的义务。自此,自然资源宪法规定的基本格局确定。

《宪法》序言为宪法主体条款设定了基本框架和准则,宪法自然资源条款的规范格局由《宪法》序言的规范叙述设定边界,并在其框架下依循多元的国家任务与目标,实现宪法的自然资源治理目标。宪法自然资源条款的规范逻辑与《宪法》序言较为一致。现行《宪法》第9条第1款规定了"自然资源国家所有权",从公权力的角度理解,第9条第1款在自然资源事项上赋予了国家治理的正当权力,为第9条第2款提供基础性支撑。〔10〕 第9条第2款作为"环境基本国策"条款,确立了在自然资源与环境趋同保护格局下的国家环境保护义务,为国家保护和保障自然资源设立了责任。〔11〕 现行《宪法》第9条融贯性地设定了自然资源利用与保护的环境善治秩序。从《宪法》序言中国家任务与目标的四个维度来看,一是宪法秩序下的"经济"维度,"宪法第9条属于'基本经济制度'的规范整体范畴中,尤其受宪法第6条公有制条款的规范拘束,这是理解该条的起点与关键"〔12〕。也就是说,宪法自然资源条款的规范意义受《宪法》序言中实现"物质文明"的国家任务与"发展社会主义市场经济"的国家目标的约束,并受宪法主体条文的体系约束。在具体条款中,第9条第1款以"自然资源国家所有权"的明确规定,界定了实现"经济"目标与任务的方式,即自然资源利用的"国家积极干预"。〔13〕 二是《宪法》序言要求"环境""经济""政治""法治"协调发展,第9条第2款设定了"自然资源国家所有权"的实质内容与"自然资源利用"的国家干预限度,即"国家保障自然资源的合理利用,保护珍贵的动物和植物。禁止任何组织或者个人用任何手段侵占或者破坏自然资源"。第1句从积极维度讲,国家应通过立法、执法、司法等国家权力运行为自然资源利用活动创造条件、提供便利,以保障在自然资源基础上的"强国复兴",同样体现于宪法秩序下的"经济"维度。"合理利用"意味着自然资源利用的限制和国家积极干预的限度,国家与环境资源利用主体促进和利用自然资源不可"绝对和无度",而应当在综合考量"环境容量""资源禀赋""治理效能""社会公平"等

---

〔10〕 巩固:《自然资源国家所有权公权说再论》,载《法学研究》2015年第2期。

〔11〕 陈海嵩:《国家环境保护义务的溯源与展开》,载《法学研究》2014年第3期。

〔12〕 王旭:《论自然资源国家所有权的宪法规制功能》,载《中国法学》2013年第6期。

〔13〕 巩固:《自然资源国家所有权公权说再论》,载《法学研究》2015年第2期。

要素的基础上予以合理利用,统筹考虑了宪法秩序下国家目标与任务的四个维度。第2句从消极维度讲,“禁止任何组织或者个人”意味着国家行使“自然资源国家所有权”具有相当程度的“排他效力”,这不仅从体系上解释了第9条第1款规定的公权属性下的“自然资源国家所有权”,且由于公权力的运行是政治的核心、宪法是控制公权力的最高效力法,该条在宪法中的规定还彰显了宪法秩序下“经济”、“政治”与“法治”的协同。同时,在环境法与自然资源法趋同、融合发展的背景下,〔14〕目的解释下易被“破坏”的“自然资源”不应与“环境”决然对立,而应统合在“生态环境”的整体性保护视野中。由此,宪法自然资源条款的规范格局也应当在“环境”“经济”“政治”“法治”四个维度中理解,在自然资源事项上,《宪法》序言秩序下的国家目标与任务是综合实现的。

宪法关于“自然资源所有权及国家保护义务”的论述受《宪法》序言约束,自然资源事务上的公权力运行对应立法、执法、司法行为,应在“环境”“经济”“政治”“法治”维度上展开。自然资源事务上的国家权力分工以“自然资源国家所有权”的行使为中心,“立法是全民意志的体现,是资源国家所有权的主要行使方式;行政权从属于立法权,立法确定的有关资源利用的国家意志通过政府部门落实;在资源国家所有权的行使中,司法主要发挥平衡补充的作用”〔15〕。从立法来看,《宪法》第9条完整规范了自然资源立法权的运行。第9条第1款以“国家所有权”的规定为国家立法规制自然资源事项提供了合法性基础,第9条第2款又明确了自然资源立法权的实质和约束。从执法来看,执法机构在管理自然资源时应当落实宪法自然资源条款的总体设定,满足《宪法》序言中的国家任务与目标的宏观性要求。从司法来看,司法裁判应在个案中具体适用、细化、补充宪法自然资源条款,使宪法关于自然资源的规范具有完整的意涵,司法裁判在总体上也应受《宪法》序言中的国家任务与目标的约束,并发挥宪法关于自然资源事项要求的“合宪性审查”功能。

自然资源利用的国家权力运行应当实现宪法关于自然资源事项的总体设定。一是应当遵循《宪法》序言中的“法治”价值要求,第9条第1款中的“国家所有”“全民所有”,意味着关于自然资源的“归属与分配”事项只能由代表全体人民意志的全国人民代表大会来制定,在法律位阶上限定为狭义的法律,狭义法律之下的行政法规、地方性立法等仅能在不违背宪法和狭义法

〔14〕 杜群:《环境法与自然资源法的融合》,载《法学研究》2000年第6期。

〔15〕 巩固:《自然资源国家所有权公权说再论》,载《法学研究》2015年第2期。

律的基础上对相关事项予以具体化或有限补充。行政权只能依据宪法、狭义法律和(不违背宪法和狭义法律的)其他规定,行使围绕自然资源的日常管理职能,而不是基本决策职能,在裁量和决策空间上也应受关于"保障自然资源的合理利用"的宪法秩序约束。对于司法权而言,一方面审查资源立法行为,使其不违背上位法的规定,另一方面审查资源行政行为,使其准确实施宪法和法律规定的自然资源事务。第9条第2款中的"保障"与"保护",意味着"自然资源国家所有权"运行的核心方式是为资源合理利用创造条件和清除障碍,且不可利用、只可保护非通常意义上的"珍贵"动植物;同时,"禁止任何组织或者个人用任何手段侵占或者破坏",指明组织和个人依循"习惯法"等非国家法采取的自然资源侵占和破坏行为不具有法律上的效力,且暗含国家机构不得怠于立法、执法、司法,从而放任自然资源侵占与破坏的规范意涵。二是应当遵循《宪法》序言中的"政治"价值要求,《宪法》第9条第2款的真谛是"规制国家,而不是全权国家"[16],"国家保障自然资源的合理利用"意味着关于自然资源事项的国家权力运行,从调控国家对自然资源"全权垄断"配置、控制与指令,发展到承认一定私人所有权、尊重市场机制、强调政府政治责任的"规制国家"。三是应当遵循《宪法》序言中的"经济"价值要求,全权国家迈向规制国家的宪法转向意味着国家在经济领域控制强度的主动减弱,也同样意味着市场经济与市场调控成为国民经济发展的基础和手段,"保障合理利用"的前提是"自然资源的可利用",这部分承认了自然资源产权并非决然排斥"非国家所有"和权能分解(自然资源所有权与使用权),这是自然资源立法、执法、司法的宪法要求与空间。四是应当遵循《宪法》序言中的"环境"价值要求,《宪法》第9条第2款规定的"国家保障自然资源的合理利用""禁止任何组织或者个人用任何手段侵占或者破坏自然资源"是《宪法》的"环境基本国策条款"。[17] 前者在赋权国家机关的同时,依"合理利用"为立法、执法、司法机构的权力运行设置了边界,而"合理"的界限正是《宪法》序言"环境"维度中的"资源与环境禀赋";后者在明确国家立法、执法、司法机构在自然资源事项上的"独特权力"的同时,也指明了国家权力不仅有消极不干预的义务,更有积极治理自然资源的责任。

(二)第10条:土地所有权及国家管理和保护义务

1954年《宪法》明确规定了通过社会主义改造不断扩大社会主义公共财产的任务,从宪法土地条款的整体结构来看,也体现"私有制"向"公有制"的

---

〔16〕 王旭:《论自然资源国家所有权的宪法规制功能》,载《中国法学》2013年第6期。

〔17〕 陈海嵩:《国家环境保护义务的溯源与展开》,载《法学研究》2014年第3期。

趋向。[18] 1982年《宪法》首次对我国土地制度作出系统规定,[19]第10条规定:"城市的土地属于国家所有。农村和城市郊区的土地,除由法律规定属于国家所有的以外,属于集体所有;宅基地和自留地、自留山,也属于集体所有。国家为了公共利益的需要,可以依照法律规定对土地实行征用。任何组织或者个人不得侵占、买卖、出租或者以其他形式非法转让土地。一切使用土地的组织和个人必须合理地利用土地。"自此,1982年《宪法》第10条被固定至今,在此基础上,1988年、2004年两次修宪更改了部分内容。在1988年《宪法》修正中,第10条第4款的末尾增加了"土地使用权可以依照法律的规定转让",在2004年《宪法》修正中,第10条第3款的"征用"被改为"征收或者征用",并增加"给予补偿"的规定。现行《宪法》第10条包含两部分,一是土地产权、土地征收与土地出让问题,二是土地国家保护义务的规定。由此,宪法关于土地的秩序呈现出基本脉络。

"法学界通说认为,我国现行《宪法》内部存在若干被称为根本规范的规定,《宪法》序言中关于国家任务的规定当属该部宪法中最为根本的决断。"[20]关于土地的宪法条款的规范逻辑,应当在《宪法》序言中"国家任务目标规范"的整体框架下展开,依托"环境""经济""政治""法治"国家任务与目标的协同,实现土地治理的具体目标。实际上,宪法土地制度条款的规范逻辑与宪法中国家任务与目标条款的规范逻辑也较为一致。宪法的土地条款具有规制国家公权力运行的显著特征,现行《宪法》第10条第1款和第2款作为规范土地产权的组合,其法律意涵在于约束公权力以实现"不断提高土地国有化率和集体化率"这一目标。[21] 第10条第3款、第4款和第5款规范土地征收与出让,明确界定了以国家公权力为中心的土地征收的条件、限度、方式与要求,规定了组织和个人出让土地的形式、要求与权能类型,还规定了消极层面的"禁止侵占"土地与积极层面的"合理利用"土地。起初消极与积极层面的义务更多针对的是使用土地的"组织和个人",而非"国

---

〔18〕 李忠夏:《"社会主义公共财产"的宪法定位:"合理利用"的规范内涵》,载《中国法学》2020年第1期。

〔19〕 程雪阳:《土地法治四十年:变革与反思》,载《中国法律评论》2019年第1期。

〔20〕 程雪阳:《体系解释视角下宪法土地制度条款的规范结构》,载《法制与社会发展》2021年第4期。

〔21〕 程雪阳:《体系解释视角下宪法土地制度条款的规范结构》,载《法制与社会发展》2021年第4期。

家”。[22] 在全权国家向规制国家的转型中,该条的规范对象也从“组织和个人”转向“国家”,因此,“合理利用”也构成对国家公权力的宪法要求,第10条第5款也因其普遍的“合理利用土地资源”的法律思想成为统摄第10条第1款、第2款、第3款、第4款的“上位原则”。[23]

从《宪法》序言中“环境”“经济”“政治”“法治”的国家任务与目标的维度来看,其一,《宪法》第10条整体处在“社会主义基本经济制度”的规范群中,其具体化应受《宪法》第6条和第12条规定的“社会主义经济制度的基础是生产资料的社会公有制”与“社会主义的公共财产神圣不可侵犯。国家保护社会主义的公共财产”的边界控制,且受《宪法》第15条规定的“国家实行社会主义市场经济”的内容约束,并对《宪法》第8条规定的“农村集体经济组织实行家庭承包经营为基础、统分结合的双层经营体制”、《宪法》第13条规定的“对公民的私有财产实行征收或者征用并给予补偿”产生规范影响。在具体条款上,第10条第1款和第2款规定,土地由国家和集体所有,第10条第3款和第4款规定了土地的强制和自愿流转,土地的产权和交易制度都是社会主义市场经济繁荣的必需。这是土地条款对宪法“经济”秩序的体现。其二,第10条的具体化应当服从《宪法》序言中的国家任务目标规范,《宪法》序言中“环境”“经济”“政治”“法治”基本维度统摄关于土地产权、管理与保护的国家权力运行。同样地,对第10条第3款中国家征收与征用的条件——“公共利益”的判断也应综合宪法国家任务与目的的四大维度予以协调和实现。此外,第10条第5款中土地利用的“合理”限度,与自然资源利用的宪法规范逻辑一致,即综合考虑“环境容量”“土地资源禀赋”“治理效能”“社会公平”,以彰显宪法秩序的多重维度。

关于土地所有权、管理与保护的国家权力运行,应在《宪法》序言中国家任务与目标所形成的四个向度的约束下展开。土地事项涉及国家基本经济制度,立法权作为国家的一种根本性权力,宪法关于土地事项的国家权力运行应以立法权为主,行政权落实或补位立法权,司法权兜底补充,发挥具体适用和合宪性审查的功能。

一是《宪法》序言叙述的“法治”价值向度,第10条第1款和第2款规定的“城市的土地属于国家所有。农村和城市郊区的土地,除由法律规定属于

---

〔22〕 李忠夏:《“社会主义公共财产”的宪法定位:“合理利用”的规范内涵》,载《中国法学》2020年第1期。

〔23〕 程雪阳:《体系解释视角下宪法土地制度条款的规范结构》,载《法制与社会发展》2021年第4期。

国家所有的以外，属于集体所有；宅基地和自留地、自留山，也属于集体所有”属于“财产权资格授予条款”，其规范含义在于“宪法授权国家和集体通过一定的方式将城市、城市郊区和农村的土地转变为国家所有”〔24〕。由于“土地国有化”涉及国家基本财产和经济制度，依据《立法法》，其转化方式为全国人大或其常委会制定具体法律条款，行政法规在必要时补充，而地方性法规、部门规章、地方政府规章以及其他规范性文件对相关事项规定就有违宪之嫌，宪法对土地产权上的立法权运行予以了界定。然而，土地的种类繁多，国家立法不能也不必全部涵盖，城市空地、城市郊区和农村的无主空地、荒地、荒山、滩涂等无主土地或公共土地若未被法律约束，没有进入财产法秩序，国家就可以基于行政管理权设定其保护、开发、利用和流转的规则。〔25〕对司法来说，其功能在于对土地立法行为和土地行政行为予以审查，以确保土地事项上的国家权力运行依循宪法对于“土地国有化”的权力分配与边界界定。《宪法》第 10 条第 3 款和第 4 款规定，“国家为了公共利益的需要，可以依照法律规定对土地实行征收或者征用并给予补偿。任何组织或者个人不得侵占、买卖或者以其他形式非法转让土地。土地的使用权可以依照法律的规定转让”。这两个条款直接在文义上表明在土地征收、征用与转让事项上，国家立法、执法、司法权的运行应“依照法律规定”，且禁止组织和个人“非法”转让土地。

二是《宪法》序言叙述的“政治”价值向度，从整体上来看，宪法变迁的规范意涵应当在新中国成立—改革开放的政治转型中理解。新中国成立时期的“五四宪法”规定了所有制社会主义改造的政治任务，土地等社会主义公共财产应不断扩大公有制，这奠定了宪法土地条款对于国家权力分配的政治底色。改革开放后邓小平提出“社会主义原则，第一是发展生产，第二是共同致富”〔26〕，这为土地产权的“公私并存”提供了政治基础，也成为现行宪法土地条款关于国家权力运行的“社会—政治”逻辑约束。在具体层面，土地事项上的国家权力分配和运行的政治要求变迁，不仅须改变土地公有制垄断和计划管控，实现土地产权、转让与管理的“适度去行政化”，也要求自由式经济在展现弊端或发展到一定阶段后，回归到社会主义改造以实现共同富裕的

---

〔24〕 程雪阳：《“城市的土地属于国家所有”的规范内涵》，载《政治与法律》2017 年第 3 期。

〔25〕 程雪阳：《“城市的土地属于国家所有”的规范内涵》，载《政治与法律》2017 年第 3 期。

〔26〕 邓小平：《答美国记者迈克・华莱士问》，载《邓小平文选》第 3 卷，人民出版社 1993 年版，第 172 页。

轨道上。[27]

三是《宪法》序言叙述的"经济"价值向度,在市场调控和国家管控的关系上,改革开放正是将经济从政治系统逐渐分出的过程,自由市场调控虽未处于完全放任状态,但起码有了发展空间。宪法关于土地事项的立法权也从计划管控模式转变为引入市场竞争模式,实证意义上的土地相关立法也有了公私法结合的特征。土地事项的行政权运行顺应这种变化,土地的许可、划拨、供应、发放等公法性的调控手段也逐渐寻求价格机制、平等交易等私法性手段的配合。同时,宪法也要求在土地事项上,司法权关于立法和行政行为的合宪性审查和具体的法律适用,应从考虑单一的政治目标到意图维护经济、社会等多元利益格局。

四是《宪法》序言叙述的"环境"价值向度,"环境"向度是"新时代中国特色社会主义"对经济从政治系统分化后过度发展的纠偏,土地事项的立法、行政、司法应当正视"和谐美丽"的宪法目标设定,凸显《宪法》第10条第5款"合理利用"的规范意涵。然而,第10条第5款蕴含抽象的法律思想,不可直接据其裁决,也未能分化出构成要件和法律效果,故其对于国家权力在土地事务上运行的规制采"法律原则模式",且因具有普遍化、超越时空的特征,其在第10条内部获得"最高位阶"的法律地位并统摄第10条第1~4款。[28] 对第10条第1~2款而言,"合理利用"一方面考虑了国家立法、行政、司法在实践中的规模有限,对第1~2款"不断提高土地公有化率"的规范意旨予以限缩,另一方面也要求国家立法、行政与司法在土地产权事项的规制上以"合理利用"为着力方向。对于第3款而言,在土地征收与征用上国家权力的运行以"合理利用"为实质约束,"'合理用地'的要求首先适用于征/用地的申请者和审批者,是国家征地符合'八二'宪法第10条第3款'公共利益'要求之实体标准"[29],且该条"补偿"价格的标准选择,也受制于"合理利用土地"的规范意旨影响。对于第4款而言,"合理利用"影响了土地流转事项上国家权力运行的宪法秩序的解释方向,为了土地的"合理利用","任何组织或者个人不得侵占、买卖或者以其他形式非法转让土地"不宜被解释为国家和集体土地所有权的严格禁止变更,而应将其解释为特定情况下允许合

---

〔27〕 李忠夏:《"社会主义公共财产"的宪法定位:"合理利用"的规范内涵》,载《中国法学》2020年第1期。

〔28〕 程雪阳:《"城市的土地属于国家所有"的规范内涵》,载《政治与法律》2017年第3期。

〔29〕 彭錞:《八二宪法土地条款:一个原旨主义的解释》,载《法学研究》2016年第3期。

法转让,[30]这为立法、行政、司法在处理土地相关事务时提供了合理的规范依据。

(三)第 26 条:国家的环境保护义务

1978 年《宪法》首次对环境的国家保护义务进行了规定,第 11 条第 3 款规定:"国家保护环境和自然资源,防治污染和其他公害。"在 1982 年《宪法》修改中,一是"国家保护环境和自然资源,防治污染和其他公害"条款从第 11 条"发展国民经济方针"条款中独立出来,在 1982 年《宪法》第 26 条予以规定,此后历次的宪法修改都对该条款的主体内容和体例结构予以保留。二是将"保护自然资源"与"保护环境"分开,并在 1982 年《宪法》第 9 条中,列于自然资源所有权条款末尾规定,且丰富了自然资源保护的宪法内容。三是扩展了"保护"的方式并细化了"环境"的内涵,将"国家保护环境"修改为"国家保护和改善生活环境和生态环境"。1982 年《宪法》第 26 条中的环境保护条款一直延续至今,包括三个方面:生活环境和生态环境的国家"保护和改善"义务、污染和其他公害的国家"防治"义务、造林和保林的国家"组织和鼓励"义务。自此,宪法关于环境的国家保护义务规定的基本格局形成。

"序言除具备一定的规范效力外,还以宏观叙事的语言叙述了宪法秩序形成的历史脉络和政治基础,点明了宪法的建构精神和决断逻辑"[31],现行《宪法》序言关于国家目的、任务与目标的规定为国家环境保护条款设定了"框架秩序",宪法环境条款的解释和环境法律的规范运行应当在此约束下展开,以实现更为具体的环保目标。与现行《宪法》第 9 条"自然资源所有权及国家保护义务"条款以及现行《宪法》第 10 条"土地所有权及国家管理和保护义务"条款的规范逻辑一致,现行《宪法》第 26 条国家环境保护义务条款也遵循序言中国家任务与目标四个向度的规范叙述。但值得注意的是,对现行《宪法》第 26 条的解释不应仅局限该条本身,还应关注到第 26 条产生的历史条件、在宪法文本中的结构位置及其规范属性。[32] 相比于第 9 条和第 10 条在社会主义经济制度宪法规范群中的"嵌入",第 26 条环境保护条款与经济发展是严格区分的,故其规范逻辑的发现和解释不能仅聚焦文义下的内部结构,而应更注重文义外部的体系解释、目的解释和历史解释。同时,由于并不受制于"自然资源与土地所有权"的框架约束,现行《宪法》第 26 条的规

[30] 沈岿:《宪法规范层次论:一种解释方法》,载《清华法学》2012 年第 5 期。
[31] 张翔:《环境宪法的新发展及其规范阐释》,载《法学家》2018 年第 3 期。
[32] 张震:《宪法环境条款的规范构造与实施路径》,载《当代法学》2017 年第 3 期。

范意涵扩展至国家在更普遍的意义上的环境保护义务,[33]这意味着其正当性基础可能从"自然资源与土地所有权"转移至更具普遍意义的"环境人权",这可在1982年《宪法》中得到部分佐证(将基本权利章提至国家机构章之前)。

上述分析显示出,宪法关于国家环境保护义务的规范逻辑是更为立体的,除在"环境""经济""政治""法治"国家任务和目标的"横向秩序"下运行之外,其规范逻辑还凸显通过国家任务与目标实现"为人民服务"国家目的的"纵向秩序"。

其一,现行《宪法》第26条对国家目标和任务的"横向秩序"的彰显。对现行《宪法》第26条的制宪史进行考察,该条的前身"国家保护环境和自然资源,防治污染和其他公害"首次出现在1978年《宪法》第11条第3款,位于第11条第1款和第2款"发展国民经济"的规定之后,意味着环境保护"附属"于经济发展,但也标志着国家发展模式从一味追求国家富强,转至同时考虑环境承受能力的理性务实方向。在1982年《宪法》中,将"保护自然资源"与"保护环境"分列入"自然资源所有权"末尾和国家环境保护独立条款,从体系解释上看,"保护自然资源"为自然资源利用行为设定了限度和国家责任,"宪法第9条并非简单宣示国家的自然资源所有权,以保障国民经济发展,而是设立了一种国家责任"[34]。整体性设定了国家在追求经济发展的过程中,不仅要以有节有度、利于环境的方式利用作为经济发展基础的自然资源,还应注重保护、改善自然资源本身、自然资源的环境以及防治自然资源利用过程中产生的污染和公害。从目的解释来说,"'环境'和'自然资源'是被人类物化了的自然,是自然的一'物'两'面'"[35],从生态系统整体论的视角上理解自然资源保护和环境保护,在生态文明时代具有重要价值,且符合"物质文明"与"生态文明"协调发展的宪法国家任务设定。此外,现行《宪法》第26条的制定历史显示出了实现《宪法》序言中关于"政治文明"国家目标与任务的意图。1978年《宪法》规定环境保护条款的背景是国家对环境恶化和环保事业的重视,在组织我国代表团参加1972年联合国第一次人类环境会议后,我国于1973年召开了第一次全国环境保护会议,会议全面研究了有关环境保护的方针、政策,制定了《关于保护和改善环境的若干规定(试行

[33] 王建学:《论生态文明入宪后环境条款的整体性诠释》,载《政治与法律》2018年第9期。
[34] 陈海嵩:《国家环境保护义务的溯源与展开》,载《法学研究》2014年第3期。
[35] 杜群:《环境法体系化中的我国保护地体系》,载《中国社会科学》2022年第2期。

草案)》,[36]环境保护条款在1978年《宪法》中的首次规定正是在此种明确的政治决断下产生的。“从1978年开始,历年的国务院政府工作报告都或多或少地强调环境问题”[37],1982年《宪法》也是在1978年《宪法》的基础上,在充足的政治基础和政治应对的背景下进行的修改。

其二,现行《宪法》第26条对国家目的、目标和任务的“纵向秩序”的彰显。宪法序言的叙述逻辑较为清晰,“为人民服务”是国家目的,宪法设定“环境”“经济”“政治”“法治”四大任务和目标以实现国家目的。从现行《宪法》第26条的制宪史与规范内涵可看出,“以人民利益为指向”的国家目的是“环境”等国家目标和任务的意旨。1978年《宪法》的环境保护条款是在经济快速发展的背景下规定的,在工业化和现代科技的加持下,作为生存和发展基础的环境资源被污染、破坏,人的健康、尊严与幸福也难以维持,1978年环境条款的首次入宪是一次对人权、经济、环境相互关系的反思。在1982年《宪法》第26条中,一是将“环境”区分为“生活环境和生态环境”,与人民群众生存最息息相关的“生活环境”被强调和首置,显示出“人民利益”在宪法中的根本地位。二是在国家环境保护义务条款上,“保护”、“保障”和“改善”的职责手段与人权条款具有相通性,[38]例如,宪法“保护”宗教活动以实现公民的宗教权利、宪法“改善”劳动条件以实现公民的劳动权利。[39] 三是在与宪法其他条款的体系关系上,现行《宪法》第26条是在1982年《宪法》的拓展上不断定型的,1982年《宪法》的另一个重大变化是基本权利章被放置在国家机构章之前,显示出“国家机构是为人民的利益而设”的观念,[40]这也意味着国家履行环境保护义务的最终目的在于“为人民服务”。现行《宪法》第26条总体上凸显依托多元化的国家任务和目标实现“以人民利益为指向”的国家目的的宪法秩序图景。

《宪法》序言目的、目标和任务约束下的环境保护条款并非空洞的法律原则,而是在宪法横向和纵向秩序下规范国家立法、执法、司法权力的义务规范。在国家环境保护义务的履行上,立法是宪法环境保护秩序迈向实践的唯一通道,“宪法环境条款先转化为相关环境立法,再通过法律的行政执行和司法裁判作用于环保实践”[41],由于环境事务与决策的情势紧急性和专业技

[36] 刘东:《周恩来关于环境保护的论述与实践》,载《北京党史研究》1996年第3期。
[37] 王建学:《论生态文明入宪后环境条款的整体性诠释》,载《政治与法律》2018年第9期。
[38] 王建学:《论生态文明入宪后环境条款的整体性诠释》,载《政治与法律》2018年第9期。
[39] 《宪法》第36条、第42条。
[40] 许崇德:《中国人民共和国宪法史》,福建人民出版社2005年版,第385页。
[41] 王建学:《论生态文明入宪后环境条款的整体性诠释》,载《政治与法律》2018年第9期。

术性,具有灵活性与专业性的行政权在环境保护事务上更具优势,关于环境保护事项上的国家权力分配格局的学界主流观点也已从“立法+司法创新”转向“立法+行政+司法创新”,即立法发挥主导作用、行政路径发挥基础作用、司法路径发挥补充作用。〔42〕

一是《宪法》序言中“环境”“经济”“政治”“法治”国家任务与目标的横向价值秩序展开,从立法来说,“为完成立法的宪法委托,在法律的理念、体系与制度设计中,应当将生态环保作为重要的考虑事项”〔43〕,且由于国家任务和目标的多元化,环境保护事项上的立法权运行不能偏激,而应当全面、综合、稳妥地考虑多向度的利益,以寻求“重叠共识”。在立法权运行的环境保护对象上,现行《宪法》第26条将其明确为“生活环境和生态环境”、“环境污染和其他公害”以及“林木”,在国家立法关于环保义务履行的手段上,现行《宪法》第26条规定了“保护和改善”“防治”“鼓励”三种。此外,由于宪法的立法委托是一项具有法拘束力的义务,对立法的不作为或懈怠也需要予以克减。〔44〕行政机关在环境保护事项上,除应切实执行宪法的某项目标设定外,在自由裁量的空间中,也应将生态环境利益等多元利益作为思考的重要方向,同时采用多种手段和措施,以满足环境、经济、社会可持续发展的宪法环境治理要求。司法机关在适用与解释法律时,应保持一定的积极性,在需法律续造或自由裁量时,将生态环境保护等多项国家目标加以综合考虑,审慎司法裁判和解释,应将司法在环境保护事务上的功能界定为“监督执法”而非“替代行政”,其法律续造和自由裁量也应当在遇有“不确定法律概念”或“法律漏洞”等条件下进行。

二是《宪法》序言中通过国家任务和目标实现国家目的的纵向价值秩序展开,一方面“所谓‘功夫在诗外’,为实现良好环境,或需要在其他更广的社会领域采取措施”〔45〕,宪法环境事务的目标达成需要“经济”“政治”“法治”多点合力。另一方面所谓“诗以咏志”,宪法环境事务协同多元目标的实现,最终还是指向“为人民服务”的宪法国家目的,从这个角度讲,宪法环境事务上国家权力分配和运行的规范基础应当回归到现行《宪法》第33条第3款“国家尊重和保障人权”,以扭转我国宪法环境条款解释和环境法律具体实

〔42〕张震:《宪法环境条款的规范构造与实施路径》,载《当代法学》2017年第3期。

〔43〕杜健勋:《国家任务变迁与环境宪法续造》,载《清华法学》2019年第4期。

〔44〕陈新民:《德国公法学基础理论》(增订新版·上卷),法律出版社2010年版,第209页。

〔45〕张翔、段沁:《中国部门宪法的展开——以环境宪法和经济宪法为例》,载《人权法学》2022年第3期。

施一直以来的内容偏颇和价值缺失,[46]故而应重视国家环境保护义务履行与环境人权实现的对应关系。从立法权上看,国家环保事项上的立法目的最终并非落实在环境保护上,而是落实在"人际同构"下的人本主义关怀上,环境保护与"经济""政治""法治"的协同也并非仅为实现多元目标,还指向更好地实现对于人在物质层面和精神层面的关怀,环境保护立法应当以人权条款作为其正当性基础,以宪法秩序中的"人民利益"为根本指向。行政权在执行和解释环境保护法律时,也应当以实现宪法秩序中的"人民根本利益"为最终目的,特别是当自由裁量过程遭遇多元价值冲突、举棋不定时,应当将"有利于实现人的尊严"作为终极标准。司法权在具体适用和解释环境保护法律时,应当认识到"人权"是其权力运行的价值基础,环保事务上的国家司法应尊重和保障环境人权,其关于"环境""经济""政治"等多元目标的综合衡量应以"人的尊严和价值"为依归。

四、《宪法》国家机构章中环境事务的规范逻辑

从1954年《宪法》开始,《宪法》国家机构条款一直发挥规制国家机关权力分配、组织与体系的重要作用,1982年《宪法》的国家机构条款达79条,在整部《宪法》占据最多篇幅,从1954年至今,宪法国家机构条款逐渐发展出"以国家机关职权的分工制约为基本原则、以国家主席作为国家权力运行中枢"等特征。[47] 2018年《宪法》首次在国家机构条款中规定环境事务,其第89条第6项规定,国务院领导和管理经济工作和城乡建设、生态文明建设,此条规定较为明确,生态文明建设成为国家机构中的国务院职责,并一直延续下来。自此,《宪法》直接涉及环境事务国家权力分工的规范格局基本形成。

《宪法》序言具有理论性、抽象性、概括性,是宪法主体条文的基础和依据,宪法主体条文作为宪法正文,力求简洁明确,突出权利与义务的具体内容,针对国家治理的某一方面具体规定,其规范格局应在《宪法》序言国家任务和目标条款的指引和控制下展开。现行《宪法》关于环境事务的国家机构条款在规范逻辑上,与现行《宪法》第9条自然资源条款、第10条土地条款、第26条国家环境保护义务条款对序言中"国家任务目的规范"叙述逻辑的"体现"不同,该条款是"序言中的生态文明建设国家任务直接落实于行政机构的职责履行"[48],是对序言叙述逻辑的"落实",这在2018年《关于〈中华

[46] 王建学:《论生态文明入宪后环境条款的整体性诠释》,载《政治与法律》2018年第9期。
[47] 朱福惠:《"五四宪法"与国家机构体系的形成与创新》,载《中国法学》2014年第4期。
[48] 杜健勋:《国家任务变迁与环境宪法续造》,载《清华法学》2019年第4期。

人民共和国宪法修正案(草案)〉的说明》可以得到佐证:"与此(宪法序言的修订)相适应,在宪法第三章《国家机构》第三节第八十九条第六项'领导和管理经济工作和城乡建设'后面,增加'生态文明建设'的内容。"〔49〕实际上,2018年《宪法》第89条的修正,意味着国家行政机关的权力运行逻辑将发生重要变化。一是在"环境""经济""政治""法治"的横向秩序上,国家权力运行在既往"经济""政治""法治"领域的法律落实、依法行政,将不得不兼顾新晋的"环境"维度,在制定行政法规、颁布行政命令与决定、编制国民经济和社会发展计划、领导和管理科教文卫事业等职责履行的过程中,"生态文明""新发展理念""和谐美丽"应当成为重要的考量因素。二是在通过国家任务和目标实现国家目的的横向秩序上,《宪法》序言为环境事项上的国家权力运行和环境法律实施锚定了方向,即"生态文明观给环境法提出的总要求是实现人与自然和谐"〔50〕,而人与自然和谐的本质是人的全面发展,这就意味着生态文明建设事项上的国家行政权运行的最终目的还是实现"以人民利益为指向"的环境权,在行政权关于"实现环境利益"的整体性宪法诠释上,现行《宪法》第89条的国家生态文明建设的行政职权"反向保障公民的环境权",与现行《宪法》第33条人权条款和现行《宪法》第38条人格尊严条款"侧面供给环境权的保障"相配合,共同服务于《宪法》序言中国家目的的实现。〔51〕

"国家目标指向全部公权力,立法、行政、司法等都要受到国家目标的规范约束,只是不同权力在实现国家目标的过程中,由于相应权力属性和任务功能的不同而各有侧重。"〔52〕相比于自然资源、土地、环境保护事项上《宪法》对不同国家权力运行的规范逻辑,《宪法》序言约束下关于国家机构的环境事务条款的规范重点,并非不同的国家权力在多元的国家任务和目标下的运行差异,而是直接指向"生态文明建设"事务上的国家立法、执法、司法等权力的分配侧重。现行《宪法》第89条第6项国务院"领导和管理生态文明建设"的规范意涵在于:"在事实层面对行政机关所承担生态环境保护职责的确认,但并没有在规范层面形成绝对化的'行政机关优先'宪法价值秩序。"

---

〔49〕 王晨:《关于〈中华人民共和国宪法修正案(草案)〉的说明》,载全国人民代表大会网,http://www.npc.gov.cn/zgrdw/npc/xinwen/2018-03/20/content_2052202.htm。

〔50〕 徐祥民:《环境质量目标主义:关于环境法直接规制目标的思考》,载《中国法学》2015年第6期。

〔51〕 张震:《中国宪法的环境观及其规范表达》,载《中国法学》2018年第4期。

〔52〕 张翔:《环境宪法的新发展及其规范阐释》,载《法学家》2018年第3期。

现行《宪法》关于生态文明建设的国务院职责条款可以从两方面理解。一是强调具备专业性和主动性的行政机关在环境治理事务上具有首要职责。从2018年修宪的文本整体中看,该次修宪在序言中增加了“生态文明”的国家任务和“和谐美丽”的国家目标,国家任务和目标条款对于所有国家机关具有普遍的约束力,然而在宪法国家机构的主体条文中,仅在国务院部分增加了“生态文明建设”的行政职责,立法、司法等国家机构条文未有相应安排,这凸显了行政权力在生态文明建设中的重要作用。从环境治理的一般原理来看,环境事务具有高度科技关联,涉及利益冲突较广,融专业性与复杂性于一体,决策风险高、能力要求强,“行政机构拥有专业的管理人才与管理流程,能够对复杂性的环境事务作出专业性的判断,如生态环境部门可以对生态破坏与环境污染作出专业的检测与判断,并对其治理提供技术性的意见,及时妥善地处理相关环境事务;自然资源部门对于自然资源的属性、自然资源的可持续性进行专业判断,以符合自然资源客观规律的方式制定自然资源开发与资源计划”[53],行政机关在生态文明建设中的突出地位有助于环境治理效能的提升。

二是行政机关在环境事务的治理上并不具有垄断地位。从2018年修宪的整体安排中看,虽然在除行政机构外的国家立法、司法等国家机构的条文中均未明确列入“生态文明建设职权”,但现行《宪法》序言中明确添列了“生态文明”的国家任务和目标,而国家任务和目标是需要包括立法、行政、司法在内的所有国家机构协同实现、长久致力的,推动生态文明建设是对所有国家权力运行机构的明确宪定义务。从生态文明的具体实践来看,生态文明是反思“经济”“政治”“法治”文明的全新形态,具有“协调”“和谐”的综合性特质,为了落实生态文明建设,执政党不断深化认识、发展内涵、扩充范围,强化生态文明建设在中国特色社会主义事业中的地位,内含了对所有国家权力机关的要求。[54] 实际上,从行政权和立法权的关系来看,立法机构在生态文明事项上具有更高位的立法权,生态文明在国务院职权条款的入宪并不意味着排斥立法机构对于环境事务的治理,行政机关在生态文明建设“先行先试”的过程中,应当注意须通过立法予以规制的事项,并及时形成和提交立法草案,以便生态文明立法的开展。同时,由于现行《宪法》序言中的“生态文明”关联多元国家目标和任务以及国家目的,因此在涉及诉讼制度、基本权利等

---

〔53〕 杜健勋:《国家任务变迁与环境宪法续造》,载《清华法学》2019年第4期。

〔54〕 陈海嵩:《生态环境治理现代化中的国家权力分工——宪法解释的视角》,载《政法论丛》2021年第5期。

宪法上的法律保留事项时,应当考虑由全国人大及其常委会等立法机关明确规定,在该类生态文明相关事项上,行政权不得逾越立法权。从行政权和司法权的关系来看,行政机关具有主动、专业的环境治理能力,司法机构因其事后性和中立性,应更多尊重行政机关在环境事务上的知识和信息优势,以行政处理为优先原则。同时,不可过分拘泥于行政手段的优位和穷尽,司法在社会变迁发生时同样可推动政策的形成以回应社会变迁,并使其成为一种全球趋势。[55] 司法在环境治理上也发挥着重要的政策形成和公共治理功能,特别是当气候变化等环境风险成为时代和社会的普遍特征时,环境司法可以通过预防性功能的拓展,督促行政功能的回归,能动地弥补行政机构在科学不确定性场域下知识的有限以及自我监督的缺乏。

五、余论:宪法的价值秩序与环境法的体系化

《宪法》序言规定了以国家目的、目标与任务为中心的国家秩序,通过阶段性的国家任务实现多元的国家目标,最终实现国家目的。关于环境事务的宪法主体条文"彰显"了宪法环境秩序,并"指引"环境事项上的国家权力运行,前文已厘清了宪法秩序下环境法律体系化的"宪法序言—宪法主体环境条文—环境法律"结构及其具体展开,但何为"彰显"和"指引"?即宪法秩序以何种方式与环境法律体系化发生关联?值得进一步探讨。有学者将近代以来法律体系的模式分为三种,即公理演绎模式、价值目的模式、规则原则模式,[56] 在这种区分下,宪法秩序是以形式秩序还是以价值秩序影响环境法律的体系化,成为宪法秩序下环境法律体系化的具体方式或展开的重要影响因素。

本文认为宪法通过价值秩序影响环境法律的体系化,主要基于四个理由:一是从《宪法》序言对宪法主体环境条文的影响来看,关于环境的宪法主体条文"彰显"序言的方式是价值阐释。《宪法》在形式上是无总则的,其全部内容都应当被理解为价值承载体,[57] 这也就意味着《宪法》序言与主体条文并不存在"性质"之分。在实证宪法中,《宪法》序言规定了多元国家任务与目标的"协调发展",并最终服务于更上层"为人民服务"的国家目的,《宪法》序言自身蕴含"有位阶"的价值秩序,而关于环境的宪法主体条文在自然

---

〔55〕 朱明哲:《司法如何参与气候治理——比较法视角下的观察》,载《政治与法律》2022年第7期。

〔56〕 冯威:《法律体系如何可能?——从公理学、价值秩序到原则模式》,载《苏州大学学报(法学版)》2014年第1期。

〔57〕 Waldron, *Law and Disagreement*, Oxford University Press, 1999, p. 221.

资源、土地、环保等事项上径行体现《宪法》序言的价值，并在与其他宪法主体条文的体系解释中具有价值衡量的色彩。二是从宪法主体环境条文对环境法律的影响来看，广义的法律是社群成员的价值共识承载之所，包括具体事项上的一阶共识和处理分歧的二阶共识。宪法作为最高法应保持一定稳定性和长存性，故其难以承载不断消长、动态变化的一阶共识，因此宪法代表二阶共识而部门法代表一阶共识。〔58〕也就是说，宪法体系与部门法体系存在"性质"上的差异，故宪法秩序影响环境法律体系化的方式，不是对环境法律"内容全面、规范一致、逻辑自洽"的形式秩序指引，而是在价值秩序上对环境法律"完备性价值"的维护。〔59〕三是环境事务上《宪法》序言和主体条文所形成的秩序，与支撑环境法律以法典化的方式实现体系化的理由在价值上较为一致。《宪法》序言和主体条文的价值秩序图景为：依托"环境""经济""政治""法治"价值协调的国家任务和目标，实现"为人民服务"的国家目的。环境法具有与环境法部门共生且独立于其他部门法的可持续发展价值，以"生态—经济—社会"为内在价值体系，以"人与自然和谐共生"为最终价值依归，所以，无论是在横向还是纵向的价值序列对比中，宪法价值秩序与证成环境法律应以法典化的方式实现体系化的理由都较充分。四是从更广泛的意义上，从法律对社会秩序的安排角度来看，法律的形式体系反映了某一时代外部环境的静态状态，且法律以形式体系变迁应对外部社会环境的变化，但这仅是功能性的维度，是一个必要性的问题。事实上，法律对社会秩序的安排也同样代表伦理共同体对于意义的追求，所以不能把法治消解为简单的秩序安排，而忽视其应然价值的良善面向。〔60〕

对于宪法秩序下的环境法律体系化而言，宪法价值秩序下具有完备"可持续发展"价值的环境法律的体系化具有充足的法典化理由，宪法秩序不仅指导其基于价值的内部体系化，也协调其与法律体系其他构成的外部价值冲突。无论是环境法律体系化，抑或环境法律法典化，都应"笼罩"在宪法价值秩序的指引与控制之下。

---

〔58〕 陈景辉：《宪法的性质：法律总则还是法律环境？从宪法与部门法的关系出发》，载《中外法学》2021年第2期。

〔59〕 陈景辉：《法典化与法体系的内部构成》，载《中外法学》2022年第5期。

〔60〕 劳东燕：《法律的核心问题是，良好的社会秩序如何可能》，载吴琦主编：《单读33·多谈谈问题》，上海文艺出版社2023年版，第520页。

《环境资源法论丛》
第15卷，第26~40页

空间思维的环境立法映射及其法典表达*

落志筠** 李靖雯***

摘　要　法律具有空间性，生态环境本身具有整体性与空间承载性，空间思维可作为生态环境立法的方法论指引。我国传统环境立法受还原主义影响，呈现碎片化、要素化特点，由此产生了空间与空间冲突、空间内部冲突以及空间僵化等现象，这对以环境要素为核心的传统要素立法模式提出了新的挑战。近几年，我国环境立法指导思想、立法调整对象及体制机制改革等均已映射出空间思维的适用。党的二十大报告指出的"统筹立改废释纂"新要求为生态环境法典编纂提出了明确指引，而十四届全国人大常委会将生态环境法典列入立法规划第一类项目为生态环境法典编纂提供了现实基础。空间思维在生态环境法典中的表达有助于环境立法充分关注法律的空间性，更新人类对人与自然关系的认知，开启空间治理的新探索，不断提升生态环境治理水平。

关键词　空间思维　生态环境法典　生态环境立法　空间治理

2023年7月，全国生态环境保护大会在北京召开，习近平总书记再次强调坚持系统观念，加大生态系统保护力度，为子孙后代留下山清水秀的生态

---

* 本文系国家社科基金一般项目"自然保护地财产权限制与补偿的法律制度研究"（项目号：23BFX100）的阶段性成果。

** 落志筠，内蒙古财经大学法学院教授，蒙古国研究生大学博士生导师。

*** 李靖雯，中国人民公安大学博士研究生。

空间。〔1〕早在2020年11月,习近平总书记在江苏考察时就指出,建设人与自然和谐共生的现代化,必须把保护城市生态环境摆在更加突出的位置,科学合理规划城市的生产空间、生活空间、生态空间,〔2〕用最严格的制度、最严密的法治保护生态环境。党的二十大报告重申"山水林田湖草沙冰"一体化保护和系统治理,实质上是对我国传统环境要素立法治理转向环境空间治理模式提出的新要求。

一、空间思维及其对传统环境立法的挑战

(一)空间思维可作为法学方法论指引

人类生存于空间之中,取自空间,用自空间,表现出空间属性。这种空间属性既有物质性,也有精神性,空间是人的物理存在方式。关于空间,在不同的学科视野中存在不同的理解与解读,如意大利建筑理论学家布鲁诺·赛维认为,对空间概念的解释可能是多方面的,不同于其他概念仅从属于某一专门方面的解释;〔3〕法国哲学家福柯认为空间是承载着某些社会关系、社会意义并主要体现在权力方面的场所和建筑;〔4〕城市社会学理论的重要奠基人列斐伏尔指出,空间蕴含着丰富的社会、政治意义,并不是空洞的物理场所。〔5〕由此可见,对空间应当具有一种多维视野,"空间可以是本体论意义上的空间,也可以是人的一种认识能力和思维方法"〔6〕。人与人形成社会关系,从空间的角度看,这也是人与人之间的空间关系,这种空间关系表现为相互排斥与重叠的两个层面,由此形成私人空间与公共空间两个部分。〔7〕无论是私人空间还是公共空间,都离不开法律的调整。

---

〔1〕《全面推进美丽中国建设　加快推进人与自然和谐共生的现代化》,载《人民日报》2023年7月19日,第1版。

〔2〕《贯彻新发展理念构建新发展格局　推动经济社会高质量发展可持续发展》,载《人民日报》2020年11月15日,第1版。

〔3〕[意]布鲁诺·赛维:《建筑空间论——如何品评建筑》,张似赞译,中国建筑工业出版社1985年版,第131页。

〔4〕[法]米歇尔·福柯:《规训与惩罚》,刘北成、杨远婴译,生活·读书·新知三联书店2003年版,第194-200页。

〔5〕Henri Lefebvre, *Spatial Planning: Reflections on the Politics of Space*, in Richard Peet ed., Radical Geography: Alternative Viewpoints on Contemporary Social Issucs, Maaroufa, 1977, p. 339-352.

〔6〕朱垭梁:《法律的空间意象性》,法律出版社2017年版,第43页。

〔7〕周安平:《私人空间与公共空间的区分——代序》,载朱垭梁:《法律的空间意象性》,法律出版社2017年版。

法律具有空间性。康德在《纯粹理性批判》中指出,“人为自然界立法”[8],即人通过其具有的时间与空间两种先天感性直观形式将法律表现出来,法律在时间和空间两个维度上存在。针对“法律的空间性”这一命题,喻中教授认为,“乡土中国”是法律空间性的特殊语境,空间可划分为社区、地区、国家、世界四个层次,与之相对应着风俗习惯法、地区性立法、国家制定法、世界共同法。[9] “不同的法律,即为不同地理空间的产物。”[10]法律所具有的空间维度,为我们将空间范畴作为一种思维方式思考法律现象提供了逻辑上的可能性。笔者认为,法律上的空间思维,即运用法律所具有的空间性,于空间维度中思考法律问题,这不仅可以弥补仅处于时间维度而产生的线性惯性思维,而且将法律现象置于横向维度内进行共时性思考,为法学研究提供了一个新的理论范畴,从而更加科学和客观地分析各种法律现象。

最初人类是自然空间的寄居者,是自然空间的一部分。随着工具的发展、技术的进步,人类对于自然空间的开发力度与范围增大,自然空间被越来越多地改造为人造空间。自然空间被迫后退,人造空间则马不停蹄地大肆扩张,自然景观极其迅速地减退,取而代之的是越来越多钢筋水泥构建起的高楼大厦、交通设施等人造空间景象。人类逐渐演化为空间的“主宰者”,而不再是寄居者。可以将人类的文明进化史看作人类在自然空间中不断侵蚀、窃取并最终反客为主的一部“殖民”史。工业革命后,人类开始意识到这种大规模侵蚀自然空间的严重后果,环境污染和生态破坏日益严重,并开始尝试用反思控制这种对自然空间的大举改造、侵蚀行为,这种理性反思构成了现代环境伦理和环境法规则的最初渊源。在此意义上,环境伦理与环境法可以被看作人为空间所立之法,其核心在于调适人与自然以及自然空间的关系。[11]

空间思维可以作为现代环境法的方法论指引。用最严格制度最严密法治保护生态环境,[12]是我国在新时代推进生态文明建设必须坚持的基本原则之一。生态环境本身具有整体性,对于整个地球来说,是所有地球生命生存的载体。生态环境的空间性意味着,局部生态环境问题会逐渐波及广泛区域甚至全球范围,形成全球性问题。因此,在法律层面,生态系统内各生态环

---

[8] [德]康德:《纯粹理性批判:注释本》,李秋零译注,中国人民大学出版社2011年版,第142页。

[9] 喻中:《乡土中国的司法图景》,中国法制出版社2007年版,第3页。

[10] 喻中:《法律与空间》,载《山东警察学院学报》2009年第3期。

[11] 朱垭梁:《法律的空间意象性》,法律出版社2017年版,第4页。

[12] 习近平:《推动我国生态文明建设迈上新台阶》,载《求是》2019年第3期。

境要素之间的联系不应因要素立法而被割裂。各环境要素并非简单共存，而是相互依赖，共同形成了生态空间整体。现代科技的飞速发展为人类的生存与发展空间拓展提供了更多便利，但也使人为环境损害具有了时空大尺度性，[13]其范围与后果往往远超行为致害地与受害要素。这种时空延展性意味着将单个环境要素作为规制对象的传统环境立法难以应对现代生态环境问题。各单行法或许可以解决当下所面临的小尺度环境污染或生态破坏问题，但难以解决复杂的整体生态环境问题。当前生态环境问题呈现出越来越大的空间跨度，对传统环境立法中仅针对环境要素的分散式立法提出了挑战，同时，环境法所具有的空间维度为我们运用空间思维思考并解决生态环境法律问题提供了现实依据。

（二）传统环境立法面临空间思维缺失的挑战

我国当前已形成“1+N+4”的生态环境法律体系，即一部发挥综合性基本法作用的《环境保护法》，多部包括污染防治、自然资源保护在内的法律、行政法规、党内法规、环保标准等规范，以及《长江保护法》《黄河保护法》《青藏高原生态保护法》《黑土地保护法》四部针对特定流域、区域的生态环境保护法律。这些法律法规为加强生态环境保护、巩固生态文明体制改革成果、实现可持续发展提供了法律保障，但仍存在立法碎片化、要素化导致实践效果未能最佳化以及缺乏体系性的问题。[14]

第一，现行环境立法存在空间与空间的冲突关系。我国环境立法尚处于生态文明体制改革和生态环境法治建设探索的转型期，总体仍处于从环境要素单行法向生态环境法典转型的过渡阶段，存在空间与空间之间规制的交叉重叠现象。以自然保护地为例，我国历经60多年，自然保护地由单一类型到类型化再到综合性建设，已形成了包括国家公园、自然保护区以及各类自然公园在内的自然保护地体系。每一种自然保护地都基于一定的自然空间，是一个独立的空间。但是，随着保护地类型与数量的不断增加，我国保护地建设出现了缺乏统一名称与设置标准、类型众多且保护不力、设立的目的价值多元以及区域交叉重叠、管理制度冲突等问题，在国土空间中呈现出破碎、功能驳杂的现象，无法实现自然空间的原真性与完整性保护。[15] 例如，江西庐山在同一地理空间内同时建立了国家级自然保护区、国家风景名胜区、国家森林公园、国家地质公园及国家湿地公园共五种类型的国家级自然保护地；

〔13〕 刘超：《从环境要素到环境空间的立法创新》，载《吉林大学社会科学学报》2023年第3期。
〔14〕 罗丽：《论我国环境法法典化中的若干问题》，载《清华法学》2023年第4期。
〔15〕 吕忠梅：《自然保护地立法基本构想及其展开》，载《甘肃政法大学学报》2021年第3期。

灵宝山国家森林公园与无量山国家级自然保护区一个机构挂两块牌子等情形并不鲜见。[16] 不同政府部门负责管理不同类型的保护地,导致保护地设置交叉重叠和执法冲突等现象也层出不穷。《建立国家公园体制总体方案》等规范的出台试图解决以上问题,但长久以来积攒的历史遗留问题很难从根本上得到解决。

第二,现行环境法还存在空间内部的冲突关系。我国环境立法主要以环境要素为调整对象进行规制。在环境立法向系统治理转变的转型期,新法尚未全面颁行,旧法仍具有法律效力,同一空间内存在两部及以上不同法律规范所造成的冲突亟待解决。生态空间对于人类生存与发展具有多元价值,公民对于生态环境质量的多元需求也不断提高,现阶段环境立法必须立足于当前国情与实践,统筹生态空间的多种价值与功能,在满足多元功能发挥的同时,统一规制,减少规范与规范间的冲突,保证生态系统的完整性。以流域立法为例,我国存在《水法》《水污染防治法》等针对环境要素——水进行调整的要素立法,而近年来新出台的流域立法——《长江保护法》《黄河保护法》也从流域上对水进行调整与规制。如何处理《水法》《水污染防治法》与《长江保护法》《黄河保护法》之间的适用问题?"在物理上水是一个整体,无法简单予以分割"[17],这就要求人类在整体性思维下对水的支配作出价值顺位选择,优先实现《长江保护法》《黄河保护法》的整体性保护目标。同样,在自然保护地领域,存在"自然保护地"这一整体与"自然保护地内的资源"这一环境要素两种调整对象,导致在同一事件上可能会出现"国家公园法"与《森林法》《水法》等两套法律规范的约束。这些问题的出现,与我国空间思维在生态环境法治观中的现实表达不无关联。在空间维度转向过程中,空间思维与还原主义之间势必会发生碰撞进而激发冲突。[18]

第三,现行生态环境治理依赖行政区划造成空间僵化。受制于地方行政空间划分,我国生态环境法律的实施表现为个案的争端解决及行为规制,类型各异的生态环境问题被化作对特定行为的规制及对社会空间内利益关系的调整,整体性空间治理被转化为央地权利治理机制与地方空间分散化治理。[19] 受限于国家行政职能划分尚不够清晰以及司法体制还不够完善等因

---

〔16〕 李俊生等编著:《国家公园体制与研究实践》,中国环境出版集团2018年版,第24页。

〔17〕 落志筠:《生态流量的法律表达及制度实现》,载《中国人口·资源与环境》2020年第1期。

〔18〕 李树训:《新时代环境法治观的转向:空间思维的应用》,载《西北民族大学学报(哲学社会科学版)》2023年第1期。

〔19〕 杜辉:《实践、逻辑与创新:空间向度下的生态环境法治发展》,载《南京师大学报(社会科学版)》2022年第3期。

素,生态环境治理效果不佳。地方环境立法多为细化与补强中央立法条款以及落实地方政府的主体责任,但在依赖行政区划的治理模式下,受制于经济、社会等多种因素,地方环境立法对国家法律的补强并没有流畅进行,区域空间联动能力亟待提升。实践表明,生态环境法律规范的落实会因地方保护主义、区隔主义的影响而虚置或低效变通,造成生态环境治理体系内部的相对失灵。空间思维指引下的生态环境系统治理,应当在生态文明体制改革中,重新梳理央地事权,重新调整地方激励机制,强化地方行政约束,缓解长期以来生态环境治理中过度掺杂行政"低效"因素的空间治理僵化问题,打通法律整体性保护渠道,盘活地方生态环境治理效能。

二、空间思维在环境立法中的映射

我国传统环境立法受还原主义思维影响,多采用问题导向及类型化立法,将环境分解为水、森林、光、土地等环境要素进行规制,缺乏整体、系统性立法。相较于传统的环境要素分类保护模式,空间思维更能体现整体保护的特质,要求我们采用整体性思维,即与空间本身的边界和特征成比例的思维。继环境要素立法之后,我国正在走向一条综合性立法的探寻之路,对流域、自然保护地等蕴含空间特性的规制对象进行整体性统一立法,包括生态环境法典的草拟与制定,都是新的支撑点与突破。在某种意义上,空间已经构成了未来流域治理和区域发展的基本范式,[20]且已经在我国最新的环境立法中映射出来。

(一)立法指导思想与时俱进

中国的环境立法可以区分为以环境保护观、可持续发展观、生态文明观为指引的三代更迭,[21]每一次更迭都可视为我国生态环境法治的一次进阶或升级,而第三代更迭则明显地表现出空间思维。中国早期环境法以应对生态环境问题造成的灾难为主,重视人类的生命健康保护,1989 年施行的《环境保护法》明确将保障人体健康,促进社会主义现代化建设作为立法目标。中国早期环境立法指导思想分为两部分,一部分以保障公众健康为目标,对水污染等环境要素污染进行规制;另一部分以经济利用为目标,对矿产等自然资源进行规制。[22] 这种立法将自然作为具有正负外部效应的工具看待,

---

〔20〕 杜辉、杨哲:《流域治理的空间转向——大江大河立法的新法理》,载《东南大学学报(哲学社会科学版)》2021 年第 4 期。

〔21〕 杨朝霞:《中国环境立法 50 年:从环境法 1.0 到 3.0 的代际进化》,载《北京理工大学学报(社会科学版)》2022 年第 3 期。

〔22〕 巩固:《〈青藏高原生态保护法〉与环境立法模式新发展》,载《环境保护》2023 年第 16 期。

对其治理也仅是对症下药,头痛医头,脚痛医脚,试图解决单个生态环境问题。2014年修改的《环境保护法》明确了“促进经济社会可持续发展”的目标。这一阶段的生态环境保护更侧重关注自然资源的可持续利用问题,并开始注重生态环境利益与经济利益的平衡性,但仍处于不成熟的发展阶段,对于自然空间、生态系统的认识仍不充分,空间思维缺失。我国环境立法以习近平生态文明思想为指导,体现以人为本、人与自然和谐共生的生态理念和以绿色为导向的生态发展观。成功制定了包括《长江保护法》《黄河保护法》《青藏高原生态保护法》等在内的一系列针对特殊流域、区域空间的法律,凸显了空间思维。坚持统筹山水林田湖草沙冰系统观念,强调综合治理、系统治理、源头治理,与空间思维不谋而合。

(二)立法调整对象“异质转换”

为了应对我国当前凸显出的不断恶化的生态环境状况与公民不断提高的生态环境质量需求之间的矛盾,我国生态环境领域修订旧法与制定新法不断推进。新法的制定不仅能够起到弥补旧法漏洞的作用,更体现了新时代人民深层次的利益需求与国家内在的战略导向,具有表达现在和预示未来的现实意义。自改革开放以来,经过40多年的发展,我国现今已基本形成以“1+N+4”为主要发展轨迹的环境立法体系,其中,《长江保护法》《黄河保护法》《青藏高原生态保护法》《黑土地保护法》针对特定领域、区域的法律,以及即将出台的“国家公园法”,均系在原环境立法体系框架内的发展,同时又突出了将特定区域、特定资源作为调整对象进行体系化保护的转向,展现了环境法体系化发展的方向。

1. 流域立法的开创——长江、黄河保护立法

《长江保护法》《黄河保护法》以流域治理为核心,将处于关键地势的大江大河作为生态纽带和关注点,着眼于河流整体治理和水资源完善利用,突破了法律层面生态区域保护专门立法的空白。2020年12月26日,《长江保护法》正式通过,该法第1条强调了长江流域的生态安全、资源利用、生态环境保护与修复的立法目的。在此之前,我国长江流域的生态环境保护一直处于各行政区划对应管理的规制模式下,《长江保护法》的出台打破了我国长期实行的区块化生态环境保护模式,开创了以流域为保护对象的新进路,其本质是流域空间管理的法律化,该举措带动了存在类似问题的其他流域——黄河流域的立法热情。2022年,《黄河保护法》继《长江保护法》后出台,对于有效纾解黄河流域生态环境保护与经济社会发展中的系统、综合、协调治理等复杂难题具有重要意义。流域治理的整体性为“空间思维”指导流域法治

的重塑提供了契机与新视角。

2. 特殊地域空间立法——青藏高原生态系统整体保护

2023 年 4 月，十四届全国人大常委会第二次会议通过了《青藏高原生态保护法》，对青藏高原区域生态环境进行系统、协同、特殊保护。《青藏高原生态保护法》以该地区生态系统整体为保护对象，对包括河流、土壤、各种生物甚至气候在内的各环境要素均有所涉及，相较传统环境立法，《青藏高原生态保护法》的着眼点为整个青藏高原生态系统整体，空间规制性更强，更加注重生态环境的原真性保护，是我国环境立法在生态区域保护层面迈出的一大步。青藏高原地区地理环境特殊，在这一特定地理空间采取专项保护，有利于统筹推进山水林田湖草沙冰一体化保护与生态系统整体的修复工作，更好地发挥空间立法的推动与带动作用，切实缓解该地区存在的生态环境问题，如资源环境承载能力欠缺等，有利于生态环境保护和经济社会可持续发展，更好地促进人与自然和谐共生。《青藏高原生态保护法》对中国的生态安全和生态环境保护具有填补立法空白的特殊价值，而且对全球生态环境保护具有重大意义。相较于国际上现有的相关山地立法，该法以特殊区域空间专门立法的形式，将中国智慧呈现至全球，展现了大国担当，也真正做到了整体保护、系统保护、协同保护。[23]

3. 调整范围的扩展——《黑土地保护法》的出台

2022 年，《黑土地保护法》明确了"维护生态平衡"的立法目的，将黑土地作为特殊自然资源纳入调整与保护对象的范围，凸显了土地资源的生态价值，体现了环境法体系化发展方向下自然资源保护制度统一构建的思路。与《土地管理法》追求"合理利用土地"核心目标的公法定位不同，《黑土地保护法》更多关注土地立法中的生态环境保护目标，将黑土地作为特殊的土地自然资源，与土地管理密切结合。以环境法体系化为视角，《黑土地保护法》实质上将原有资源利用与管理的立法内容扩大至生态价值的保护。

4. 体系化立法的流变——自然保护地立法体系建设

自 1956 年中国成立第一个自然保护区——广东鼎湖山国家级自然保护区开始，我国开始创建中国自然保护区体系，进行单个自然保护区的建设。自 1982 年开始，我国进入类型化自然保护地创建发展阶段，先后出台《森林法》《草原法》等单一类型法律法规。2012 年党的十八大召开后，国家公园和自然保护地建设成为生态文明体制改革的重要任务之一。自 2013 年起，我

---

〔23〕 吕忠梅、马鑫：《打造特殊空间区域保护的"中国样本"》，载《环境保护》2023 年第 16 期。

国正式进入以国家公园为主体的自然保护地体系的综合性建设阶段,党的十八届三中全会首次提出建立国家公园体制。其后,各地开始展开试点工作。2017年,党的十九大报告要求构建国土空间开发保护制度,完善主体功能区配套政策,建立以国家公园为主体的自然保护地体系。2018年3月,国务院机构改革,将国家林业局、农业部、国土资源部、住房和城乡建设部等的环境监督管理相关职责进行整合,组建国家林业和草原局。组建后,国家林业和草原局高度重视自然保护地立法工作,分别于2022年11月、2023年3月,先后将《国家公园法(草案)》《自然保护区条例(修订草案)》报送国务院审查。[24]

我国自然保护地体系建设经历了从单一到类型再到综合建设的过程,更注重于空间维度的系统性规制。"国家公园法"在不久后即将出台,从微观来讲,对我国自然保护地体系立法起到先行先试的引领作用,承载着改革的先行重任;从宏观来讲,对于生态空间治理体系起到引领示范作用,预示着新时代环境立法逐渐抛弃要素立法,向着空间思维蕴含其中的整体性立法转变。

(三)体制机制改革整体谋划

2018年机构改革前,林业部门负责森林、湿地、荒漠化治理,农业部门负责草原,住建部门、国土部门分别负责风景名胜区和地质公园、地质遗迹,自然保护区由环保部门负责,这样的情形导致生态空间治理各部门"各自为政"。新一轮机构改革后,国家林业和草原局成立,将原分散在各部门的生态管理职责纳入其中,统一进行管理。自然资源部的组建,改变了以往在生态空间治理上条块分割、"九龙治水"的缺陷。原来在治理上呈现碎片化的空间,在体制上被联结在一起,整合成一个有机整体,从顶层设计上对治理体系、治理机制和治理能力现代化提出了新的要求。2023年10月13日,中共中央办公厅、国务院办公厅通知不再保留京津冀及周边地区大气污染防治领导小组及其办公室,该项调整主要是适应大气污染防治的新形势,落实大气污染防治全国"一盘棋",推进美丽中国系统性建设的重要举措。未来应综合考虑空间中存在的管理关系、社会关系和法律关系,通过法律法规和政策体系明确不同空间的价值定位。随着我国现代化进程不断向前,生态文明建设的各环节正逐步呈现出越发增强的关联与互动性,对于制度体系协调性的

[24] 国家林业和草原局:《"关于加快推进我国自然保护地体系现代化建设的提案"复文》,载国家林业和草原局网,https://www.forestry.gov.cn/lyj/1/gktafw/20240201/544733.html。

要求提高,生态系统内部存在高度的复杂性,坚持从基本制度与管理体制层面对生态空间治理体系进行整体谋划是现代化进程的应有之义。

三、空间思维的生态环境法典表达

环境立法的分散立法模式缺乏体系化思维,部门主导、政策叠床架屋、运动式执法等弊端需要通过常规治理机制来克服,显示了生态环境法典编纂是促进治理体系和治理能力现代化的迫切需求。〔25〕 2023 年 9 月 7 日,十四届全国人大常委会认为环境(生态环境)领域开展法典编纂的条件比较成熟,环境(生态环境)法典被列入立法规划第一类项目。生态环境法典是对习近平生态文明思想的贯彻落实,在国内应形成对于整个生态系统综合、整体治理的环境法体系,并向国际社会表明中国态度,即坚持人与自然和谐共生,坚持人类命运共同体,展现大国担当,始终为人类共同赖以生存的地球家园不懈努力;就形式而言,法律体系由法律规范构成,如何将重复、零散的法律规范进行整合,形成科学、协调的法律规范体系,并将各法律之间的关系厘清、优化,是应当着重考量的要点。〔26〕 构建现代生态环境治理体系的新目标和新任务,对生态环境法典的编纂提出了现实而紧迫的要求,应当尽快引入空间思维方法论指引,以统一的环境法价值为引领,建构具有系统性、整体性、协同性、实效性的生态环境法律规范体系。

(一)采取实质性、适度化法典编纂模式

世界各国根据各自国情选择不同的法典编纂模式,大致可分为全面编纂与适度化编纂两类。全面编纂在路径选择上还可以分为实质性与形式性两种典型编纂模式,实质性编纂模式以法国为典型,形式性编纂模式以德国为典型。与之相对,适度化法典编纂以瑞典为典型,采用“框架性编纂+授权立法”的编纂模式,这种模式也成为当前我国环境法学界就生态环境法典编纂的主流观点,走一条“适度法典化”的编纂之路,〔27〕允许单项环境立法以特别法的形式与生态环境法典并存,并以单行法的形式,从多方面与生态环境法典进行衔接,以共同发挥保护生态环境的重要作用。〔28〕

生态环境法典并非对于各种零散立法的简单汇编整理,而应是对于整个生态系统保护的综合治理、系统性整合,“对已经不适应现实情况的规定进行

---

〔25〕 吕忠梅:《环境法典编纂研究的现状与未来》,载《法治社会》2023 年第 4 期。

〔26〕 巩固:《〈青藏高原生态保护法〉与环境立法模式新发展》,载《环境保护》2023 年第 16 期。

〔27〕 吕忠梅:《环境法典编纂论纲》,载《中国法学》2023 年第 2 期。

〔28〕 罗丽:《论我国环境法法典化中的若干问题》,载《清华法学》2023 年第 4 期。

修改完善,对经济社会生活中出现的新情况、新问题作出有针对性的新规定”[29],即进行一种“适度法典化”式的实质性法典编纂。坚持“适度法典化”的编纂路径,并不意味着对于单独立法即要素规制立法的彻底抛弃与排斥,由于生态环境与环境法的特殊性,加之我国现行环境立法数量多、内容广,层次复杂多样,法典不可能将所有的内容囊括在内,故单独立法仍具有其存在的意义与必要性。近两年,我国已形成了包括《长江保护法》、《黄河保护法》与《青藏高原生态保护法》在内的几部针对特殊流域、区域空间的法律,皆为综合衡量空间内部的生态环境情形而系统性规制的立法,具有特殊性,需要考虑保留其相对特殊的制度,仍以单独立法为宜。适度法典化编纂模式,既可以通过实质性编纂增强环境法的体系性,也可以通过适度囊括性使生态环境法典保持相对的开放性,克服随着人类认知高度的提升与社会进步可能带来的法典僵化与机械难题。同时,法典编纂应当考虑如何妥善处理法典与单行法之间的关系。如前所述,生态环境法典无法将全部法律层面的环境保护相关条款“一网打尽”,或许多数环境领域单行立法仍将继续保留,但其需与生态环境法典合理分工,根据生态环境法典规定作出相应的调整,与之衔接配合,形成制度合力。[30] 对此,笔者认为,应以生态环境法典作为环境法律体系的统率,将原有要素单行法的基本原理、基本要求有机融合至生态环境法典中,专属于特殊环境要素的法律规范在对原有单行法进行修改后继续保留,作为特殊法存在,并与法典一起构成整体立法体系。对于类似《长江保护法》《黄河保护法》《青藏高原生态保护法》等的区域立法及具有特殊生态系统特色的立法,应当予以鼓励和支持,针对该生态系统的需要进行特别立法,有利于在生态环境法典原则性立法的基础上真正实现因地制宜与具体落实。

(二)以“人与自然是生命共同体”理念更新法典中人与自然的关系

中国进入生态文明时代,习近平总书记运用马克思主义世界观和方法论,将可持续发展与生态文明新形态紧密结合,形成了习近平生态文明思想,提出了“人与自然是生命共同体”的重要论断,对人与自然的关系在新高度上形成了辩证统一的认识,是环境法构建法律关系的文明观基础。[31] 当前,

---

[29] 巩固:《生态系统方法视野下的环境法典编纂:方向与思路》,载《法治研究》2023年第3期。

[30] 巩固:《生态系统方法视野下的环境法典编纂:方向与思路》,载《法治研究》2023年第3期。

[31] 吕忠梅:《环境法典编纂论纲》,载《中国法学》2023年第2期。

生态环境法典编纂研究应当准确把握“人与自然和谐共生”的现代化绿色内涵,创新环境法学理论,充分回应“人与自然生命共同体”的需求设计绿色制度。[32] 从人类历史维度审视,最初人类对生态环境的认知有限,畏惧自然,被动服从自然,在畏惧之下将自然现象、自然环境与神、鬼等不可控制的事物联系在一起。进入工业革命时代后,人类改造世界的能力急速增长,能源资源消耗不断增加,一系列严重的环境污染与生态破坏现象随之而来。日益严重的生态环境问题使人类开始重新审视人与自然的关系,人类逐渐意识到,如果不善待生态环境,将会遭到生态环境的“报复”,人类应当逐渐约束、调适自己的行为,现代生态环境保护理念开始形成并日益受到重视。事实上,人类寄居于自然空间,每个人的行为活动并不是单独、无关联的,均具有一定的生态环境效应,“环境法在其调整对象——环境,或者准确地说是人与自然的关系上受到还原主义路径的阻碍”[33]。还原主义立法将自然作为工具、对象调整规制,其结果是产生了极端人类中心主义等不符合生存实际的伦理观。新时代,以人为本,建设美丽中国需要重新审视极端人类中心主义的弊端。生态环境法典以“人与自然和谐共生”理念为基础,对法律主体的理解要超越主客体对立的观念,应重新定位人的主体属性,承认自然的独立价值,形成“人—自然—人”的新型法律关系,重新理解生态环境法律关系中权利义务的对应关系,[34] 从实质上将人与自然的关系纳入生态环境法律关系的规范射程范围内,在人与自然关系的视角下,规范生态环境法律责任理论,明晰法律责任不仅包括对人的责任,还包括对生态环境的相对直接责任。[35]

(三)空间思维在立法价值与理念上的体现

“人与自然和谐共生”充分体现空间思维,以其为核心的绿色发展观应作为贯穿生态环境法典的目的性价值。绿色发展是对可持续发展观的延伸和深化,是人类在深刻反思“人是万物的尺度”理念,重新认识人与自然关系的基础上提出的发展观,是既满足当代人需要,又不对后代人满足其需要的能力构成危害的发展观。[36] 绿色发展理念与之前的或其他国家意指经济与

---

〔32〕 吕忠梅:《编纂一部“绿色”的环境法典》,载《中国社会科学报》2023 年 10 月 13 日,第 4 版。

〔33〕 [德]克劳斯·鲍斯曼:《只见树木,不见森林:环境法上的还原主义》,张宝译,载《南京工业大学学报(社会科学版)》2019 年第 4 期。

〔34〕 吕忠梅:《环境法典编纂论纲》,载《中国法学》2023 年第 2 期。

〔35〕 吕忠梅:《编纂一部“绿色”的环境法典》,载《中国社会科学报》2023 年 10 月 13 日,第 4 版。

〔36〕 吕忠梅:《“人与自然和谐共生”视野下的环境法价值论》,载《政治与法律》2023 年第 7 期。

健康的可持续不同,我国的绿色发展观,是人与自然和谐共生的可持续。人类是自然空间的寄居者,属于自然空间的一部分,"'人与自然和谐共生的现代化'是中国式现代化的本质特征之一,也是生态环境法典编纂研究必须准确理解和努力推进实现的目标"[37]。环境法以应对环境问题为直接目标,但是环境问题源于自然、社会系统运行过程中的相互作用,需要在人与自然和谐共生的整体目标下进行审视和应对,绝非直观、单向度的污染防治和自然生态保护就可以解决。作为应对生态环境问题的法律制度的集大成者,生态环境法典进行制度构造的视野不能仅局限于污染防治和自然生态保护,还应将生态环境问题置于人类社会整体发展的框架下进行考察,全面协调生态环境保护目标与社会经济发展目标之间的关系,推进高水平保护与高质量发展同时实现。生态环境法典需要构建"人—人""人—自然"双重和谐的法律制度体系。

生态环境法典应当秉持生命共同体的立法理念。生命共同体包括两个维度:一是山水林田湖草沙冰是生命共同体,其共同构成的生态系统是人类生存发展的物质基础,生态空间内部各要素之间相互联系,"牵一发而动全身";二是要揭示人与自然之间共生共存的一体化关系,人的发展包括自然的发展,自然的发展也是人的发展的应有之义。因此在制度设计时,生态环境法典应当注意平衡人类需求与生态环境保护之间的关系,维护生态系统的原真性,保护生物多样性,促进人与自然和谐共生,树立统筹治理的治理理念。生态环境法典应当实现空间思维的自我认知转换,将法律语境中的空间思维由特殊、模糊、隐形转变为一般、具体和显现。近期的环境立法已经融入空间意识,但这种意识在实质上仍为被动启动的结果,或者主要由顶层政策驱动,非空间思维本身,立法者的意识在处理环境管理关系时处于行政维度,在处理环境社会关系时则处于生态维度,前者对生态环境利益进行"抵御",后者则呈现保护的姿态。应当从法律角度充分实现整体性和协同性,完成生态环境治理模式的最终转型。[38]

(四)生态环境法典应加大对大尺度空间要素的调整

传统要素立法产生的空间与空间外部冲突突出地表现为缺少对大尺度空间要素的调整,生态环境法典应当将以自然保护地为核心的大尺度空间要素置于自然生态保护编中进行系统规范。自然生态保护编旨在建立对生态

[37] 吕忠梅:《环境法典编纂研究的现状与未来》,载《法治社会》2023年第4期。

[38] 李树训:《新时代环境法治观的转向:空间思维的应用》,载《西北民族大学学报(哲学社会科学版)》2023年第1期。

环境的系统性、整体性保护制度,根据当前我国国情与环境立法现状,对生态环境法典中的自然生态保护编,宜采取“基本规定+特殊空间区域专章+行政法律后果”的体例展开,可将生态空间中具有自然属性、发挥生态功能、需要法律予以保护的空间、系统都作为保护对象,纳入调整范围。〔39〕 对大尺度空间的调整首先应当确立整体治理的治理理念,维护生态系统的原真性,进而对其中基础性法律规范进行汇总,分门别类进行整理,统一具体的制度规则,对尚未形成实体法律规范的大尺度空间规制对象,应将政策文件与实践创新中的设计构想转化为法律规范,使其具有改革的法律依据,有法可依。以自然保护地为例,首先,应对其进行概念界定。生态环境法典作为统摄性立法,应当给予自然保护地以环境法学意义上的内涵界定,并对其空间属性予以释明。生态环境法律体系与国家政策密切相关,因此当需要对政策话语中的部分概念给出法理上的渊源时,可参考借鉴相关政策文件中引用的定义,以此实现概念的统一性,减少制度创新成本。〔40〕 其次,生态环境法典应对其基本制度、基本原则进行规定,为将来颁布实施的“自然保护地法”“国家公园法”等特殊法律提供上位法依据,以保证生态环境法律体系的协调统一。例如,在基本原则中规定整体性保护原则,强调对于自然保护地应当给予原真性维护与系统性保护;又如,规定跨行政区域保护地协同保护机制,具体细则可在特殊空间单行立法中予以详细规定。最后,对自然保护地管理主体进行明确规定,根据机构改革的事权调整以及国家对于该类大尺度空间要素的政策规定进行合理谋划,为各地区下位法设立统一的上位法规定,避免出现管理主体与管理方式因地而异的现象。

(五)创设空间治理制度

传统环境立法依赖行政区划治理从而造成空间僵化,对此生态环境法典应当创设空间治理制度,通过空间制度设计,重新梳理央地事权,盘活地方治理效能。第一,应当增设跨行政区域协作保护机制。如前所述,我国幅员辽阔,行政区域与生态空间无法一一对应,因此二者呈现出不匹配的现实状态。由于历史延续性,一些重要的地理要素更是跨越数个行政区划,地方政府的管理事权必然会因行政管理的断裂而产生治理衔接问题,违背生态环境整体、系统治理的需求,分级管理体制下生态环境难以被完整保护的问题始终存在。这需要在空间维度下,于生态环境法典中设立上位法依据,借助整体

---

〔39〕 吕忠梅:《环境法典编纂论纲》,载《中国法学》2023 年第 2 期。

〔40〕 刘超:《自然保护地空间治理的理论逻辑与规则构造》,载《思想战线》2022 年第 4 期。

政府理论明确职责,[41]增设跨行政区域协作保护机制,加强信息沟通、共享与执法的协作性。跨行政区域协作保护机制是在符合我国国情与实际的基础上,对于行政区划空间治理的制度衔接,这种协作保护机制建立在原有事权制度设计的基础之上,是针对空间视域下产生的生态环境问题形成的保护机制,是在纵向行政事权治理下的横向空间治理创新,具有"同时性"。第二,设立相应的空间监管保障制度与监督管理体系。在协作保护的情形下,明确上位层级中进行监督及监管的适格主体,及时对其政策落实、职责履行及执法情况进行掌控与调整。我国长江流域各省市已成功开展了部分协作保护工作,如多部门联合开展巡江检查和暗访执法,鄂赣湘三省共同签署"一江两湖"系统治理合作协议,建立跨区域协调机制、联合研究机制和信息共享机制;长江委会同流域19个省级河长办建立长江流域河湖长制协作机制;长江航运公安局与沿江各地公安机关协同作战,多地区、多警种对非法捕鱼等违法犯罪行为打出"组合拳";等等。长江大保护工作已形成新格局。生态环境法典可充分借鉴长江流域协作保护的实践经验,更好地完善空间治理制度。

四、结语

我国现行环境立法中所体现的更多为还原论方法论,即将作为高层次现象的"生态环境问题"分解为作为低层次现象的"环境污染"与"生态破坏",进而将整体意义上的"环境污染""生态破坏"分解为各种环境要素遭受的污染与破坏,再针对具体的环境要素进行下一步分别立法,以此应对整体维度上的"生态环境问题"。还原论与整体论并无对错之分,只是二者的效用不同。但若将还原论与环境立法相结合,便产生了应用困境。理论上,通过对单个环境要素进行针对性规制,可以累加汇集的方式达到缓解整体生态环境问题的目的,但这在实践中无法实现。一方面立法所规制的环境要素在变化;另一方面立法规制环境要素存在优先性,无法穷尽所有环境要素进行立法。新时代,我国环境立法正处于要素立法到空间立法的转型期,针对长江、黄河、青藏高原等特殊区域的立法正在逐渐引导环境立法改革方向。环境法所具有的空间维度为我们运用空间思维思考生态环境法律问题提供了现实依据。运用空间思维指导我国生态环境法典编纂,能够引领中国法律制度的整体绿色转型,展现中国智慧于世界各国绿色法律制度体系化之示范作用,贡献实现全球生态环境保护目标的中国力量。

---

[41] 黄锡生、叶舟:《法典化背景下地方政府环境职责的纵向划分与规范配置》,载《内蒙古社会科学》2023年第5期。

《环境资源法论丛》
第 15 卷,第 41~79 页

法典化背景下的防止生物入侵检验检疫制度立法完善

李晓慧*

摘　要　检验检疫制度在防止生物入侵方面具有巨大的潜力和难以替代的作用。在直接作用方面,通过识别借引入媒介无意引入的物种,确认其是否被列为入侵生物;或确认被有意引入物种是否被列为入侵生物,进而实施检验检疫处理以消除生物入侵风险。在间接作用方面,检验检疫制度有助于完善入侵生物名录,并建立起对无意引入媒介更全面的认识。然而,当前我国检验检疫制度之目的是防止有害生物、传染病进入我国,与防止生物入侵基本无关。防止生物入侵的检验检疫制度,应当从检验检疫制度的立法目的、检验检疫对象、检验检疫范围、检验检疫标准、检验检疫方式、检验检疫地点、检验检疫处理(范围、方式、地点)等方面作立法完善。防止生物入侵检验检疫制度是环境法典的法源,但直接规定在环境法典中并不妥当,应当采取"环境法典引致性规定+单行法"的模式规定防止生物入侵检验检疫制度。

关键词　环境法典　生物入侵　检验检疫　法律制度　立法完善

---

* 李晓慧,北京大学法学院环境与资源保护法学专业博士研究生。

由于生物多样性对人类的巨大价值,[1]保持和维护生物多样性显得非常重要,而生物入侵被认为是威胁生物多样性的主要因素之一。[2] 在生物入侵的不同阶段应采取不同的应对措施:在引入之前,采取的措施是防止其被引入;引入之后未在某生态系统建立之前,应对措施是监测;建立之后,通过清除、限制传播和控制损害降低影响。[3] 其中防止措施,相较其他措施,无论是从经济角度来讲,还是从环境友好角度来讲,都具有优势。[4] 本文将防止[5]生物入侵作为核心任务,探讨检验检疫制度在防止生物入侵中所扮演的角色,我国检验检疫立法是否能够为有效防止生物入侵提供制度保障,若不能,该如何完善相关法律使其能够最大限度地防止生物入侵。[6] 此外,本文还探讨了环境法典中应当如何规定防止生物入侵检验检疫制度这一问题。

一、检验检疫制度在防止生物入侵中的作用分析

检验检疫制度最初是为防止有害生物、传染病等传入、传出一国国境,保证贸易、经济的发展以及人类健康而设立。随着生物入侵逐渐成为世界范围内普遍关注的问题,以及各国逐渐认识到防止生物入侵对于有效管控生物入侵问题的重要性,检验检疫制度作为一种边境管控制度,渐渐被视为防止生

---

[1] 关于生物多样性对人类的巨大价值,See Robert Costanza et al., *The Value of the World's Ecosystem Services and Natural Capital* (1997), Nature, Vol. 71:6630, p. 253-260。本文这里之所以只提到生物多样性对人类的价值,而没有提到生物多样性本身的价值,原因在于当前主导环境法的理念还是人类中心主义(Anthropocentrism),而非生态中心主义(ecocentrism), See Elizabeth Fisher, Bettina Lange & Eloise Scotford, *Environmental Law: Text, Cases, and Materials*, Oxford University Press, 2013, p. 47-49。

[2] 秦天宝:《生物多样性国际法原理》,中国政法大学出版社2014年版,第275页;CBD, *A Toolkit to Facilitate Parties to Achieve Aichi Biodiversity Target 9 on Invasive Alien Species*, available at https://www.cbd.int/invasive/cbdtoolkit/, p. 6-7; CBD COP 6 Decision Ⅵ/23, *Alien species that threaten ecosystems, habitats or species*, part Ⅱ。

[3] CBD COP 5 Decision V/8, *Interim Guiding Principle for the Prevention, Introduction and Mitigation of Impacts of Alien Species*, Guiding principle 12-Guiding principle 15; CBD COP 6 Decision VI/23, *Annex-Guiding Principles for the Prevention, Introduction and Mitigation of Impacts of Alien Species That Threaten Ecosystems, Habitats or Species*, Guiding principle 2. 2.

[4] CBD COP 6 Decision VI/23, *Annex-Guiding Principles for the Prevention, Introduction and Mitigation of Impacts of Alien Species That Threaten Ecosystems, Habitats or Species*, Guiding principle 2. 1-2. 2; CBD COP 5 Decision V/8, *Interim Guiding Principle for the Prevention, Introduction and Mitigation of Impacts of Alien Species*, Guiding principle 2.

[5] 注意本文用的是"防止"而非"防治"。"防治"包括"防"和"治",防止主要侧重于"防"。

[6] 检验检疫制度只是防止生物入侵的一种手段,仅依靠检验检疫制度无法完全防止生物入侵,正文中所说的"最大限度地防止生物入侵"是指尽可能完善检验检疫制度本身,以使检验检疫制度在防止生物入侵中发挥最大限度的作用。

物入侵的重要举措。以此为出发点,本文首先探讨理论层面上检验检疫制度如何在防止生物入侵中发挥作用,检验检疫制度在防止生物入侵中发挥何种作用,哪些因素会影响检验检疫制度发挥其应有作用,为下文在规范层面分析和完善我国检验检疫制度在防止生物入侵方面的作用提供基础。

(一)生物入侵、防止生物入侵与检验检疫制度的内涵解析

1. 生物入侵与防止生物入侵的含义

生物入侵,又称为外来入侵生物、入侵物种。在生物学界内定义生物入侵是通过明晰外来物种的含义进行的。对于某一特定生态系统,任何非本生态系统的物种及其繁殖体均属于外来物种。[7] 如果某外来物种造成或可能造成经济、环境、人类健康方面的危害,那么该物种就是外来入侵物种,简称入侵物种,我国也将其称为入侵生物。[8] 下文主要使用生物入侵、入侵物种这两种说法。潜在入侵物种是指与入侵物种属于生物分类学中的同一"种"或被其他国家列为入侵物种的物种,其在我国生态环境下是否会成为入侵物种还无法确定,此时需要对其进行重点管理。

生物入侵有三种入侵方式:自然扩散、有意引入、无意引入。[9] 自然扩散是指依靠自然因素被引入;[10]有意引入是指为达到某一特定目的引入外来物种,而该外来物种引入时或引入后被证明属于入侵物种或潜在入侵物种;[11]无意引入是指随引入媒介被带入的入侵物种或潜在入侵物种。[12]

防止生物入侵,包括防止入侵物种跨国界传播和跨生态系统传播,本文研究的是防止跨国界的生物入侵。严格来说,防止生物入侵不仅是防止入侵

---

[7] 吴金、Michael T. Smith:《发达国家应战外来入侵生物的成功方法》,载《江西农业大学学报》2010 年第 5 期。

[8] The White House, *Presidential Documents-Executive Order* 13112 *of February* 3, 1999, Federal Register, Vol. 64:25, p. 6183-6186 (1999);张国良、付卫东、刘坤编著:《农业重大外来入侵生物》,科学出版社 2008 年版,第 409 页。

[9] 秦天宝:《生物多样性国际法原理》,中国政法大学出版社 2014 年版,第 279 页。

[10] 吴金、Michael T. Smith:《发达国家应战外来入侵生物的成功方法》,载《江西农业大学学报》2010 年第 5 期。

[11] 有意引入是指为农林牧渔生产、生态环境改造与恢复、景观美化、观赏等目的而引入的物种,引入后经证明其是入侵物种或潜在入侵物种,有意引入也被称为有意导入、有意引进等。参见徐海根、强胜等:《中国外来入侵物种的分布与传入路径分析》,载《生物多样性》2004 年第 6 期。

[12] 无意引入是指随着贸易、运输、旅游等活动在无意当中被引入的入侵物种,无意引入也被称为无意导入、无意引进等。正文中提到的引入媒介,是指可能带有入侵物种或潜在入侵物种的物品、运输工具、人等。参见徐海根、强胜等:《中国外来入侵物种的分布与传入路径分析》,载《生物多样性》2004 年第 6 期。

物种进入我国,对潜在入侵物种也应予以关注。因此下文一般会说防止生物入侵,或者防止入侵物种或潜在入侵物种,二者含义相同。究竟如何防止生物入侵呢?2004年的统计表明,生物入侵的三种入侵途径有意引入、无意引入、自然扩散的比例分别是39.6%、49.3%、3.1%。[13] 其中有意引入和无意引入,与人类活动息息相关,2004年的数据[14]也表明了二者在我国生物入侵途径中占主导地位。至于自然扩散,由于其属于自然界自发行为,一般并不被视为导致生物入侵问题的主要原因。因此防止生物入侵的实质是防止入侵物种或潜在入侵物种被有意引入或无意引入。

2. 检验检疫制度的内涵

检验检疫制度最初是14世纪威尼斯港为应对传染病而对人所采取的措施,16世纪后逐渐被应用到商品、动植物等领域。我国检验检疫制度在19世纪后期逐步建立起来,但检验检疫制度的实施最初基本控制在当时对我国入侵的帝国主义列强手中。[15]

检验检疫制度的含义究竟为何,目前无明确规定。从"检验""检疫"两词入手,古汉语中的"检""验""疫"三字,分别有查看、查验等意,[16]检验等意,[17]瘟疫、传染病的意思。[18] 根据鼎秀古籍全文检索平台的检索结果,"检验"最早见于《三国志·魏书·卷十五》的裴松之注"又遣铃下及奴婢使转相检验",这里的"检验"应是"起约束、限制的效果",可引申为监视的意思;根据在鼎秀古籍全文检索平台的检索结果,"检疫"最早见于崔国因所著《出使美日秘国日记·卷十五》"今年同一收进口船只检疫费银上年二万二千圆",这里的"检疫"是船舶检疫。英文中的"检验"(inspection)来自古法语"inspeccion",意思是检查、审查,也来自拉丁文"inspectionem",意思是调查;[19]"检疫"(quarantine)最初来自意大利语的"quaranta giorni",意思是来

---

〔13〕 徐海根、强胜等:《中国外来入侵物种的分布与传入路径分析》,载《生物多样性》2004年第6期。另8%的引入途径,尚未查明属于三种引入途径中的哪一种。

〔14〕 2004年的数据,不足以代表当前三种入侵途径各自精确的比例,但大致可以为我们提供一个蓝图,比如自然扩散的比例是非常小的,有意引入和无意引入占多数。

〔15〕 季任天、于俊嵘编:《检验检疫法教程》,厦门大学出版社2011年版,第10-16页。

〔16〕 王力主编:《王力古汉语字典》,中华书局2000年版,第526页。古汉语中"检"还有法式、法度,约束、限制,封书题签的意思。

〔17〕 王力主编:《王力古汉语字典》,中华书局2000年版,第1692页。除检验、查验之意外,古汉语中"验"还有证据和效果两个义项。

〔18〕 王力主编:《王力古汉语字典》,中华书局2000年版,第752页。

〔19〕 Online Etymology Dictionary, available at https://www.etymonline.com/search? q = inspection.

自疫情地区的船只应离港停留40天以确认船上是否有潜在病例。[20] 现代汉语中的“检验”是“检查验看,检查验证”的意思,“检疫”的意思则是“为防止传染病在国内蔓延和国际间传播而采取的预防措施。如对传染病区来的人或货物、船只等进行检查和消毒,或者采取隔离措施等”[21]。从以上对检验、检疫含义的梳理可以看出,检验检疫单从文义解释的角度来看,重在“检”,即通过检查实现检验检疫之目的。

我国检验检疫制度包括动植物检疫、国境卫生检疫、商品检验三个方面。由于本文的研究目的在于通过检验检疫制度防止入侵物种或潜在入侵物种进入我国,因此下文中的检验检疫制度是指国境检验检疫制度中的进境检验检疫制度,下文提到的动植物检疫、国境卫生检疫、商品检验,均是指进境过程中的动植物检疫、国境卫生检疫和商品检验,其中国境卫生检疫也被称为卫生检疫。[22]

(二)检验检疫制度在防止生物入侵中的作用范围、方式分析

从理论上来说,检验检疫制度是通过检查进入我国国境的动植物、物品、人员等检验检疫对象,及时发现入侵物种或潜在入侵物种,并及时采取措施防止其进入我国,从而在防止生物入侵中发挥其作用。以下分别从有意引入、无意引入、违法引入三个方面来分类论述检验检疫制度可作用于防止生物入侵的哪些方面,以及是如何发挥作用的。

1. 检验检疫制度在防止入侵物种或潜在入侵物种被有意引入中的作用范围、方式

从境外有意引入某物种时,该物种可作如下分类:生长在国外的我国本地物种、外来物种以及无法确定来源的物种,其中外来物种又可分为首次引入的外来物种、非首次引入的外来物种、无法确定是否为首次引入的外来物种。

对于生长在国外的我国本地物种,其对于我国生态系统来说不属于外来物种,因此也谈不上是入侵物种;但是该物种可能带有入侵物种或潜在入侵物种,此时属于无意引入的情形。检验检疫制度通过检查该生长在国外的我

---

[20] Online Etymology Dictionary, available at https://www.etymonline.com/search?q=quarantine。“检疫”一词在早期英语中还有寡妇有权在其死去的丈夫家里待40天以及基督在沙漠中禁食40天之意。

[21] 中国社会科学院语言研究所词典编辑室编:《现代汉语词典》(第7版),商务印书馆2016年版,第635页。

[22] 实际上,当检验和检疫一起出现,其含义专指国境检验检疫,具体可参见季任天、于俊嶙编:《检验检疫法教程》,厦门大学出版社2011年版,第4页。

国本地物种,识别其所带有的物种,确认其所带有的物种是否属于入侵物种或潜在入侵物种,若发现属于,则可以通过对该生长在国外的我国本地物种实施检验检疫处理(如除害、销毁、退运等),防止其带有的入侵物种或潜在入侵物种被无意引入。

对于首次引入的外来物种,首先应确定其是否为入侵物种或潜在入侵物种,据此对不同风险的外来物种采取不同的措施。目前,我国仅有《外来物种环境风险评估技术导则》(HJ 624—2011)(2012年1月1日)[23]与确定外来物种的风险相关,但其仅评估规划和建设项目可能导致的生物入侵对生态环境的危害。[24] 以检查为核心的检验检疫制度,在需要通过调查、试种、生物分类等生物学手段确定外来物种风险中没有作用。但对于已经确定为入侵物种或潜在入侵物种的首次引入外来物种,以及所有首次引入的外来物种可能带有的其他入侵物种或潜在入侵物种,检验检疫制度可以通过一系列生物、化学、X光等检查手段识别入侵物种或潜在入侵物种,并进一步对其实施检验检疫处理。此外,对于确定为非入侵物种或潜在入侵物种的首次引入外来物种,若引入后发现其实质是入侵物种或潜在入侵物种,则在此种情形下检验检疫制度可以在该物种再次被有意引入或无意引入时,阻止其以及其可能带有的入侵物种或潜在入侵物种进入我国。对于无法确定是否为入侵物种或潜在入侵物种的首次引入外来物种,可能的处理方式包括按照入侵物种或潜在入侵物种处理、按照非入侵物种或潜在入侵物种处理、允许进境但应在规定地方接受全面监督,应按照何种方式处理是立法者就生物入侵问题立法时应考量的利益平衡问题之一,但这并非重在通过多样的技术手段识别进境物种是否属于入侵物种或潜在入侵物种的检验检疫制度所能涵射的内容。

对于非首次引入的外来物种,可分为两类:首次引入后被证明是入侵物种或潜在入侵物种的以及当前还未呈现出入侵物种或潜在入侵物种特征的。第一种情形在上一段中已有说明,第二种情形下该物种尚未表现出生物入侵的特征,没有理由拒绝其被引入,检验检疫制度在此情形下可以阻止该物种可能带有的入侵物种或潜在入侵物种进入我国,这也属于无意引入的情形。

对于无法确定所引入物种是否为首次引入的外来物种或是生长在国外的我国本地物种还是外来物种的情形,应如何处理同上述无法确定是否为入侵物种或潜在入侵物种的首次引入外来物种,这并非检验检疫制度的内容。

---

[23] 该日期是指生效日期,下文中所有规范性文件名称后所列日期,如无例外说明,均是指生效日期。

[24] 《外来物种环境风险评估技术导则》(HJ 624—2011)(2012年1月1日)"1 适用范围"。

综上,检验检疫制度在防止入侵物种或潜在入侵物种被有意引入方面的作用范围是由已经确定为入侵物种或潜在入侵物种的首次引入外来物种、首次引入后始确定为入侵物种或潜在入侵物种的外来物种及其可能带有的其他入侵物种或潜在入侵物种,再加上被有意引入的生长在国外的我国本地物种可能带有的入侵物种或潜在入侵物种,这几类作用对象组成的集合。[25]至于作用方式,可归结为:一是确认作用。确认进境物种属于生长在国外的我国本地物种、首次引入的外来物种、非首次引入的外来物种中的哪一类别。二是处理作用。对属于入侵物种或潜在入侵物种的被有意引入物种实施销毁、退回、除害等检验检疫处理,具体实施何种检验检疫处理措施根据被处理对象的性质进行确定。三是间接作用。检验检疫制度的确认作用可以帮助确认首次引入的外来物种的存在,而对外来物种是否具有生物入侵风险的进一步分析,又有助于完善入侵物种名单。

2. 检验检疫制度在防止入侵物种或潜在入侵物种被无意引入中的作用范围、方式

无意引入中,入侵物种或潜在入侵物种附着或隐藏在引入媒介中,因此从理论上来说,一切进入我国国境的动植物、物品、人员等均是可能的引入媒介。防止入侵物种或潜在入侵物种被无意引入,关键在于对引入媒介进行详细调查,确定某入侵物种或潜在入侵物种通过何种引入媒介进入我国,明确某引入媒介可能带有哪些入侵物种或潜在入侵物种。检验检疫制度可以通过其收集的大量数据等信息,建立起对某入侵物种或潜在入侵物种引入媒介的认识,以及明确某引入媒介会带有哪些入侵物种或潜在入侵物种。

此外,检验检疫制度通过技术手段识别出被无意引入的物种,并进一步确认其是属于入侵物种或潜在入侵物种,还是属于非入侵物种或潜在入侵物种,抑或属于疑似入侵物种或潜在入侵物种。对于已确定为入侵物种或潜在入侵物种的进境物种,应实施检验检疫制度规定的检验检疫处理措施,如销毁、退运、除害等,阻止此类物种进入我国。至于疑似入侵物种或潜在入侵物种的进境物种,应进一步确认其生物入侵风险,此时检验检疫制度的直接作用在于识别出疑似入侵物种或潜在入侵物种,间接作用则是为进一步评估此

[25] 对于无法确定是否为入侵物种或潜在入侵物种的首次引入外来物种,正如上文所论述,是立法者在立法时应做的利益衡量,无论立法者决定按照入侵物种或潜在入侵物种处理,还是按照非入侵物种或潜在入侵物种处理,检验检疫制度均可按照引入物种所属类别发挥其应有作用。由于正文已论及检验检疫制度在此两类首次引入外来物种中应如何发挥作用,因此正文中不再将无法确定是否为入侵物种或潜在入侵物种的首次引入外来物种列入检验检疫制度的作用范围。

类物种生物入侵风险从而完善入侵物种名单[26]提供前提条件。

综上,检验检疫制度在防止入侵物种或潜在入侵物种被无意引入中的作用范围可概括为所有进境动植物、物品、人员、运输工具等。[27] 至于作用方式,可总结为:一是识别作用。检验检疫制度通过理化手段识别引入媒介所带有的物种有哪些。二是确认作用。具体是指将通过识别作用所发现的物种与入侵物种名单进行比对,确认其是否属于入侵物种或潜在入侵物种。三是处理作用。对于经确认作用确定存在的入侵物种或潜在入侵物种,根据入侵物种或潜在入侵物种以及引入媒介的特征,实施诸如除害、消毒、销毁、退运等检验检疫处理。四是间接作用。前三项均可视为检验检疫制度在防止生物入侵方面的直接作用,而间接作用可概括为两方面:其一,通过检验检疫所收集的信息建立起对无意引入的引入媒介的认识,具体又包括两个侧重点,某入侵物种或潜在入侵物种通常通过何种引入媒介靠近我国国境,以及通常会带有入侵物种或潜在入侵物种的引入媒介有哪些。其二,在确认作用中,若所识别出的物种并未被列入入侵物种名单,将其归类为非入侵物种或潜在入侵物种又没有充分的科学理由,即对此类物种是否属于入侵物种或潜在入侵物种存疑。检验检疫制度无法对该问题给出答案,但正是由于检验检疫制度的识别作用,才发现了该物种,若其被确认为入侵物种或潜在入侵物种,则说明检验检疫制度为完善入侵物种名单提供了前提条件。

3. 检验检疫制度在防止入侵物种或潜在入侵物种被违法引入中的作用范围、方式

前两部分讨论的基本前提是相关物种是通过合法途径进入我国的,而实践中还存在违法有意引入或无意引入入侵物种或潜在入侵物种的情形。若违法引入属于走私行为,则海关缉私部门查获后,交由检验检疫部门实施检验检疫。此时检验检疫制度的作用,按照所截获进境物种属于有意引入还是

---

[26] 目前,我国公布了四批入侵物种名单,分别是《中国第一批外来入侵物种名单》《中国第二批外来入侵物种名单》《中国外来入侵物种名单(第三批)》《中国自然生态系统外来入侵物种名单(第四批)》,共计71种入侵物种。《生物安全法》(2021年4月15日)第60条第1款规定,国务院农业农村主管部门会同国务院其他有关部门制定入侵物种名录。环境保护部2017年6月21日发布的《关于政协十二届全国委员会第五次会议第2186号(政治法律类244号)提案答复的函》中提到要"研究制订外来入侵物种预警名单",目前该名单还未公布。

[27] 对于检验检疫制度在防止入侵物种或潜在入侵物种中的作用范围,严格来说,应是主要的引入媒介。但结合我国现实,由于对主要引入媒介还未有系统认识,检验检疫制度在当前阶段的作用,应是尽可能作用于所有进境动植物、物品、人员、运输工具等,收集信息,建立起对我国主要无意引入的引入媒介的认识。故作正文中对检验检疫制度作用范围的表述。

无意引入而有所不同。对于部分不属于走私行为的违法引入,[28]检验检疫制度可以通过技术手段检查出违法引入的外来物种,并核实所查出的外来物种是否为入侵物种或潜在入侵物种。其他违法引入以及未被海关缉私部门查获的部分多未经过检验检疫即进入我国境内,对此加大对走私、非法贸易的打击力度是主要解决之道,检验检疫制度在此情形下无可作用之处。

综上,检验检疫制度在防止入侵物种或潜在入侵物种被违法引入中的作用范围,包括海关缉私部门查获的入侵物种或潜在入侵物种及其可能带有的其他入侵物种或潜在入侵物种,以及无意引入的引入媒介(以下简称无意引入媒介);也包括以其他违法方式引入的进境物品、动植物、人、运输工具等。至于作用方式,除可通过技术手段识别部分违法引入物种外,其他作用方式同防止入侵物种或潜在入侵物种被有意引入和无意引入。

(三)影响检验检疫制度在防止生物入侵中发挥作用的因素分析

1. 防止入侵物种或潜在入侵物种被有意引入中的影响因素分析

在防止入侵物种或潜在入侵物种被有意引入中,影响检验检疫制度确认作用效果的因素包括:检验检疫人员是否能够准确判断被引入物种所属类别;[29]相关信息,如对我国本地物种、对已进入我国的外来物种等的认识是否足够全面。至于影响处理作用效果的因素,包括实施检验检疫处理的地点以及处理措施,若实施检验检疫处理的地点尽可能避免离开口岸,则可以减少从口岸运输到境内过程中可能发生的泄漏;若实施检验检疫处理的措施不合适,如应实施除害处理的错误实施了销毁或退运处理,则虽然两种方式均可有效防止入侵物种或潜在入侵物种被有意引入,但错误实施会造成不必要的经济损失,增加实施检验检疫制度的成本。

2. 防止入侵物种或潜在入侵物种被无意引入中的影响因素分析

对于防止入侵物种或潜在入侵物种被无意引入中的影响检验检疫制度识别作用效果的因素,理论上由于一切进境动植物、物品、人员等均可能是引入媒介,要充分发挥识别作用,应尽可能拓展检验检疫的对象以及对各检验检疫对象的检验检疫范围。影响确定作用发挥的因素是检验检疫人员能否准确确定被引入外来物种的种类。至于影响处理作用的因素,包括实施检验检疫处理的范围、地点、措施,理论上为防止入侵物种或潜在入侵物种被无意引入除需实施检验检疫处理于活体入侵物种或潜在入侵物种外,对传入媒介也应实施相同处理,以彻底消灭引入媒介上可能带有的入侵物种或潜在入侵

---

[28] 如有意引入某外来物种,但向海关报检或申报的并不是该外来物种。

[29] 属于生长在国外的我国本地物种、首次引入的外来物种、非首次引入的外来物种中的哪一种。

物种繁殖体;实施检验检疫处理的地点、措施会影响处理作用的理由,同上一段所述影响检验检疫制度在防止入侵物种或潜在入侵物种被有意引入中处理作用的理由。此外,要使检验检疫制度在防止入侵物种或潜在入侵物种被无意引入中的第一间接作用发挥出来,关键在于在大量重复性的检查中,尽可能收集、整理相关信息。

3. 防止入侵物种或潜在入侵物种被违法引入中的影响因素分析

在防止入侵物种或潜在入侵物种被违法引入中,影响检验检疫制度作用效果的因素,除上两段所述的因素外,还包括检查手段。若检查手段尽可能适用高新技术,将有助于更大限度地识别非法进境物种,因为这类被引入物种一般具有隐蔽性。

检验检疫制度能够发现入侵物种或潜在入侵物种的一切前提,是入侵物种或潜在入侵物种在检验检疫制度的检验检疫目的中。要防止入侵物种或潜在入侵物种被引入,需要对实施检验检疫的时间、地点进行充分论证,避免在进境后、口岸外实施检验检疫,以避免在从口岸到口岸外地点运输过程中加大入侵物种或潜在入侵物种在我国生态系统建立、产生危害的可能性。

综上,影响检验检疫制度在防止生物入侵中发挥作用的因素,包括检验检疫人员能否准确识别所截获的物种,检验检疫对象和范围,检查手段,检验检疫信息的收集整理,检验检疫目的,实施检验检疫的时间和地点,实施检验检疫处理的地点、方式、范围。若所有种类的入侵物种或潜在入侵物种均被纳入检验检疫的目的;检验检疫对象足够广泛,应检尽检;检查方式多样且适用高新技术;检验检疫时间安排在检验检疫对象进境前或进境时;检验检疫地点尽量避免离开口岸,需到其他地方检查也做好运输途中的防范措施;收集整理尽可能多的外来物种种类、引入媒介等相关的检验检疫信息,则能够充分发挥检验检疫制度的防止生物入侵作用。以上理论分析,是能够有效防止生物入侵的检验检疫制度的必要条件。

二、我国检验检疫制度在防止生物入侵方面的不足

从理论层面上探讨了检验检疫制度在防止生物入侵中可以作用于哪些方面、如何作用等后,接下来的问题在于规范层面上的我国检验检疫制度是否具备防止生物入侵的制度内涵。

(一)检验检疫制度目的未明确规定防止生物入侵

动植物检疫、国境卫生检疫的直接目的,分别是防止有害生物和传染病

进入我国国境，间接目的则是保障公众生命安全和身体健康、防范和化解公共卫生风险或保障特定产业的健康发展；商品检验的直接目的是规范商品检验，间接目的是促进贸易，维护社会公共利益。[30] 其中的有害生物、传染病病原体具有造成经济损失、环境损害或人类健康危害的潜力，若其属于外来物种，则其定属于入侵物种或潜在入侵物种。有害生物、传染病病原体与入侵物种或潜在入侵物种之间至少存在交叉关系，因此我国检验检疫制度在某种程度上可起到防止生物入侵的作用，但必须认识到此种作用具有间接性。商品检验目的的规定，体现出商品检验更多是为促进贸易。

据此，防止有害生物、传染病进入国境，规范商品检验是当前我国检验检疫制度的直接目的。但并非所有入侵物种或潜在入侵物种均属于有害生物、传染病病原体，而对商品检验的规范也无法直接对防止生物入侵起作用。可见，我国检验检疫制度无法直接作用于防止生物入侵。

实际上，我国于20世纪八九十年代即建立了检验检疫制度，但生物入侵的严峻形势不仅没有缓解，反而在进一步恶化，其根本原因在于作为防止生物入侵重要手段的我国检验检疫制度，并未将防止生物入侵作为实施该制度的目的之一，因此防止生物入侵基本成为一句空谈。

（二）检验检疫对象、检验检疫范围、检验检疫标准相关规定无法有效防止生物入侵

1. 检验检疫对象、检验检疫范围、检验检疫标准相关规定

动植物检疫的检疫对象具体包括进境或过境的检疫物及其包装物，部分运输工具，进境拆船用废旧船舶，进境、过境动植物性包装物等。[31] 应注意的是，进境、过境动植物性包装物即使不是进境、过境检疫物的包装物，仍应接受动植物检疫，这也是为何将检疫物包装物和进境、过境动植物性包装物并列的原因。《进出境集装箱检验检疫管理办法》第2条、第6条第2项将部分集装箱也纳入动植物检疫的检疫对象范围，但据《进出境动植物检疫法实

---

[30] 《进出境动植物检疫法》第1条、《国境卫生检疫法》第1条、《进出口商品检验法》第1条。有害生物的具体含义，参见《进出境动植物检疫法》第1条、第16~17条、第19条。

[31] 《进出境动植物检疫法》第2条、第23条、第24条、第34条、第35条、第38条，《进出境动植物检疫法实施条例》第2条、第18条第3款。"检疫物"是指动物、植物、动物产品、植物产品和其他检疫物，《进出境动植物检疫法》第46条对检疫物各具体类别的含义作了具体规定；包装物包括包装、容器、铺垫材料；部分运输工具，是指来自动植物疫区的运输工具（船舶、飞机、火车、车辆等）；动植物性包装物，是指直接用作包装物、铺垫材料的动物产品和植物、植物产品，《进境货物木质包装检疫监督管理办法》（2018年5月1日）专门规定了进境木质包装的动植物检疫，木质包装属于动植物性包装物。"等"，是指有关法律、行政法规、国际条约规定或贸易合同约定应当实施进境动植物检疫的其他货物、物品。

施条例》第2条第5项的规定,只有法律、行政法规可以规定动植物检疫的检疫对象,《进出境集装箱检验检疫管理办法》作为海关总署制定的部门规章,其规定不得违反上位法规定,因此其所规定的部分集装箱不是动植物检疫的检疫对象。

前述各动植物检疫对象检疫是否合格的标准是,其是否为禁止进境物或是否带有禁止进境物。[32] 各检疫对象的动植物检疫的难点和重点主要在于,判断检疫对象本身是否属于或是否带有《进出境动植物检疫法》第5条第1款第1项规定的有害生物。根据当前我国检验检疫制度的规定,对不同进境动植物检疫对象,关注的有害生物种类有所不同:对于进境动物及其产品、过境动物,关注的是动物传染病、寄生虫病,对进境动物及其产品,关注对象还包括《进出境动植物检疫法》第19条规定的对农、林、牧、渔业有严重危害的其他病虫害(以下简称其他有害生物),对部分动物产品[33],关注对象还包括植物危险性病、虫、杂草;对于进境植物及其产品,关注的是植物危险性病、虫、杂草和其他有害生物,对部分植物产品[34],关注对象还应包括动物传染病、寄生虫病;对于进境的其他检疫物和动植物性包装,关注的是《进出境动植物检疫法》第1条规定的所有种类有害生物;对于过境检疫物(过境动物除外)、应实施动植物检疫的运输工具、进境拆船用废旧船舶,关注的则是其他有害生物除外的有害生物,但对于车辆,所有类型有害生物均受动植物检疫关注。[35]

至于动植物检疫的范围,对于进境动物是动物本身,对于其他检疫物是其包装物,对于其他的进境检疫物[36],包括检疫物本身及其包装物;对于过境动物,包括动物本身、动物饲料,对于其他的过境检疫物,包括包装物、运输工具;对于应实施动植物检疫的运输工具(车辆除外),主要是指运输工具内

[32] 《进出境动植物检疫法》第5条、第16~19条、第29条。

[33] 部分动物产品,是指易滋生植物害虫或混藏杂草种子的动物产品。

[34] 部分植物产品,是指来自动物传染病疫区或易带动物传染病和寄生虫病病原体并用作动物饲料的植物产品。

[35] 相关法条包括:《进出境动植物检疫法》第1条、第16条、第17条、第19条、第25条第1款、第26条、第34条、第38条,《进出境动植物检疫法实施条例》第22条、第47条、第48条。《进出境动植物检疫法实施条例》第49条将进境拆船用废旧船舶关注的有害生物种类拓展到包含其他有害生物,根据上位法优于下位法,应以《进出境动植物检疫法》第38条规定为准。

[36] 其他的检疫物与其他检疫物在本文中含义有所不同。其他检疫物是动植物、动植物产品和其他检疫物中的其他检疫物,而其他的检疫物则是排除前面列举的检疫物之外的检疫物。

部可能存在有害生物的部位;对于应实施动植物检疫的车辆,进境拆船用废旧船舶,进境、过境动植物性包装物(木质包装除外),目前的法律法规、部门规章无法确定其动植物检疫范围。[37]

国境卫生检疫的检疫对象,包括进境人员、交通运输工具、集装箱等运输设备、货物、行李、邮包等物品及外包装、尸体、骸骨、应实施卫生检疫的进境废旧物、进境特殊物品、能传播人类传染病的进境动物、应实施卫生检疫的其他物品。[38] 国境卫生检疫对象卫生检疫是否合格的标准,是其是否染有或

---

〔37〕 相关法条包括:《进出境动植物检疫法》第25条第1款和第2款、第26条、第38条,《进出境动植物检疫法实施条例》第18条、第22条、第46条第2款、第48条、第49条,《进境货物木质包装检疫监督管理办法》第5条、第10条第1款。需要注意的是,根据《进出境动植物检疫法》第1条、第25条第2款的规定,过境动物的饲料的动植物检疫,关注的有害生物不限于动物传染病、寄生虫病,还包括植物危险性病、虫、杂草和其他有害生物。对于来自动植物疫区的进境车辆,《进出境动植物检疫法实施条例》第48条规定应对其实施防疫消毒。《进出境动植物检疫法实施条例》第48条同时还规定若装有检疫物的来自动植物疫区的进境车辆检疫发现有害生物,车辆、检疫物均应作相应除害处理。但是对于防疫消毒范围、动植物检疫范围未作规定。《关于发布〈出入境检疫处理管理工作规定〉的公告》(质检总局公告2017年第115号)附件1中对进境车辆的防疫消毒范围作了详细解释,除装载进境、过境动物的车辆和装运供应香港特别行政区、澳门特别行政区的动物的回空车辆需整车进行防疫消毒外,其他进境、过境车辆只需对轮胎作防疫消毒处理。但由于本文关注的是法律、行政法规、部门规章层面的规定,因此规范性文件的内容不是本文的关注对象。总之,对于来自动植物疫区的进境车辆的动植物检疫范围,目前相关法律、行政法规、部门规章层面无法确定。对于进境拆解用废旧船舶,根据《进出境动植物检疫法》第38条、《进出境动植物检疫法实施条例》第49条无法确定其动植物检疫范围。根据《进出境动植物检疫法实施条例》第18条第3款和第4款,第22条第4项无法确定进境、过境动植物性包装和铺垫材料的检疫范围。根据《进境货物木质包装检疫监督管理办法》第5条、第10条第1款的规定,进境、过境木质包装的动植物检疫范围只包括木质包装本身。

〔38〕 相关法条包括:《国境卫生检疫法》第9条、第21条、第22条,《国境卫生检疫法实施细则》第2条、第7条、第10条、第11条、第19条第4项、第101条。进境人员既包括进入口岸的人员,也包括《国境卫生检疫法实施细则》第101条规定的在口岸内涉外宾馆、饭店内居住的进境人员以及工作人员;集装箱的含义可根据《进出境集装箱检验检疫管理办法》第2条确定;进境尸体、骸骨的含义和种类,可根据《出入境尸体骸骨卫生检疫管理办法》(2018年7月1日)第3条第1款、第22条确定;需实施卫生检疫的废旧物,可根据《进口废旧物品卫生检疫管理规定》(1988年5月14日)第2条和附件确定;进境特殊物品的种类,根据《国境卫生检疫法实施细则》第11条、《出入境尸体骸骨卫生检疫管理办法》第3条第2款、《出入境特殊物品卫生检疫管理规定》(2018年11月23日)第32条确定;应实施卫生检疫的其他物品,根据《国境卫生检疫法》第9条,《国境卫生检疫法实施细则》第12条、第83条,《国境口岸传染病监测试行办法》第33条确定。

疑似染有传染病,其是否属于禁止进境物[39]或带有禁止进境物。[40] 但前述检疫对象的卫生检疫范围,即不同检疫对象应当重点关注检疫传染病、监测传染病、其他需要在口岸采取相应卫生检疫措施的新发传染病、突发原因不明的传染病中的哪些,目前我国国境卫生检疫相关规定中并未明确。

商品检验的检验对象是进口商品,其可分为必须实施进境检验的商品和非必须实施进境检验的商品。根据《进出口商品检验法》《进出口商品检验法实施条例》的相关规定,第一类商品的进境检验通常称为法定检验,其具体种类由《进出口商品检验法》第 4 条、第 9 条,《进出口商品检验法实施条例》第 4 条第 1 款规定的法定检验商品目录等予以确定,而确定一类商品是否应被规定在前述目录应考虑商品对人类、动植物生命健康以及环境的影响;至于非法定检验商品,对其实施抽查检验。[41] 商品检验中,法定检验商品是否合格的标准之一是是否符合环境保护相关强制性国家技术规范,非法定检验商品是否合格的标准除是否符合环境保护相关强制性国家技术规范外,还包括是否符合海关总署指定的相关要求。[42] 目前,我国商品检验相关规定中并未规定商品检验的范围。

2. 检验检疫对象、检验检疫范围、检验检疫标准规定存在局限性

以上对检验检疫对象、检验检疫范围、检验检疫标准相关规定的考察,关键在于检验检疫对象是否能够包含所有被有意引入的入侵物种或潜在入侵物种,是否能够穷尽无意引入媒介;检验检疫的范围能否涵摄所有可能的无意引入媒介;检验检疫标准能否包含生物入侵的内容。

目前的检验检疫对象,除进口商品检验中的进口商品外,动植物检疫、国境卫生检疫对检疫对象的规定均采取“列举+兜底”的方式。关于动植物检疫对象,根据《进出境动植物检疫法》第 46 条的规定,动植物从理论上来说能够包含被有意引入的入侵物种或潜在入侵物种中的动植物以及植物繁殖材料,但动物产品无法包含所有种类的动物繁殖材料,其他检疫物也无法包含

---

[39] 国境卫生检疫中的禁止进境物,包括禁止进境的尸体、骸骨和废旧物。具体可分别参见《出入境尸体骸骨卫生检疫管理办法》第 3 条第 3 款、第 12 条第 1 款的规定,《禁止进口固体废物目录》(2018 年 4 月 13 日)、《禁止进口的旧机电产品目录》(2019 年 1 月 1 日)规定的禁止进境固体废物、废旧机电。除此之外,进境人员中可能对公共卫生造成重大危害的外国籍进境人员应禁止进境,具体见《国境卫生检疫法实施细则》第 99 条。

[40] 《国境卫生检疫法》第 1 条、第 3 条,《出入境尸体骸骨卫生检疫管理办法》第 3 条第 3 款、第 12 条第 1 款,《进口废旧物品卫生检疫管理规定》第 4 条。

[41] 《进出口商品检验法》第 4 条、第 9 条、第 19 条第 1 款,《进出口商品检验法实施条例》第 4 条。

[42] 《进出口商品检验法》第 6 条第 1 款、第 7 条,《进出口商品抽查检验管理办法》(2018 年 5 月 1 日)第 3 条、第 6 条。

所有种类的微生物。国境卫生检疫对象包含微生物;进口商品检验对象,即进口商品,泛指一切市场买卖物品,可以将市场交易中被有意引入的入侵物种或潜在入侵物种纳入其中。因此,我国检验检疫制度规定的检验检疫对象无法包含所有种类的被有意引入的入侵物种或潜在入侵物种。

那么被无意引入的入侵物种或潜在入侵物种呢?正如本文第一部分论述检验检疫制度在入侵物种或潜在入侵物种被无意引入中的作用时所提到的那样,检验检疫制度可以识别外来物种,而要使识别作用有效发挥,关键在于对引入媒介有清晰的认识。目前,我国检验检疫制度所规定的检验检疫对象包含了动植物及其产品、运输工具、进境商品、集装箱、进境人员及其携带物,覆盖了运输、贸易、旅游这些主要的无意引入媒介,同时动植物检疫、国境卫生检疫中的检疫对象兜底规定,也为穷尽无意引入媒介提供了基础。

我国检验检疫制度规定的检验检疫范围能否有效防止生物入侵,关键在于所规定的检验检疫范围是否足够广泛。检验检疫范围与检验检疫对象不同,后者是总体来说我国检验检疫制度对哪些进境物品、人员、动植物等实施检验检疫,而前者则是针对各具体检验检疫对象,如对于进境动物,除对其本身实施检疫外,对其包装材料、运输工具等是否实施检疫。对各检验检疫对象实施检验检疫的范围越广泛,入侵物种或潜在入侵物种(尤其是被无意引入的)越不容易扩散。

就目前我国检验检疫制度规定的检验检疫范围,除动植物检疫制度中有较为详细的规定外,国境卫生检疫、进口商品检验制度中未作类似规定,甚至动植物检疫制度也并未对所有种类动植物检疫对象明确规定检疫范围。无论是为防止生物入侵,还是为防止有害生物、传染病进入国境,确定较为广泛的检验检疫范围是有效实现检验检疫制度目的的关键之一。当然也必须承认,要使所规定的检验检疫范围尽可能广泛,可能会涉及极为琐碎之事,如何处理该问题,第四部分的"完善"将对此详加说明。

检验检疫的标准,总体来说,即是否属于或带有禁止进境物,是否染有或疑似染有传染病,是否符合环境保护相关国家强制性技术规范。若前述三个标准能够包含防止生物入侵的内容,那么我国检验检疫制度中检验检疫范围的规定就足以满足防止生物入侵的要求。关于禁止进境物以及是否染有或疑似染有传染病,动植物检疫和国境卫生检疫中规定的所有禁止进境物有可能本身属于入侵物种或潜在入侵物种,或属于入侵物种或潜在入侵物种的传播媒介,传染病病原体也可能本身属于入侵物种或潜在入侵物种,因此禁止其进入我国毫无疑问可以起到防止生物入侵的作用。但禁止进境物和传染病病原体无法覆盖所有种类被有意引入的入侵物种或潜在入侵物种,也无法将无意引入媒介完全包含在内。至于环境保护相关国家强制性技术规范,当前我国暂无可作为检验检疫标准的生物入侵相关国家强制性技术规范。[43]

从具体各检验检疫对象的检验检疫标准来看,适用标准侧重点根据各检验检疫对象的特征而有所不同。那么此类检验检疫标准规定能否有效防止生物入侵呢? 对于已经确定具有生物入侵风险的各进境检验检疫对象,根据第一部分分析,检验检疫制度通过确认作用、处理作用可以较为容易地判断进境物种是否属于被有意引入的入侵物种或潜在入侵物种,并对其实施相应检验检疫处理。此种情形下,只要检验检疫标准中包含禁止入侵物种或潜在入侵物种进入我国等类似规定,即可有效防止入侵物种或潜在入侵物种被有意引入。对于被无意引入的入侵物种或潜在入侵物种,从理论上来说,所有种类的检验检疫对象均可能是无意引入媒介,而且可能带有的物种种类包括动植物及其繁殖材料、微生物。当前我国检验检疫制度规定的各检验检疫对象的检验检疫标准,是根据各检验检疫对象一般会带有的有害生物或传染病种类确定的,而有害生物和传染病又无法涵盖所有种类入侵物种或潜在入侵物种。因此,当前检验检疫标准规定远远无法有效防止生物入侵,无论是有意引入类型还是无意引入类型。

(三)检验检疫方式的规定未为有效识别违法引入的被有意引入入侵物种或潜在入侵物种提供规范基础

1. 检验检疫方式的相关规定

动植物检疫中实施检疫的方式包括现场查验、现场检疫、实验室检疫、隔离检疫,现场查验又包括抽查、开箱检查;关于国境卫生检疫中实施检疫的方

---

〔43〕 目前生物入侵相关国家技术规范有《外来入侵植物监测技术规程 加拿大一枝黄花》(NY/T 1862—2010)、《外来入侵植物监测技术规程 飞机草》(NY/T 1863—2010)、《外来入侵植物监测技术规程 紫茎泽兰》(NY/T 1864—2010)、《外来入侵植物监测技术规程 薇甘菊》(NY/T 1865—2010)、《外来入侵植物监测技术规程 黄顶菊》(NY/T 1866—2010)、《外来入侵植物监测技术规程 刺萼龙葵》(NY/T 2530—2013)、《外来入侵植物监测技术规程 少花蒺藜草》(NY/T 2689—2015)、《外来入侵植物监测技术规程 银胶菊》(NY/T 3017—2016)、《外来入侵植物防控技术》(SN/T 2961—2011)、《外来草本植物普查技术规程》(NY/T 1861—2010)、《自然保护区外来入侵种管理规范》(LY/T 2243—2014)、《外来树种对自然生态系统入侵风险评价技术规程》(LY/T 1960—2011)、《外来物种环境风险评估技术导则》(HJ 624—2011)、《外来入侵植物对陆域自然保护区植物多样性影响评估技术导则》(HJ 1345—2023)、《入侵果实蝇检疫鉴定方法》(SN/T 3966—2014)。此外,《外来入侵植物对自然保护区植物多样性影响评估技术导则(征求意见稿)》于 2019 年 7 月 2 日发布,2023 年 9 月第二次征求意见,目前暂无后续进程,应持续关注其后续进展。

式，对进境运输工具包括电讯检疫[44]，现场查验，登船、登机、登车检疫，随车检疫，对其他卫生检疫对象包括现场查验、现场检疫、实验室检疫，现场检疫包括卫生或医学检查、抽样或采样检疫；商品检验的检验实施方式包括现场查验、现场检验、实验室检验，现场查验包括开箱检验，现场检验包括抽样检验、抽查检验。[45] 现场查验主要是核查单证、货证是否相符，而现场检疫则是利用化学、生物学、医学等科学知识或技术手段在动植物检疫对象所在地对其实施检疫，实验室检疫是对检疫对象取样后送实验室检疫，隔离检疫则是将检疫对象运送到特定条件的隔离检疫场所，对其实施一定隔离期限的观察、检疫。对于进境人员携带[46]的进境物，动植物检疫、国境卫生检疫的检疫实施方式还包括截留检疫。[47]

现场查验是所有进境检验检疫对象必经的检验检疫方式，实验室检疫是现场检疫无法判断检疫对象是否合格时的补充性检疫方式，隔离检疫只针对特定检疫对象[48]实施，现场检疫是判断一般检验检疫对象是否合格的主要检疫方式。进境运输工具的登运输工具检疫，属于现场检疫的一种类型，而截留检疫实质上是实施其他检疫程序前对检疫对象的留置程序。

---

[44] 电讯检疫，《国际航行船舶出入境检验检疫管理办法》(2018年7月1日)第10条对实施电讯检疫的船舶情形作了规定。电讯检疫，简单来说就是已持有我国海关签发的有效《交通工具卫生证书》的进境船舶，特定情况下，经船方或其代理人申请，海关通过无线通信或其他便捷通信方式对其实施检疫，不实施登船检疫。

[45] 相关法条包括：《进出境动植物检疫法》第14条第2款，《进出境动植物检疫法实施条例》第20条、第22条、第38条、第39条、第42条、第43条、第46条，《国境卫生检疫法实施细则》第26条、第30条、第39条、第40条、第45条、第49条、第83条、第101条，《进出境集装箱检验检疫管理办法》第10条，《出入境尸体骸骨卫生检疫管理办法》第11条、第13条、第14条、第17条，《进口废旧物品卫生检疫管理规定》第7条，《国境口岸传染病监测试行办法》第33条，《出入境特殊物品卫生检疫管理规定》第16条、第17条，《进出口商品检验法》第19条第1款，《进出口商品检验法实施条例》第4条，《进口成套设备检验和监督管理实施细则》(1993年4月1日)第17条，《进出口化妆品检验检疫监督管理办法》(2018年11月23日)第10条。

[46] 这里的"携带"，不仅包括进境人员随身携带的进境物，还包括进境人员随所搭乘运输工具托运和分离运输的物品。下文的"携带"均是此含义。具体参见《出入境人员携带物检疫管理办法》(2018年11月23日)第2条第2款、第43条的规定。

[47] 相关法条包括：《进出境动植物检疫法实施条例》第43条第1款和第2款，《出入境人员携带物检疫管理办法》第23条、第27条、第28条、第29条第3款、第30条第1款，《出入境特殊物品卫生检疫管理规定》第18条。

[48] 特定检疫对象，具体是指进境动物以及进境中、高风险植物繁殖材料。依据《进出境动植物检疫法实施条例》第24条、第43条第2款、第44条第2款、第54条，《进境植物繁殖材料检疫管理办法》(2018年7月1日)第2条、第13条，《出入境人员携带物检疫管理办法》第28条的规定。

2. 检验检疫方式的相关规定不够全面

检验检疫方式的规定具有两方面的含义,一是对于进境检验检疫对象应如何实施检验检疫,现场检验检疫还是隔离检验检疫、实验室检验检疫?整体检验检疫还是抽样检验检疫?采取何种抽样方法,抽样比例为何?是否适用开箱检验检疫等;二是采取何种技术手段具体识别、确认物种种类。根据以上分析,当前我国检验检疫制度重在规定第一方面的含义上的检验检疫方式。这能否满足防止生物入侵的要求呢?

在入侵物种或潜在入侵物种被有意引入的情形中,若其是被合法引入的,则检验检疫制度需确认进境物种是否为报检的入侵物种或潜在入侵物种,因此主要会用到抽样检验检疫、开箱检验检疫,若难以确认也可能会用到实验室检验检疫,若登运输工具检验检疫能够减少装卸过程中可能造成的进一步污染,则可以采用登运输工具的方式实施检验检疫。若其是被违法引入的,则检验检疫制度应尽可能利用检验检疫手段识别出该违法引入的物种。此类物种一般较为隐蔽且不易被发现,采用目前我国检验检疫制度所规定的检验检疫方式如开箱等,可以检出此类进境物种,但缺陷在于需要对几乎每一进境物实施检验检疫,即便如此,此类进境物种由于隐蔽性极强,可能依旧无法检出,检验检疫效率较低。

在入侵物种或潜在入侵物种被无意引入的情形中,检验检疫制度应通过各检验检疫方式识别出引入媒介所带有的入侵物种或潜在入侵物种。首先,需要通过抽样、抽查、开箱检验检疫等方式确定要实施检验检疫的部分,其次,开始识别进境检验检疫对象所带有的入侵物种或潜在入侵物种:部分入侵物种或潜在入侵物种可以通过现场检验检疫的方式识别出来,部分肉眼不可见的需要借助实验室检验检疫方式识别出来。

至于检验检疫方式第二方面的含义,我国检验检疫制度对此着墨不多。这一方面是检验检疫制度中与科学技术联系最为紧密的部分,可能会运用到各种理化手段。

综上,我国检验检疫制度所规定的检验检疫方式是多样的,可以满足防止生物入侵对检验检疫方式的基本要求,但缺陷在于由于缺乏第二方面含义上的检验检疫方式相关规定,直接导致无法有效识别违法引入的被有意引入入侵物种或潜在入侵物种。

(四)检验检疫实施地点规定不利于防止生物入侵

1. 实施地点相关规定综述

动植物检疫中,进境、过境检疫物检疫的实施地点在一般情况下是进境口岸,检疫物包装物检疫随进境、过境检疫物;应接受动植物检疫的运输工具、进境拆船用废旧船舶、动植物性包装物的检疫实施地点也是进境口岸。[49] 在口岸外地点实施检疫的情形包括:需要隔离检验的检疫物,在实施进境检疫后还需在指定隔离场所进行隔离检疫;进境检疫物在口岸条件有限的情形下,可转运至海关总署指定地点进行检疫;转关货物、邮寄进境检疫物,实施进境动植物检疫的地点分别是指运地、国际邮件互换局等。[50]

就国境卫生检疫的实施地点,对于运输工具、进境人员以及货物、行李、邮包等物品及外包装,是首次进境口岸的指定地点,对于进境船舶,是检疫锚地。进境集装箱等[51]可在进境口岸实施检疫,也可在检验检疫相对人要求的其他地方实施卫生检疫。进境特殊物品一般在进境口岸实施卫生检疫,若口岸条件有限也可转至其他地方实施检疫。进境尸体、骸骨的检疫实施地点一般是进境口岸。能传播人类传染病的进境动物、应实施卫生检疫的其他物品的进境卫生检疫地点,推断是进境口岸。[52]

商品检验的实施地点一般是报检时所申报的目的地;特定情况下,还包括进境口岸、卸货口岸、海关总署指定的地点。[53]

---

〔49〕 相关法律文件或法条包括:《进出境动植物检疫法》第 2 条、第 14 条第 1 款、第 24 条、第 34 条、第 38 条,《进出境动植物检疫法实施条例》第 18 条第 3 款、第 25 条、第 46 条、第 48 条、第 49 条、第 58 条,《进出口饲料和饲料添加剂检验检疫监督管理办法》(2018 年 11 月 23 日)第 24 条,《检验检疫实验室管理办法(试行)》(2011 年 4 月 12 日)。

〔50〕 相关法律条文包括:《进出境动植物检疫法》第 14 条第 2 款和第 3 款、第 31 条,《进出境动植物检疫法实施条例》第 18 条第 1 款。转关货物,包括进境转关货物以及出境转关货物,本文关注的是进境的转关货物。进境的转关货物是指"由进境地入境,向海关申请转关、运往另一设关地点办理进口海关手续的货物",其中"进境地"是指"货物进入关境的口岸",具体可参见《海关关于转关货物监管办法》(2018 年 7 月 1 日)第 32 条。转关货物,根据《海关关于转关货物监管办法》第 2 条第 1 款和第 3 款的规定,属于海关监管货物,可以办理转关手续的进口货物范围由海关总署确定公布。《海关总署公告 2017 年第 48 号——关于规范转关运输业务的公告》(2018 年 1 月 1 日)对转关货物的范围进行了确定。指运地,即结关地,是"进口转关货物运抵报关的地点",具体可参见《海关关于转关货物监管办法》第 32 条第 4 项的规定。国际邮件互换局,即"国际邮件快递公司及其他经营国际邮件的单位",《进出境动植物检疫法实施条例》第 44 条第 1 款对此作了规定。

〔51〕 "等",是指进境集装箱、货物、废旧物等物品。

〔52〕 相关法条包括:《国境卫生检疫法》第 10 条,《国境卫生检疫法实施细则》第 10 条第 1 款、第 22 条、第 51 条,《出入境特殊物品卫生检疫管理规定》第 16 条,《出入境尸体骸骨卫生检疫管理办法》第 11 条。能传播人类传染病的进境动物进境卫生检疫的实施地点,《国境卫生检疫法实施细则》第 19 条第 4 项对此并未作详细规定。因此,推断应该是适用一般情形,即在进境口岸实施进境卫生检疫。

〔53〕 相关法条包括《进出口商品检验法实施条例》第 18 条、《进出口化妆品检验检疫监督管理办法》第 6 条、《进口棉花检验监督管理办法》(2018 年 7 月 1 日)第 28 条。

2. 检验检疫实施地点不符合尽量避免离开口岸的原则

根据以上分析,检验检疫的实施地点包括进境口岸、隔离场所、海关总署指定地点、指运地、国际邮件互换局、锚地、检验检疫相对人要求的地方、进口商品目的地、进口商品卸货口岸等。正如在第一部分中分析所得出的,为有效防止生物入侵,实施检验检疫的地点应尽量避免离开口岸,若需离开应做好防疫措施,而本部分的重点在于考察目前所规定的作为检验检疫地点的口岸外地点存在的合理性以及是否规定了防疫措施。

国际邮件互换局是进境邮寄物、快件进境的第一关,在这里实施进境邮寄物、快件检疫是合理的;锚地是船舶进入口岸之前的经过地,在锚地实施检疫比在港口实施检疫更能够降低船舶可能对我国带来的生物入侵威胁,当然无论是在锚地还是在港口实施船舶检疫,均不能忽视船舶压舱水对我国海洋生态环境的威胁。除进境口岸、进口商品卸货口岸外的其他五地均是进入口岸后但在口岸外实施检验检疫地:检验检疫相对人要求的地方,为有效防止生物入侵,应尽量避免在该地实施检验检疫;进境商品目的地、指运地作为检验检疫实施地的主要原因,是便利贸易以便进境物品快速通关,但这不利于有效发挥检验检疫制度在防止生物入侵方面的作用;在海关总署指定地点实施检验检疫,既有可能是出于便利通关的考量,也有可能是由于口岸条件有限不得不指定其他地点;隔离场所,由于其必须具备一定条件,进境口岸无法满足时将需隔离检疫物运输至隔离场所检疫是合理的。

对于进境后在口岸外地点实施检验检疫的情形,应规定防疫消毒措施。目前只有因口岸条件有限需转运至海关总署指定地点检疫的情形中,明确规定了运输、装卸过程应实施防疫消毒。隔离检疫即属于因口岸条件有限需转运至其他地点检疫的情形。

(五)处理范围不够广泛且对处理地点也未作明确规定的检验检疫处理相关规定无法有效防止生物入侵

检验检疫处理相关规定能否有效防止生物入侵,可以从检验检疫处理范围是否可以包含所有可能被污染的物品、设备、场地等,检验检疫处理方式是否适用于入侵物种或潜在入侵物种,检验检疫处理的实施主体是否合适,实施检验检疫处理的地点是否恰当等四个方面进行判断。

检验检疫处理范围不同于检验检疫对象或检验检疫范围,如在检验检疫对象为进境动物的情形中,检验检疫范围仅包括该动物本身,检验检疫处理范围除进境动物本身外,还包括该动物的同群动物。[54] 当前我国检验检疫制度规定的检验检疫处理范围针对不同检验检疫对象而有所不同。从有效防止入侵物种或潜在入侵物种被有意引入的角度来看,可以发现目前所规定的检验检疫处理范围无法满足防止生物入侵的要求。举例来说,对于进境动物,检验检疫处理范围至少还应包括装载动物的运输工具等[55];对于进境植物、动植物产品,检验检疫处理范围至少还应包括可能被污染的设备;对于过境动物也存在类似问题。从防止入侵物种或潜在入侵物种被无意引入的角度来看,作为引入媒介的各检验检疫对象的检验检疫处理范围存在类似问题,即并非所有可能被入侵物种或潜在入侵物种污染的设备、场所、物品均被纳入检验检疫处理范围。此外,我国对检验检疫处理范围的规定采取列举的方式,而实质上处理范围究竟为何是一个实践性很强的问题,很难在规范层面穷尽。

理想的检验检疫处理方式,是指既能处理入侵物种或潜在入侵物种,同时成本最少、造成的经济损失最小的方式。因此,选择合适的检验检疫处理方式较为重要。对于被有意引入的入侵物种或潜在入侵物种,在退回、销毁两种处理方式中,应优先选择退回;对于被无意引入的入侵物种或潜在入侵物种,在销毁、退回、除害中,应优先选择除害,退回次之,销毁再次。目前我国检验检疫制度所规定的检验检疫处理方式的种类,可以说足以应对入侵物种或潜在入侵物种的检验检疫处理,关键在于选用恰当的检验检疫处理方式实施处理。

目前所规定的检验检疫处理的实施主体是检验检疫相对人。若由实施检验检疫的机关实施检验检疫处理,对于检验检疫机关是沉重的负担。世界范围内各国的检验检疫机关基本均面临同一问题,即人员不足。检验检疫机关所承担的检验检疫工作之复杂性、繁重性、琐碎性,决定了人员不足问题相对来说是此类机关面临的持续性问题。因此,由检验检疫相对人实施检验检疫处理,由检验检疫机关派遣人员监督,能够减轻检验检疫机关的工作量,同时还可保障检验检疫处理的效果。但需要注意的是,就进口商品检验处理的检验监督目前并未针对环境保护相关项目检验不合格的检验对象开展。

至于实施检验检疫处理的地点,检验检疫制度并无相关规定,但既然是对检验检疫对象的处理,实施地点自然是检验检疫对象所在地。从有效防止

[54] 《进出境动植物检疫法》第16条。

[55] "等"是指其他可能被污染的设备、场地。

生物入侵角度来说,检验检疫对象从进境到实施检验检疫处理之前,应尽量减少流动,以防止入侵物种或潜在入侵物种进一步扩散。因此,理想中的检验检疫处理的实施地点应尽可能与实施检验检疫的地点一致。

三、国外检验检疫制度在防止生物入侵方面的相关规定对我国的启示

(一)国际检验检疫制度中防止生物入侵的相关规定

国际检验检疫制度规定在《实施卫生与植物卫生措施协定》(以下简称《SPS协定》)、《国际船舶压载水和沉积物控制和管理公约》(2004年2月13日签订,以下简称《压载水公约》)、《国际植物保护公约》(2005年10月20日)、《国际卫生条例》(2005年5月23日)以及世界动物卫生组织制定的《陆生动物卫生法典》(2019年5月)、《水生动物卫生法典》(2019年5月)中。[56] 由于本文研究的是检验检疫制度在防止生物入侵中的作用,因此下列国际检验检疫制度内容均是与防止生物入侵直接或间接相关的检验检疫规定内容。

防止病虫害和带病、致病有机体以及水生类入侵物种或潜在入侵物种传播、被引入一国是国际检验检疫制度的目的之一。[57] 这与我国检验检疫制度的目的大体类似,病虫害和带病、致病有机体可能属于入侵物种或潜在入侵物种,这使国际检验检疫制度在一定程度上可防止生物入侵,但制度目的未包含防止生物入侵。下文通过梳理国际检验检疫制度中防止病虫害和带病、致病有机体进入一国的相关规定,并将其与当前我国检验检疫制度进行对比,探索国际检验检疫制度是否可为我国检验检疫制度的完善提供指导。

国际检验检疫法所规定的检验检疫对象,包括动植物及其产品,其他可

---

〔56〕 正文中所列各公约后括号内的时间是各公约签订或其本身的生效时间。前述各公约对我国均有约束力,是我国法律体系的有机组成部分。本文之所以将其单独列出原因在于:通过考察各公约检验检疫的内容,看我国检验检疫制度是否与各公约规定相符,从而为检验检疫制度的完善提供方向。

〔57〕 具体规定参见《SPS协定》附件A定义第1款,《压载水公约》序言、第1条第8款,《国际植物保护公约》第1条、第2条第1款,《国际卫生条例》第2条,《陆生动物卫生法典》和《水生动物卫生法典》的序言。《SPS协定》中规定的是防止病虫害和带病、致病有机体被引入,《国际植物保护公约》中规定的是植物及植物产品有害生物,《陆生动物卫生法典》《水生动物卫生法典》中规定的是动物疾病病原体。后几者均可被纳入病虫害和带病、致病有机体的范围。《压载水公约》中规定的有害水生物和病原体,除病虫害、传染病外,还包含水生类入侵物种或潜在入侵物种。

能有病虫害或带病、致病有机体的产品，船舶，进境人员等卫生检疫对象，等等。[58] 国际检验检疫法所规定的实施地点，包括各成员的港口、离岸码头及其自行规定的某地，[59] 实施主体包括各成员的相关国家机关。[60] 至于实施程序，《SPS 协定》就实施程序应遵循的原则进行了说明，包括不限制贸易原则、必要性原则、商业秘密不受侵犯原则。[61] 《压载水公约》较详细地规定了船舶检验程序：查验单证，对压载水实施取样检验或详细检验，若检验发现船舶压载水对环境资源、人体健康、财产安全具有威胁，则禁止相应船舶排放压载水。[62] 《国际植物保护公约》规定，对植物检疫对象实施检验，检验不合格的实施检验检疫处理，但未就采取何种检验方式、处理方式作具体规定。[63] 《国际卫生条例》规定，对卫生检疫对象实施现场查验相关单证、医学检查、隔离检疫，对感染或疑似感染的检验检疫对象实施卫生处理，实施预防措施（如疫苗接种等）。[64] 《陆生动物卫生法典》《水生动物卫生法典》规定，若检疫不合格，可实施隔离、实验室检疫，退回、销毁、扑杀、禁止进境处理；若发现运输工具检疫不合格，应对车辆实施消毒、灭虫等。[65]

除此之外，国际检验检疫法中还规定了实施检验检疫的原则，包括必要性原则、不得不合理限制贸易和交通原则、适当性原则、科学原则、便利船舶操作原则、损害最小原则，其具体含义分别指以科学为依据，在保护人类、动

---

[58] 相关法条包括《SPS 协定》附件 A 定义第 1 款，《压载水公约》第 3 条，《国际植物保护公约》第 1 条第 4 款、第 4 条第 2 款，《陆生动物卫生法典》《水生动物卫生法典》术语表中对陆生动物、水生动物的解释。《国际植物保护公约》第 1 条第 4 款规定除植物和植物产品外，各缔约方可酌情将仓储地、包装材料、运输工具、集装箱、土壤及可能藏带或传播有害生物的其他生物、物品或材料列入该公约的规定范围之内，在涉及国际运输的情况下尤其如此；第 7 条第 4 款还规定了过境货物。除进境人员外，卫生检疫对象还包括行李、货物、集装箱、运输工具、物品和（或）邮包、进境船舶排放的污水、垃圾、压舱水和其他有可能引起疾病的物质，具体见《国际卫生条例》第 15 条第 2 款、第 16 条、第 22 条第 1 款。

[59] 相关法条包括《SPS 协定》附件 C、《压载水公约》第 9 条。

[60] 相关法条包括《SPS 协定》附件 C，《压载水公约》第 9 条、第 E—1 条第 3 款，《国际植物保护公约》第 4 条第 2 款，《国际卫生条例》第 4 条。《SPS 协定》中规定的是某国家机关，《压载水公约》中规定的是一国政府官员、船舶主管机关等，《国际植物保护公约》第 4 条第 2 款规定的是国家官方植物保护组织，《国际卫生条例》第 4 条规定的是负责当局（负责执行和采取卫生措施的当局）。

[61] 相关法律条文包括《SPS 协定》附件 C。

[62] 《压载水公约》第 9 条。

[63] 《国际植物保护公约》第 7 条第 1 款、第 2 款。

[64] 《国际卫生条例》第 18 条、第 27 条第 1 款。

[65] 《陆生动物卫生法典》第 5 篇第 7 章第 1 条第 4 款、第 5 篇第 7 章第 5 条和第 6 条，《水生动物卫生法典》第 4 篇第 7 章、第 5 篇第 8 章、第 5 篇第 9 章第 1 条第 3 款和第 3 条。

植物生命健康的必需限度内实施检验检疫;不变相限制贸易和对贸易损害最小,避免对交通造成不利影响;与所要达到的保护水平、所面临的风险相适当;以科学作为实施检验检疫相关措施的正当化理由;实施压载水检验不能不当影响船舶正常活动;实施检验检疫或检验检疫处理应将对检验检疫对象的损害降到最低。[66] 从前述各原则的含义可看出,便利船舶操作原则实质上属于不得不合理限制贸易和交通原则的内容,因此下文只使用不得不合理限制贸易和交通原则,不再提及便利船舶操作原则。

(二)澳大利亚的检验检疫制度中防止生物入侵的相关规定

澳大利亚是学界公认的实施严格检验检疫制度的国家之一,研究其检验检疫制度中防止生物入侵的相关规定具有重要意义。澳大利亚进境检验检疫相关立法包括《澳大利亚2015年生物安全法》(Biosecurity Act 2015)、《邮件公司修正案》[Australian Postal Corporation Amendment (Quarantine Inspection and Other Measures) Act 2007]以及一系列检疫修正法。[67]

澳大利亚实施检验检疫制度的目的是管理病虫害,降低病虫害所带来的生物安全风险。[68] 立法规定的检验检疫对象包括进境人类、商品、运输工具、船舶压载水、特定船舶沉积物。[69] 其中,运输工具的检验检疫范围包括

---

[66] 《SPS协定》相关规定包括第2条第2款和第3款,第3条第2款和第3款,第5条第2款、第4款、第5款和第6款;《压载水公约》相关规定包括第9条第1款(c)、第12条第1款;《国际植物保护公约》相关规定包括第6条第1款、第7条第2款;《国际卫生条例》相关规定包括第2条、第17条、第22条第3款、第23条第2款、第43条第3款;《陆生动物卫生法典》《水生动物卫生法典》相关规定包括《陆生动物卫生法典》序言、第2篇、第4篇第1章、第5篇第3章第1条,《水生动物卫生法典》序言、第2篇第1章、第5篇第3章和第10章第2款。

[67] 检疫修正法是指 *Quarantine Amendment Act* 1981; *Quarantine Amendment Act* 1984; *Quarantine Amendment Act* 1985; *Quarantine Amendment Act* 1991; *Quarantine Amendment Act* 1994; *Quarantine Amendment Act* 1999; *Quarantine Amendment Act* 2002; *Quarantine Amendment (Health) Act* 2003; *Quarantine Amendment (Commission of Inquiry) Act* 2007; *Quarantine Amendment (National Health Security) Act* 2008; *Quarantine Charges (Imposition—Customs) Amendment Act* 2015; *Quarantine Charges (Imposition—Excise) Amendment Act* 2015; *Quarantine Charges (Imposition—General) Amendment Act* 2015。其中《澳大利亚2015年生物安全法》是总体性法案(principal act),因此下文主要以该法案相关规定为主。《澳大利亚2015年生物安全法》中所使用的措辞主要是生物安全措施,检验检疫属于生物安全措施的一种,且《澳大利亚2015年生物安全法》是由《澳大利亚1908年检疫法》演变而来,因此除有例外说明外,《澳大利亚2015年生物安全法》中生物安全措施的规定应用于检验检疫措施并无不妥。

[68] 《澳大利亚2015年生物安全法》第一章 Part 1. Division 3。

[69] 《澳大利亚2015年生物安全法》。

进境运输工具和可能被污染的其他运输工具。[70] 实施检验检疫的方式明确提及的如检验检疫人员询问、取样。[71] 实施检验检疫的地点是首次进境港口或其他指定地点,首次进境地点由生物安全主任(the Director of Biosecurity)或人类生物安全主任(the Director of Human Biosecurity)确定,或者是经生物安全主任或人类生物安全主任许可的其他地点。[72] 检验检疫处理方式包括除害,销毁进境的人类疾病病原体、检验检疫不合格的进境商品、运输工具,限制感染或疑似感染受管控人类疾病的进境人员的行为或实施隔离。实施检验检疫处理的主体包括检验检疫相对人、检验检疫实施主体以及具有处理资质的第三方。[73] 检验检疫处理又可分为及时处理和通知检验检疫相对人后处理。[74] 实施检验检疫的程序包括:进境前报告相关信息,[75] 实施检验检疫等生物安全措施评估进境检验检疫对象的生物安全风险,若发现存在风险,及时采取检验检疫处理等措施消除或降低风险。检验检疫实施主体是生物安全官员(Biosecurity Officer)。

《澳大利亚2015年生物安全法》中也规定了实施检验检疫措施应遵循的原则,如正当原则、有效原则、比例原则、不得限制进境人员紧急药物需求原则。[76] 正当原则,是指对人类实施检验检疫措施需情况足够严重以至可正当化检验检疫措施的实施,有效原则,是指所实施的检验检疫措施应当有效。

(三)国外检验检疫制度对完善我国检验检疫制度在防止生物入侵中作用的指导借鉴意义

1. 国际检验检疫制度对完善我国检验检疫制度在防止生物入侵中作用的指导意义

综览上述国际检验检疫制度中防止生物入侵相关规定,可以看出就规范层面而言,国际检验检疫制度在防止生物入侵方面的作用现状基本存在以下问题:制度目的重在防止有害生物、传染病进入一国,防止生物入侵并非其直

---

[70] 《澳大利亚2015年生物安全法》第四章 Part 2. Division 2。

[71] 《澳大利亚2015年生物安全法》第三章 Part 1. Division 4. 125、126。

[72] 《澳大利亚2015年生物安全法》第二章 Part 1. Division 2. 44 (2),第三章 Part 1. Division 6,第四章 Part 3、Part 4。

[73] 《澳大利亚2015年生物安全法》第二章 Part 2. Division 5. 53、Part 3. Division 3、Part 1. Division 5. 136,第三章 Part 1. Division 5. 138(1),第四章 Part 2. Division 5. 208-210。

[74] 《澳大利亚2015年生物安全法》第三章 Part 1. Division 5. 134。

[75] 如进境船舶进境前,应报告是否向澳大利亚海域排放压载水等信息,具体参见《澳大利亚2015年生物安全法》第四章 Part 2. Division 3、第五章 Part 2. Division 2。

[76] 《澳大利亚2015年生物安全法》第二章 Part 1. Division 1,其中比例原则并未直接规定,而是规定了适当性原则、合目的性原则、损害最小原则这些比例原则具体内容。

接目的(《压载水公约》除外);检验检疫对象不如我国检验检疫制度规定得广泛;至于检验检疫范围,《国际卫生条例》《国际植物保护公约》分别规定了船舶卫生检疫、植物检疫的检验检疫范围,更多的检验检疫对象并无检验检疫范围相关规定;检验检疫标准无法包含所有种类入侵物种或潜在入侵物种;检验检疫方式在《压载水公约》《国际卫生条例》中有较为详细的规定,但检验检疫方式种类无法与我国检验检疫制度规定的检验检疫方式相比;检验检疫实施地点、实施主体由公约成员及缔约国具体规定;实施程序或由成员及缔约国规定,如《SPS协定》只规定了成员规定检验检疫制度实施程序应遵循的原则,或由国际检验检疫制度自行规定。目前,国际检验检疫制度规定的检验检疫程序与我国检验检疫制度相关规定大同小异。除《压载水公约》中规定的禁止压载水排放外,其他检验检疫处理方式包含于我国检验检疫制度的相关规定中。

国际检验检疫制度可为我国检验检疫制度的完善提供指导的,主要是原则以及检验检疫具体措施相关规定,尤其原则规定是我国检验检疫制度所缺乏的。因此,本部分主要探讨国际检验检疫制度中各原则、具体措施是否对我国检验检疫制度有指导作用,以便更有效地防止生物入侵。

就具体原则来看,必要性原则的内涵为实施检验检疫制度划定了边界。任何制度均应有边界,尽管我国生物入侵形势非常严峻,防止生物入侵迫在眉睫,但在防止生物入侵的同时应注意防止生物入侵不能成为无限度实施检验检疫制度的正当化理由。因此,检验检疫制度中规定必要性原则是非常必要的。为防止生物入侵,必要性原则应包括应在防止生物入侵的必要限度内实施检验检疫制度这一含义。适当性原则是指实施的检验检疫措施应与所面临的风险、所要达到的保护水平相当。适当性原则不同于必要性原则,如果说必要性原则针对的是为防止生物入侵应实施的检验检疫制度上限,那么适当性原则回答的是应实施的检验检疫措施的种类、程度,当采取的措施能够有效防止生物入侵,其他措施即使符合必要性原则也不得实施。损害最小原则是指实施检验检疫或检验检疫处理时,应将对检验检疫对象造成的损害降到最低,如实施退运、除害处理可以防止生物入侵的,就不应实施销毁处理。必要性原则、适当性原则、损害最小原则实际上均是比例原则的内容。

不得不合理限制贸易和交通原则,是从便利贸易、交通的角度出发的。有效防止生物入侵,并不意味着以牺牲贸易利益或迟延运输为代价。如何在防止生物入侵的同时,不影响贸易发展和运输工具通关,是完善检验检疫制度必须考虑的内容。科学原则是风险分析、评估过程中应遵循的原则,风险分析或评估的结果,是制定、实施合理的防止生物入侵检验检疫措施的基础,是防止生物入侵这一利益与贸易利益之间实现平衡的基础。因此,为有效防止生物入侵,这两项原则均可被规定在检验检疫制度中。

就具体措施来看,船舶压载水可被列入我国进境船舶的检验检疫范围,《压载水公约》中的禁止压载水排放的检验检疫处理方式也可被列入我国检验检疫处理方式,该公约中的防疫措施,即在未采取有效措施避免对环境资源、人体健康、财产安全造成威胁前,不得排放压载水,可被参考规定在我国检验检疫制度防疫措施之中。[77]

综上,国际检验检疫制度对我国检验检疫制度的指导作用可分为两方面:一是原则规定。根据以上分析,为防止生物入侵,我国检验检疫制度可以增加不得不合理限制贸易和交通原则、科学原则,必要性原则、适当性原则、损害最小原则均属于比例原则的内容,无须另加规定。二是检验检疫具体措施方面。检验检疫信息交流制度应将交流信息范围拓展至所有与生物入侵相关的检验检疫信息。此外,船舶压载水可被纳入船舶检验检疫范围,检验检疫处理方式中可增加禁止排放船舶压载水,防疫措施中也可增加在未消除压载水可能造成的威胁之前不得排放压载水的内容。

2. 澳大利亚检验检疫制度对完善我国检验检疫制度在防止生物入侵中作用的借鉴意义

从前面对澳大利亚检验检疫立法中相关规定的总述可以看出,澳大利亚检验检疫制度的目的与我国当前检验检疫制度存在同样的缺陷。其实施检验检疫方式的规定,可被包含于我国实施检验检疫方式的规定中。其实施检验检疫地点、检验检疫处理、检验检疫程序的规定,与我国的规定大致类同。其进境运输工具的检验检疫范围,拓展至可能被污染的其他运输工具,至于其他运输工具是否指进境运输工具,未作明确说明。

但澳大利亚检验检疫制度的一些规定仍对我国具有一定借鉴意义,例如,在有关检验检疫对象的规定中,将船舶压载水和沉积物列入检验检疫对象。原则规定中的正当原则、有效原则、不得限制进境人员紧急药物需求原则是我国检验检疫制度、国际检验检疫制度中所没有的,是否可将其借鉴到我国检验检疫制度,还需进一步分析。关于具体措施中的名录制度,由于我国也有相关名录,因此澳大利亚名录制度所规定的具体内容在我国国家卫生行政机关、国家农业行政部门等行政部门制定名录时有启示作用,但对我国

---

[77] 《压载水公约》第9条第3款。

检验检疫制度立法完善无直接借鉴意义。预防措施、检疫审批制度的内容与我国相关规定大致类同。检验检疫信息交流制度所规定的强制相关人员提供信息,以及压载水记录、压载水记录系统的规定,是我国检验检疫制度所缺乏的。

在违法责任方面,澳大利亚相关立法中有民事罚款这一责任承担方式。未按照实施检验检疫主体的要求提供检验检疫对象的,属于拒检。未经许可卸载运输工具所装载物品的,属于违反预防措施的行为。此两类在我国检验检疫制度中均有规定。此外,进境人员不满足检验检疫要求;检验检疫相对人未提供信息或提供虚假信息,未按要求实施检验检疫处理,未报告或未完全报告压载水相关信息,未按规定排放压载水,未将沉积物处理至沉积物接收装置,违反压载水记录和压载水记录系统相关规定,违反禁止进境物、首次进境地点相关规定,违反生物安全主任签发的指令中的要求,是我国检验检疫制度中未规定的违法行为。

澳大利亚的检验检疫制度可能为我国检验检疫制度完善提供借鉴的范围,包括进境运输工具的检验检疫范围、检验检疫对象、原则规定、具体措施中的检验检疫信息交流制度和压载水记录措施、违法责任。

关于进境运输工具的检验检疫范围,澳大利亚检验检疫立法中将检验检疫范围拓展至可能被污染的其他运输工具,而并未明确其他运输工具是否限于进境运输工具。从防止生物入侵的角度来说,其他运输工具无论是否属于进境运输工具,只要可能被污染,均应纳入检验检疫范围。

检验检疫对象中的船舶压载水、沉积物接受检验检疫是毋庸置疑的。关键在于,是将此二者列入船舶的检验检疫范围,还是直接规定为检验检疫对象?从实践角度来讲,两种方式均可达到防止生物入侵的目的。从立法便利的角度讲,将此二者列入船舶这一检验检疫对象的检验检疫范围更为合适。

关于原则规定,正当原则实质上是如何在便利贸易交通、保护进境人员隐私和信息与防止生物入侵之间平衡的问题,从理论上来看,这三者在我国当前经济发展水平下应是处于同一位阶的。便利贸易交通,协同国际检验检疫制度对我国检验检疫制度的指导作用,可以原则规定确立在我国检验检疫制度中。关于进境人员隐私和信息,我国民法和刑法均对此予以较为完善的保护,检验检疫立法无须作进一步规定。有效原则是实施一项措施的应有内涵,若所实施的措施无效,也就无实施该项措施的必要。至于考察一项措施在实践中是否有效,其内涵是建立标准检验是否有效,无法上升到原则。不得限制进境人员紧急药物需求原则是公民生命权益高于维护生物入侵利益的另一表述,这是不言自明的。

检验检疫信息交流制度和违法责任是检验检疫制度有效实施的保障性制度,应当规定。关于压载水记录措施,既然应当将压载水纳入船舶检验检疫范围,那么压载水记录措施应当作为配套措施纳入检验检疫制度体系。

综上,澳大利亚的检验检疫制度可被借鉴于我国检验检疫制度的有以下两个方面:一是进境运输工具的检验检疫范围可拓展至所有可能被污染的其他运输工具,进境船舶的检验检疫范围拓展至船舶压载水和沉积物;二是检验检疫信息交流制度中可增加强制相关人员提供信息的规定,进境船舶应配备压载水记录系统,无法配备的可采取其他方式记录压载水信息。

四、我国防止生物入侵检验检疫制度的立法完善及其在环境法典中的表达

基于我国检验检疫制度立法在防止生物入侵方面存在的不足,亟须分析如何完善我国检验检疫制度立法以便有效防止生物入侵。

(一)防止生物入侵应当成为检验检疫制度的立法目的

根据本文第二部分和第三部分的分析,我国检验检疫制度的立法目的应包含防止生物入侵。那么,应如何将防止生物入侵这一目的纳入检验检疫制度立法中呢?

有两种方法可以将防止生物入侵目的规定在检验检疫制度中:一是直接将防止生物入侵作为检验检疫制度的目的规定。在《进出境动植物检疫法》《国境卫生检疫法》《进出口商品检验法》三部法律的第 1 条明确规定其目的包含防止生物入侵。二是将防止生物入侵与检验检疫标准结合。首先需分析《进出境动植物检疫法》《进出口商品检验法》两部法律第 1 条中的有害生物、公共利益,能否为防止生物入侵实施检验检疫制度提供依据,在此基础上将入侵物种或潜在入侵物种列入《进出境动植物检疫法》第 5 条第 1 款规定的禁止进境物中,规定在《进出口商品检验法》第 6 条的强制性国家技术规范中。同时,由于进口商品检验只对列入法定检验商品目录中的商品实施强制性检验,因此还应将入侵物种或潜在入侵物种及其引入媒介列入法定检验商品目录,否则会导致本身属于入侵物种或潜在入侵物种,或属于无意引入媒介的非法定检验商品,因未实施进口商品检验而引入入侵物种或潜在入侵物种。《国境卫生检疫法》第 1 条明确了国境卫生检疫制度的目的之一是防止传染病跨境传播,若在不修改国境卫生检疫制度目的的前提下利用国境卫生检疫制度防止生物入侵,只能将入侵物种或潜在入侵物种规定为国境卫生检疫制度中的禁止进境物。那么哪种方法更合适呢?

第一种方法的实现,需要修改三部法律的第1条,该方法给为防止生物入侵实施检验检疫制度提供了依据,同时有一定的宣示作用,强调防止生物入侵的重要性。

第二种方法首先需要重新解释有害生物、公共利益的含义。结合《进境动物和动物产品风险分析管理规定》第25条、《进境植物和植物产品风险分析管理规定》第15条的规定,可以看出动物及其产品风险评估是评估对农林牧渔、人类、环境的危害,而植物及其产品风险评估则是评估经济影响,二者的共同点是都要评估经济影响。据此可以判断出,会造成经济影响是成为《进出境动植物检疫法》第1条、第16~19条规定的有害生物的必要条件,但对环境的影响、对人类的影响是否为必要条件无法判断。生物入侵是会造成经济影响的,因此入侵物种或潜在入侵物种具有成为《进出境动植物检疫法》规定的有害生物的可能性。此外,防止生物入侵符合公共利益要求,《进出口商品检验法》第1条规定的维护公共利益是进口商品检验的间接目的,是通过对进口商品检验行为的规范而实现的,通过对进口商品检验相关规定作一定调整从而实现防止生物入侵这一公共利益,符合《进出口商品检验法》第1条的规定。因此,《进出境动植物检疫法》《进出口商品检验法》两部法律第1条能够给为防止生物入侵适用检验检疫制度提供依据。

在此基础上,第二种方法的实现需要通过修改《进出境动植物检疫法》第5条第1款、《进出口商品检验法》第6条、法定检验商品目录,并在国境卫生检疫制度中增加入侵物种或潜在入侵物种为禁止进境物的规定来实现。

对比两种方法,第一种方法相对来说修改幅度更小,除可为修改检验检疫标准提供依据外,还可起到宣示作用,更便于有效防止生物入侵。从此角度来说,可以在《进出境动植物检疫法》《国境卫生检疫法》《进出口商品检验法》三部法律的第1条中增加"防止生物入侵"。第二种方法通过完善检验检疫标准达到规定防止生物入侵目的的效果,一石二鸟。从这一角度来说,似乎第二种方法更恰当。

(二)不得不合理限制贸易和交通原则、科学原则应当作为检验检疫制度的基本原则

国际检验检疫制度和澳大利亚检验检疫制度的不得不合理限制贸易和交通原则、科学原则规定于我国检验检疫制度的必要性在本文第三部分已有论述,这里不再提及。无论是动植物检疫制度、卫生检疫制度,还是商品检验制度,为防止生物入侵,均应包含上述两项原则,将其规定于《进出境动植物检疫法》《国境卫生检疫法》《进出口商品检验法》三部法律的总则部分是较

为理想的一种方式。

(三)检验检疫对象、检验检疫范围应当进一步扩大,检验检疫标准内容应当修正

根据第二部分的分析,我国检验检疫制度立法所规定的检验检疫对象中应纳入所有种类动物繁殖材料。各检验检疫对象的检验检疫范围应进一步扩大,但由此带来的问题是法律需要作非常琐碎的规定,同时应特别注意的是将船舶压载水规定在船舶的检验检疫范围中。在检验检疫标准方面,动植物检疫、国境卫生检疫中的禁止进境物应包含所有种类入侵物种或潜在入侵物种;进口商品检验中的环境保护相关国家强制性技术规范应新增生物入侵相关的技术规范。

在明确了需要完善之处后,应进一步探讨如何完善:动物繁殖材料应如何规定在检验检疫对象中?如何在检验检疫制度规范层面上扩大检验检疫范围?如何将入侵物种或潜在入侵物种规定在检验检疫标准中?

1. 将动物繁殖材料规定为检验检疫对象的路径分析

最可能将动物繁殖材料规定为检验检疫对象的是动植物检疫制度。《进出境动植物检疫法》第46条对动物产品的含义作了规定,从中可看出动物繁殖材料从定义上讲属于动物产品,但第46条在列举动物产品种类时只规定了精液、胚胎,此种规定方式容易造成误解:一种理解是列举精液、胚胎的目的在于暗示动物产品包含动物繁殖材料这一类别,但要起到暗示作用至少还应列举卵细胞;另一种理解是列举的目的在于明确动物产品只包含精液、胚胎这两类动物繁殖材料。无论哪种理解,均无法将动物繁殖材料完全包含在目前动植物检疫的动物产品之中。有两种方式可将动物繁殖材料规定在动物产品中,一是在《进出境动植物检疫法》第46条动物产品定义中加入卵细胞;二是直接将动物繁殖材料列入列举规定中,并删除精液、胚胎。第二种方式相比第一种方式更有助于防止与动物繁殖材料有关的生物入侵,同时由于两种方式均是通过修改《进出境动植物检疫法》第46条来实现的,因此第二种方法是更为合适的。

2. 规范层面检验检疫范围扩大的方式分析

检验检疫范围是针对各具体检验检疫制度来讲的。为有效防止生物入侵,各检验检疫制度的检验检疫范围应尽可能全面、详尽,理论上来说所有可能被污染的场地、设备、包装物、运输工具等均应被列入检验检疫范围。检验检疫范围实际上是一个不断变化的范围,不同进境检验检疫对象、拥有不同进境过程的同一检验检疫对象,其装载环境以及可能被污染的场地、设备是

变化的。规范层面完善检验检疫范围可从以下方面进行:规定各检验检疫对象最大程度的检验检疫范围,实践中在此范围中选取合适程度的检验检疫范围;规定检验检疫范围应遵循的原则,如应检尽检原则;以规则方式详尽规定检验检疫范围。

首先,在规范层面穷尽各检验检疫对象的检验检疫范围是不可能的,检验检疫范围的穷尽是一个实践层面的问题,因此最后一种完善方式不可取。其次,第一种方法相对第二种方法更具操作性。那么如何在第一种方法的框架下规定检验检疫范围?除进境检验检疫对象本身外,检验检疫范围应关注检验检疫对象的装载环境以及装载环境中的一切物品,包括包装物、运输工具、土壤、栽培介质、活体动物的饲料等。其他可能被污染的场地、设备、装卸人员等,是指装卸过程中、检验检疫过程中、检验检疫处理过程中的一切可能被污染之处,可以将可能被污染之处纳入检验检疫范围,对其实施检验检疫,若检疫不合格,则实施合适的检验检疫处理,除此之外也可直接对此可能被污染之处实施防疫措施,具体如何处理应经经济分析采取成本更低的应对方式。最后,由于检验检疫范围需检验检疫人员根据实际情况具体确定,若能将第二种方法中的应检尽检原则规定在检验检疫制度中,可进一步帮助明确检验检疫的范围。

因此检验检疫范围规定的完善,具体指修改《进出境动植物检疫法实施条例》第22条、第46条、第48条、第49条,在各检验检疫对象中均可加入装载环境及其中相关物品,进境船舶的检验检疫范围应特别注意可将船舶压载水规定在内,进境运输工具的检验检疫范围可包括所有可能被污染的其他运输工具;在《国境卫生检疫法》《进出口商品检验法》中可加入新规定,即进口检验检疫对象的装载环境及其中相关物品均可接受检验检疫;《进出境动植物检疫法实施条例》《国境卫生检疫法》《进出口商品检验法》三部法律总则部分,可增加“检验检疫范围遵循的原则是应检尽检”的规定,可增加对于其他可能被污染的场地、设备应根据经济分析确定应实施检验检疫还是防疫措施的规定。

3. 检验检疫标准规定的修正方法分析

检验检疫标准的完善,关键在于动植物检疫制度、国境卫生检疫制度中的禁止进境物能够将入侵物种或潜在入侵物种包含在内,以及如何规定防止生物入侵相关的国家强制性技术标准。

关于动植物检疫制度中的禁止进境物,在防止生物入侵成为检验检疫制度目的的基础上,类比当前《进出境动植物检疫法》第5条第1款第1项禁止有害生物进境的规定，将入侵物种或潜在入侵物种列为禁止进境物并无不妥之处。国境卫生检疫制度中的禁止进境物，散见于《国境卫生检疫法实施细则》《进口废旧物品卫生检疫管理规定》《出入境尸体骸骨卫生检疫管理办法》中，同样在将防止生物入侵规定为国境卫生检疫制度的目的之后，在《国境卫生检疫法》中新增"入侵物种或潜在入侵物种禁止进境"的条款并无不妥。至于防止生物入侵的国家强制性标准，当前的进口商品检验标准中包括环保相关标准，在环保相关标准中新增防止生物入侵的国家强制性标准，并不违反当前进口商品检验制度，同时这也是将防止生物入侵规定为进口商品检验目的后检验标准的应有之义。综上，检验检疫标准的完善是通过修改《进出境动植物检疫法》第5条第1款第1项，在《国境卫生检疫法》中新增法条，在进口商品检验标准包含的环保相关标准中制定防止生物入侵相关国家强制性标准来实现的。

（四）检验检疫方式应当包括理化技术手段、检验检疫地点应当以口岸检验为原则

检验检疫方式除了目前所规定的开箱检验、抽样检验等，还可规定采取哪些理化技术手段，以有效识别被非法有意引入的入侵物种或潜在入侵物种。此外，禁止压载水排放也可被列入检验检疫方式规定中。在检验检疫地点方面，可尽量避免将检验检疫相对人要求的地方作为检验检疫地点的规定。将进境商品目的地、指运地、海关总署指定地点作为检验检疫地点，关系到如何在便利贸易或通关与防止生物入侵之间平衡的问题。此外，可加强口岸建设，减少因口岸条件不足需转运至其他地点实施检验检疫的情形。若进境后需在口岸外地点实施检验检疫，可规定防疫措施。

如何将前述检验检疫方式完善建议规定在检验检疫立法中呢？直接规定于法条中？抑或有其他更合适的规定方式？检验检疫方式中规定理化技术手段的主要目的是有效识别非法有意引入的入侵物种或潜在入侵物种。既然是违法引入，一般具有隐蔽性，对理化技术手段的要求较高。若在检验检疫方式相关法律规范中直接规定应采取的理化技术种类、内容，可能导致的后果是：法律规范生效后，更合适的技术手段不断涌现，为更有效地防止生物入侵需不断修改法律规范，而技术的高速发展导致修改相关法律规范成为常态，这与法律规范追求稳定性的价值理念严重相悖。但若利用技术规范规定，一方面将理化技术手段纳入了检验检疫制度体系之中，丰富了检验检疫方式的内容从而有利于有效应对生物入侵；另一方面可避免陷入不断修改法律的困境。在此基础上，需进一步明确的是相关技术规范是否可为强制性国家技术规范。强制性国家技术规范,意味着检验检疫对象进境时必须接受采用相应技术规范规定的理化技术手段的检验检疫,若将技术规范的适用对象拓展至所有进境检验检疫对象,可有效识别出非法有意引入的入侵物种或潜在入侵物种。

实施地点方面,避免进境后在口岸外地点实施检验检疫是总体原则。目前我国在口岸外地点实施检验检疫的情形,有出于检验检疫相对人的要求的,有出于便利贸易的考量的,有出于口岸条件有限的。口岸条件有限,应加强口岸建设,这是政策层面应解决的问题。在检验检疫相对人要求地点实施检验检疫,规定在《国境卫生检疫法实施细则》第10条,但仅有该条规定是无法满足防止生物入侵要求的。若因进境检验检疫对象的特殊性质等,必须在检验检疫相对人要求的地点实施检验检疫,相应进境对象应在进境前先接受检疫审批,检疫审批过程应重点审查所要求地点是否符合要求,以及从进境口岸至所要求地点所拟采取的防疫措施是否合适,进境后对其运输过程、检验检疫过程实施检验检疫监督,同时在检疫审批制度、检验检疫监督制度中增加此类内容也并不违反两制度框架。至于为便利贸易在口岸外地点实施检验检疫,如何协调、平衡贸易利益和防止生物入侵利益是关键。拓展来说,无论是在一国法律制度中还是在国际法律制度中,贸易与环境之间如何平衡均是当今社会不得不谈的话题。但本文无意对此展开辩论,有一种检验检疫方式或可在有效防止生物入侵的同时,不至于对贸易造成不当影响,即随运输工具检验检疫,也就是在检验检疫对象进境前派遣检验检疫人员在运行中的运输工具上按照我国检验检疫标准实施检验检疫。随运输工具检验检疫需通过在双边协定、多边协定中新增此检验检疫方式来实现,签订协定可能需经多轮谈判,且能否实现也无法预测,但不失为一个可以努力的方向。在暂时无法实施随运输工具检验检疫的情形下,为有效防止生物入侵,我国检验检疫制度可规定在有充分科学证据的前提下,可为防止生物入侵牺牲贸易利益。

综上,检验检疫方式的完善是通过制定相关强制性国家技术规范实现的。检验检疫地点的完善方式是在《进出境动植物检疫法》《国境卫生检疫法》《进出口商品检验法》的总则部分增加检验检疫地点应遵循尽量避免进境后在口岸外地点实施检验检疫,若特殊情形下进境后必须在口岸外地点实施检验检疫,应经海关总署批准的规定;以及在有充分科学依据的前提下,可为防止生物入侵牺牲贸易利益的规定。检验检疫地点的完善实质上是通过在防疫措施、检疫审批制度、检验检疫监督制度中新增内容来实现的。

(五)检验检疫处理相关规定的完善

根据本文第二部分和第三部分的分析,检验检疫处理范围还应进一步扩大,但与扩大检验检疫范围相同,由此可能导致的问题是需作较为琐碎的规定。检验检疫处理地点应尽量与实施检验检疫地点一致,否则应规定运输途中的防疫措施。对于进口商品环境保护相关项目不合格的检验处理,海关应实施检验监督。

关于扩大检验检疫处理范围这一建议,同扩大检验检疫范围,均是为了有效防止生物入侵,其合理性毋庸置疑。参照完善检验检疫范围的方法,在规范层面可增加规定检验检疫处理的最大范围以及应处尽处原则。检验检疫处理的范围除检验检疫对象本身外,还可包括检验检疫对象的包装物、运输工具等装载环境和装载环境中的物品,以及装卸、检验检疫等过程中可能被污染的场地、设备、人员等。当前我国检验检疫制度中检验检疫处理相关规定只规定了检验检疫方式,并不涉及检验检疫范围。若在各法条中逐条新增检验检疫范围的规定,有重复规定的嫌疑,最好的方式还是将检验检疫处理范围以及应处尽处的原则规定在《进出境动植物检疫法》《国境卫生检疫法》《进出口商品检验法》总则中。

关于检验检疫处理地点,原则应与检验检疫地点保持一致,若确有必要在其他地点实施检验检疫处理,则运输过程、处理过程中适当的防疫措施的采用是必不可少的。检验检疫处理地点的完善是通过在《进出境动植物检疫法》《国境卫生检疫法》《进出口商品检验法》总则中新增规定来实现的,由于与检验检疫地点完善有诸多类似之处,可将完善两地点的建议规定在同一法条中。至于进口商品检验处理的检验监督,通过修改《进出口商品检验法实施条例》第 19 条第 1 款可实现。

最后,应特别注意将禁止压载水排放列为检验检疫处理方式之一。压载水属于船舶检验检疫范围,因此《进出境动植物检疫法》第 34 条、《国境卫生检疫法》第 15 条、《进出口商品检验法实施条例》第 19 条第 1 款均可对此作出规定。

五、防止生物入侵的检验检疫制度法律体系及其在环境法典中的表达

上述部分对如何完善我国检验检疫制度中相关具体内容作了详细分析,在此基础上本部分的目的是明确检验检疫制度法律体系应如何应对防止生物入侵的需求,具体是指当前我国检验检疫制度法律体系是否需作调整以应对生物入侵?环境法典制定过程中,是否应当规定防止生物入侵检验检疫制

度?若否,检验检疫法律体系与环境法典之间的关系是什么?

(一)检验检疫制度法律体系无须为防止生物入侵作调整

当前我国检验检疫法律体系的最大特点是其由三部分组成,即动植物检疫、国境卫生检疫、商品检验。从防止生物入侵的角度讲,作此区分意义不大,因无论何种检验检疫对象进境,其生物入侵相关检验检疫标准、范围等均大同小异。但由于检验检疫制度目的不仅是防止生物入侵,仅为防止生物入侵而不考虑其他价值或目的取向地更改检验检疫法律体系,显然是不合理的。况且,目前检验检疫法律体系并不影响防止生物入侵相关规定的嵌入。因此,在按照前述建议对检验检疫法律规定修改的基础上,当前检验检疫法律体系不会成为检验检疫制度防止生物入侵作用发挥的障碍。

但是,当制定了生物入侵专门法律法规或法律条文时,防止生物入侵必然是其中不可或缺的内容之一,而防止生物入侵不得不提检验检疫制度。此时检验检疫法律体系与生物入侵专门规定[78]之间的关系是什么?检验检疫法律体系是否应调整?若在生物入侵专门规定中提到防止生物入侵时,对防止生物入侵的检验检疫制度进行详细规定,则好处在于为防止生物入侵专门制定了检验检疫制度,缺陷在于新增规定与当前的检验检疫制度规定基本相差无几,实质上是重复立法。此外,由于检验检疫制度除防止生物入侵外,还有其他制度目的和功能,而且基本上防止生物入侵检验检疫制度措施兼具实现其他制度目的的功能。因此不可能采取在生物入侵专门规定中规定所有防止生物入侵检验检疫制度措施,废除目前检验检疫制度相关规定的方法。综上,正确的做法应当是在生物入侵专门规定中规定引致性条款。

(二)环境法典中应采用引致性条款规定防止生物入侵检验检疫制度

1. 防止生物入侵检验检疫制度是环境法典的法律渊源

防止生物入侵检验检疫制度是否是环境法典的法律渊源,决定了环境法典是否需要规定防止生物入侵检验检疫制度。

环境法典的法律渊源具有广泛性。吕忠梅教授、汪劲教授认为,环境法典编纂的法律渊源包括环境基本法、单行法律、行政法规、部门规章、司法解释、党中央和国务院的政策文件,具体可分为三类:一是《环境保护法》《环境影响评价法》《循环经济促进法》《清洁生产促进法》《节约能源法》《海洋环境保护法》等具有综合性特征的环境单行法相关内容;二是各污染防治单行

---

〔78〕 尽管目前还没有生物入侵专门立法,但有学者建议应当制定生物入侵防治专门立法。参见于文轩、胡泽弘:《生态文明语境下生物多样性法治的完善策略》,载《北京理工大学学报(社会科学版)》2022年第2期。

法、自然资源单行法以及长江保护法等相关法律;三是具有综合性内容的环境行政法规等。[79] 胡静教授通过排除法,认为环境侵权法、环境刑法、非环境监管部门执行的法律(环境保护税法、工作环境保护法)、行政诉讼法、行政复议法不属于环境法典的法律渊源。[80] 也有学者主张以"环境善治"为标准选择环境法典法源。[81]

根据以上环境法典法律渊源的论述,防止生物入侵检验检疫制度理论上是环境法典的形式法律渊源。同时在实质上,检验检疫制度相关法律规定可用于防止生物入侵,而防止生物入侵是保护生物多样性、维护生态安全的重要举措。环境法典自然生态保护编中涉及生物多样性保护的规定,需要规定防止生物入侵。[82]

2. 防止生物入侵检验检疫制度在环境法典中的表达

环境法典中应当如何体现防止生物入侵的检验检疫制度呢?若直接规定,则必然与检验检疫制度法律体系中的规定存在大量重复,而且环境法典也无法直接规定大量的检验检疫制度措施。采用引致性条款解决环境法典如何规定防止生物入侵检验检疫制度的问题,是更为科学和有效率的方式。[83]

环境法典中规定防止生物入侵检验检疫制度,需要解决两个问题:一是防止生物入侵检验检疫制度的内容应包含什么。当前的检验检疫制度在规范层面上并不完全具备防止生物入侵的制度目的,在不改变当前检验检疫制度法律体系的前提下,环境法典中防止生物入侵检验检疫制度引致性条款应包括什么内容。二是防止生物入侵检验检疫制度引致性条款应当放置在环境法典的什么位置。

对于问题一,环境法典中防止生物入侵引致性条款的条旨,应当定位为防止生物入侵的检验检疫制度,而非进出境检疫和边境控制。原因如下:一是进出境检疫和边境控制只是检验检疫制度的一个方面,可用于防

---

[79] 吕忠梅:《环境法典编纂的基本问题》,载《荆楚法学》2022 年第 1 期;汪劲:《论中国环境法典框架体系的构建和创新——以中国民法典框架体系为鉴》,载《当代法学》2021 年第 6 期等。

[80] 胡静、汤宇仲:《环境法广义法源与环境法典的适配性研究》,载《湖北社会科学》2022 年第 10 期。

[81] 曾林翊晨:《环境法典编纂的公法思维》,载《环境保护》2022 年第 8 期。

[82] 魏世婧、柯坚:《试论生物安全"入典"之立法选择与规范表达》,载《中国环境管理》2022 年第 5 期。

[83] 魏世婧、柯坚:《试论生物安全"入典"之立法选择与规范表达》,载《中国环境管理》2022 年第 5 期。

止生物入侵的检验检制度包括动植物检疫、国境卫生检疫和商品检验三个方面。二是当前检验检疫制度的制度目的没有直接包括防止生物入侵,无法涵摄所有外来入侵物种或潜在入侵物种,需要在环境法典中为检验检疫制度规定新的制度目的。因此,引致性条款的具体内容应当包含检验检疫制度的三个方面。

对于问题二,就防止生物入侵检验检疫制度规定在自然生态保护编,目前没有异议。但是规定在自然生态保护编的哪一章呢?有学者认为防止生物入侵应当与生物安全、物种多样性、基因多样性规定为一章。〔84〕也有观点认为防止生物入侵应当分为动物类与植物类两大类别,将其规定在自然生态保护编的林草和野生动物保护规定中即可。本文认为,防止生物入侵不应当被纳入林草、野生动物保护规定,应当单独将其作为自然生态保护编中的一节。原因在于一方面林草、野生动物保护规定主要从正面积极保护生物多样性,防止生物入侵规定则主要是摒除破坏生物多样性的因素,从消极保护的角度进行规定。防止生物入侵也不能仅仅分为防止动物类和植物类,还应当包括防止微生物类。另一方面,防止生物入侵是保护生物安全、维护生物多样性的一项重要措施,主要通过检验检疫制度来实现,应当单独规定防止生物入侵具有的独特的目的和功能、独特的实现目的的制度措施。防止生物入侵检验检疫制度应当规定在防止生物入侵规定中。

六、结语

检验检疫制度可通过检查在防止生物入侵中发挥识别作用、确认作用、处理作用,从而直接或间接地防止生物入侵。然而当前我国检验检疫制度远远无法满足防止生物入侵的要求,存在检验检疫目的无法包含所有种类入侵物种或潜在入侵物种,检验检疫对象、检验检疫范围、检验检疫处理范围不够广泛,检验检疫方式的规定无法有效识别被违法引入物种,检验检疫标准不包含生物入侵相关内容,检验检疫实施地点在口岸外的情形中防疫措施等配套措施缺失,检验检疫处理地点规定缺失等缺陷。此外,通过考证国际检验检疫制度、澳大利亚检验检疫制度,我国检验检疫制度还缺乏对不得不合理限制贸易和交通原则、科学性原则的规定。

为有效防止生物入侵,必须完善检验检疫制度立法以弥补上述缺陷。在

---

〔84〕 汪劲:《论中国环境法典框架体系的构建和创新——以中国民法典框架体系为鉴》,载《当代法学》2021年第6期;巩固:《环境法典自然生态保护编构想》,载《法律科学(西北政法大学学报)》2022年第1期。

法律规范层面完善检验检疫制度在防止生物入侵中的作用,是通过修改《进出境动植物检疫法》《国境卫生检疫法》《进出口商品检验法》中有关条款来实现的。至于当前我国检验检疫法律体系,从防止生物入侵角度讲无须更改,在对前述三部基本法进行修改的前提下,检验检疫法律体系不会是防止生物入侵作用发挥的障碍。环境法典中,应当通过规定引致性条款规定防止生物入侵的检验检疫制度。

环境法方法论

《环境资源法论丛》
第 15 卷,第 83~121 页

中国环境法学研究方法论争*

屈振辉** 李爱年***

摘 要 研究方法以及方法论的不断发展,是环境法学学科走向成熟的标志。在研究方法论上,中国环境法学界相继提出了"主客一体化"的研究范式、"生态人"的研究逻辑起点以及"生态化"的研究方法论等一系列主张,对这些主张既有赞誉也有批判,更有理性的思考;在研究方法上,既重视传统法学研究方法也重视环境法学特有研究方法,但在重视中也不免存在某些偏颇。目前,中国环境法学界对于前述问题尚存在重大论争,而这恰恰是促进中国环境法学研究方法和方法论发展的动力所在。

关键词 环境法学 研究方法 论争

工欲善其事,必先利其器。研究的方法论、方法本身是否科学和正确,是决定科学研究活动成功或失败的关键因素。环境法学的科学性意味着方法及方法论问题在其研究中具有重要性。目前来看,我国环境法学界在环境法学研究方法问题上还存在某些论争。

---

* 本文系湖南省教育厅科学研究项目 2022 年重点项目"新时代中国特色社会主义环境法学话语体系研究"(项目编号:22A0684)、国家社会科学基金一般项目"生态环境法典编纂与适用比较研究"(项目编号:24BFX109)的阶段性成果。

** 屈振辉,湖南女子学院副教授,中国法学会环境资源法学会研究会"撷英青年环境法学优秀人才奖"获得者。

*** 李爱年,湖南师范大学教授、博士生导师,湖南省法学会环境资源法学研究会会长。

一、环境法学研究方法论之争

环境法学研究方法论在环境法学研究中具有特定的意义。目前中国环境法学界在环境法学研究方法论上的论争主要体现在三个方面。

(一)研究范式之争

环境法学研究方法建立在一定研究范式的基础上并受其指导,研究范式的科学与否决定了环境法学研究方法是否准确,进而影响整个环境法学研究。目前在我国环境法学界占据主流的是"主客一体化"的研究范式,但有学者对此提出了质疑和批判,因而形成了论争。

1."主客一体化"理论的要点

"主客一体化"的环境法学研究范式主要由以武汉大学蔡守秋教授为代表的学者提出。他们所称的"主客一体化"的研究范式,又称整体论世界观或生态世界观范式,是指将主体与客体或者主观与客观这两者联系、结合起来,综合地(全面地、辩证地)考虑主体与客体的问题以及它们之间的关系,"既关注人,又关注物,并且将人与物联系起来;既研究人与人的关系,又研究人与自然的关系,并且将研究人与人的关系和研究人与自然的关系结合起来"〔1〕。

"主客一体化"对世界的看法不是"二分法",而是"多分法",并且在强调世界物质的多样性时重视各种物质之间的联系性和统一性。"主客一体化"反映了环境资源法学应持有的世界观、价值观、伦理观、认识论和方法论,其理论要点概括起来主要包括以下四个方面:首先,认为可以从"人与物"或"人与自然"、主体与客体的角度去认识、了解和研究世界或者法律世界,但必须要先区别现实世界中的"人与物"和"主客二分法"中的"人与物"(《民法典》物权编中的物),要区别广义的物与受人控制和支配的物(《民法典》物权编中的物)这两个概念。要注意和重视"人与物"或"人与自然"、主体与客体的相互联系、转化和统一;不宜绝对地认为除了"人与物"(《民法典》物权编中的物),就没有其他,也不要将人等同于主体、物等同于客体。其次,认为在现实世界以及法定关系、法律案件和法律控制的活动中,人主要是主体,经常是主体,但人也可以成为客体,人既是主体也是客体。其他非人物主要是客体,经常是客体,但在某些法律中或某些情况下也可以是主体。再次,认为人有内在价值和意志自由,有法律主体资格、法律主体地位,享有法律权利并

〔1〕 蔡守秋:《论追求人与自然和谐相处的法学理论》,载《现代法学》2005年第6期。

承担法律义务;大自然特别是高级动物也有内在价值和自身目的,也可以有法律地位、法律主体资格甚至法律权利和法律义务。最后,认为从本原上看,自然界是第一性的,人是第二性的,人由自然界产生;人的身体决定并形成人的心(思想、灵魂、精神或意志)。同时承认和重视人对自然的重要作用和影响,人的心(思想、灵魂、精神或意志)对人的身体的重要影响和作用;重视和承认人与自然、人心与人身的统一。这种"主客一体化"的基本特征是对世界或所研究的各种对象采取"多分法",将其分为三种或多种类型,即人与人的关系、物与物的关系和人与物的关系(或人与自然的关系)这三种关系,认为人与自然关系的变化可以同时影响人与人的关系和物与物的关系,人与自然的关系和人与人的关系是同时存在的关系,这两种关系相互联系、相互影响、相互作用。[2]

2. "主客一体化"理论的赞誉

"主客一体化"研究范式自提出以来,便获得了环境法学界的广泛赞誉和好评。第一,从时间上来说,"主客一体化"是我国环境法学界最早提出的研究范式。在此之前,我国环境法学界尚未对支配环境法学研究活动的前提预设、价值导向等问题进行全面、深入的反省,因而缺乏对环境法学方法论的深入思考。虽然也有些学者对环境法学研究方法进行过研究,但由于缺乏方法论的指导而不能明晰环境法研究对象的属性,因此也就不能主动、系统地运用合适的方法进行研究。那个时期的我国环境法学研究迫切需要确立研究的主体意识,实现从"方法的自发"走向"方法论的自觉",而"主客一体化"研究范式恰恰做到了这一点。[3]

第二,从内容上来说,"主客一体化"包含了极其丰富的要素,凸显了环境法的特征。陈泉生曾这样评价这种研究范式:"这种多元化和'主客一体化'的新视角为法学研究范式的变革提供了一个全新的,以自然科学和社会科学的最新成果为支撑的世界观,这种以内在关联性、有机主义、整体主义为其思想内核的世界观,以多元化、多视角、开放性和跨学科为主要研究的方法论,正可为法学研究范式的变革寻找突破口,并由此引入自然科学的研究方法(如生态学方法、系统论、控制论、博弈论、耗散结构论、协同论、突变论等),以法学和生态学为基础,吸收相关学科的成果,运用多学科的研究方法,对研究内容进行综合分析,在此社会科学和自然科学交汇融合的大科学的广阔学术视域下,解决环境法学研究过程中所遇到的难题,从

---

〔2〕 蔡守秋:《论追求人与自然和谐相处的法学理论》,载《现代法学》2005 年第 6 期。

〔3〕 陈泉生:《一场法学研究范式的革命》,载《东南学术》2004 年第 5 期。

而实现理论的重大突破。”〔4〕

第三,从影响来看,“主客一体化”堪称一场环境法学研究范式的革命。首先,它顺应了可持续发展的要求。有学者认为,“主客一体化”环境法学研究范式符合环境法的内在逻辑和可持续发展的要求,凸显了环境法这一部门法的主要特征。〔5〕其次,它拓宽了法律的调整对象范围。刘国涛认为:“‘调整论’的观点,重新界定了‘法的调整对象’这一基本法学范畴,具有重要的法学方法论意义,为法学生态化发展提供了基础理论依据。”这种“主客一体化”的研究范式对环境法学乃至整个法学研究都具有重要的方法论意义。再次,它丰富了环境法学研究方法。“调整论对传统法学研究方法的生态化”(其中涉及唯物辩证法、阶级分析法、经济分析法、价值分析法和实证分析法)、“调整论对自然科学研究方法的借鉴”(其中涉及系统论、控制论、信息论、耗散结构论、协同论、突变论等),“总的来看,其研究重点是‘法学研究方法’”。〔6〕最后,它构成了“对主流法理学的反思与补充”,李可、李明华认为,“主客一体化”论超越了法理学方法论以建构环境法学学科独立的方法论。“在当前的方法论研究中,环境法调整对象的特殊性、研究范式的特殊性(以有机整体的生态世界观为方法论硬核的主客一体化范式)等对法理学方法论构成了挑战与补充。环境法学利用其新兴学科的后发优势,在批判法理学以主客二分为核心观点的方法论基础上,根据本学科的特点借鉴后现代主义的主客一体化范式和自然科学上人与自然和谐统一的方法论,至少在思维方式、研究方法和理论创新等三个维度上构成了对法理学方法论研究的超越,并有建立其独立的方法论之趋向。”〔7〕学界虽然对此种研究范式不乏溢美之词,但对这个被称为“对主流法理学的反思与补充”的理论,同样需要“反思”并在此基础上对其作出“补充”。

3. 对“主客一体化”理论的批判

“主客一体化”研究范式提出后,学界对其赞誉不断,但也有学者对此提出了质疑甚至批判。第一,对“主客二分”研究范式不能全盘否定。有学者认为,“主客二分”的研究范式存在了几千年,指导了人类社会实践,这意味着它本身有存在的客观性和必然性。尽管它在近现代遭遇了批判并继而出现了“主客一体”的主张,但很难说在解释环境法律制度、认识自然价值并进

---

〔4〕 陈泉生:《一场法学研究范式的革命》,载《东南学术》2004年第5期。
〔5〕 强昌文著,安徽省法学会编:《权利的伦理基础》,安徽人民出版社2009年版,第191页。
〔6〕 刘国涛:《“环境法学方法论”的内容架构》,载《法学评论》2009年第5期。
〔7〕 李可、李明华:《当代环境法学方法论:学术检讨与体系建构》,载《浙江学刊》2007年第6期。

而主张其权利上后者就一定比前者更好。不能盲目否定[8]“主客二分”,如果将环境问题的成因归于“主客二分”,却没有看到“主客二分”在改善环境和科学研究中的积极作用,对“主客二分”的批评则过于武断。[9]

第二,“主客一体化”研究范式本身存在问题。一是它混淆了认识论、本体论及二者关系。正如学者认为的:“人类中心主义论设定人优于自然的价值次序,这不必然导致主体—客体认知模式成为认识论基础。同样‘主客二分’理论并不必然导致形成人类中心论。同样的认识论会获得不同的价值论。如果说在近代理性主义主导下,人与自然处于一种对立或异化状态,这也只是一种世界构造,是本体论意义上的,而非认识论。本体论、认识论和价值论虽然相互联系,但是不同层面的问题还是不能混在一起。此外,在法学方法论生态化所依赖的生态学理论上,没有发现关于方法论上‘主客一体化’的论述。但拆解认识的客观性不等于拆解了主体—客体认知模式。”[10]它实质上是态度—行为模型,但缺乏对个人和社会结构的关系的充分考虑。二是它忽视了人与环境之间的互动关系。在环境法学方法论上用“主客一体”的哲学观直接要求实证法的具体改变,提出具体的行为指令是不现实的。[11] 如杜辉、陈德敏从实践论的角度认为,这种范式带有强烈的悲观意识,即若不进行彻底的哲学改造,环境法在环境问题面前就无计可施。它不仅不能回答环境风险如何消解及以何消解等基本问题,也无法驾驭社会发展带来的变化,更无法为环境法提供准确的基础,它将环境问题归咎于人的主体性显扬,忽视了人与环境之间的互动过程。应对环境问题不能仅停留在哲学反思上,更应当注重社会实践中的机制协调和制度建设。实际上它忽视了无论是“主客二分”还是“主客一体”,都只具有认识论意义,没有充分表达出面向实践的态度。“由于其囿于寻找自然主体地位的道德支撑,它最终陷入了宏观叙事的窠臼,忽视了重建现代环境法学方法论应该关注的主体要求、价值要求和技术要求。”[12]此外,还有学者对“主客一体化”研究范式提出了

---

[8] 汪劲:《审慎深思法学方法论的生态化》,载《东南学术》2005年第5期。

[9] 白雨:《环境法学方法论研究路径初探》,西安建筑科技大学2011年硕士学位论文,第30-31页。

[10] 莫卫香:《对法学方法论生态化的反思》,载《法制与社会》2014年第30期。

[11] 白雨:《环境法学方法论研究路径初探》,西安建筑科技大学2011年硕士学位论文,第30-31页。

[12] 杜辉、陈德敏:《环境法范式变革的哲学思辨——从认识论迈向实践论》,载《大连理工大学学报(社会科学版)》2012年第1期。

多方面质疑,指出“这种方法论论述本身也很难说明自己的深刻性和解构力”〔13〕。这些质疑甚至批判都表明了“主客一体化”研究范式仍存在理论根基不牢、逻辑不清等问题,能否以其作为环境法学的研究范式仍是个值得商榷的问题。

4. 构建新“主客二分”论

在研究范式上主体与客体究竟是分还是合,这是当代中国环境法学研究中颇受争议的问题。传统“主客二分”论存在问题,而“主客一体”论亦有其缺陷。但是绝对地“将‘主、客二分’和‘主、客一体’作为环境法学方法论革新的批判性前提和建构性基础,尚缺乏充分的论证”〔14〕。因此,虽然我们在总体上持“主客二分”论,但这并非传统的“主客二分”论,而是从客观世界的本来面目出发,对传统“主客二分”论进行扬弃,汲取“主客一体”论的内在精华,构建出一种新的“主客二分”论。

首先,环境法学是科学而其研究也是一种科学研究,其研究必须以“主客二分”为前提。“从哲学上讲,科学是主客二分的。因为科学是研究、认识与掌握客观事物及其本质、规律的,显然,其主体是人,是人的大脑,而其受体(客体)就是客观事物,此时,受体完全独立于主体之外,主体受体是二分的,即主客二分。”〔15〕“主客二分”是科学研究的基本前提,也是人们认识和改造世界的基本前提。暂且不论“主客一体”论的内涵如何,至少它在概念构造上违背了这个前提,难免会造成理论上的误区从而被人误解。环境法学研究必须坚持“主客二分”,这是由它作为科学活动的特性决定的。于忠龙认为:“主客一体化”论提出者们认为其理论“合理性实际上是建立在一个以‘主客二分’和‘主客一体’这种相互对立的认知结构为批判性前提和建构性基础之上的,即以二者哲学认识论上的解构与建构,递进至法学范式上的变革,并以此作为环境法学方法论革新的正当性依据。显然,这是一种侧重‘认识论导向’的逻辑理路。但认识论只有‘向上看’在‘世界观导向’的统领下,以及‘向下看’在‘实践观导向’的指引下,才能加以价值评判。否则,将有陷入所谓‘黑格尔性的泛逻辑主义’误区的危险。因此,从此种意义上来说,哲学上的‘主客二分’并不存在过不过时的问题,问题是‘主客二分’与何种世界观、

---

〔13〕 白雨:《环境法学方法论研究路径初探》,西安建筑科技大学2011年硕士学位论文,第30-31页。

〔14〕 陈海嵩:《环境法学方法论研究的回顾与反思》,载《中国地质大学学报(社会科学版)》2008年第4期。

〔15〕 杨叔子:《杨叔子教育雏论选》(上),华中科技大学出版社2010年版,第213页。

实践观相联结"[16]。

其次,"主客一体"论者犯了"想当然"的错误。他们认为人类在认识上的主客二分,导致了人类对自然的破坏和环境问题,因此"主客一体"就能解决这个问题。"传统的机械论世界观和绝对的'主、客二分'造成了人与自然关系的紧张和恶化,是现实中环境危机问题的根源所在。因此应采纳有机论、整体论的世界观。这也是现有环境法学方法论研究的基本观点。但是,单凭这一点并不能证明有机论、整体论世界观就一定可欲,其当然就应构成环境法学方法论的基础。"[17]他们甚至到"天人合一"的中国传统思想中寻找养分。但是这种想法在逻辑上却存在问题——由"分"导致的问题未必能用"合"解决。他们只想用"合"解决"分"的问题,自然就看不到"分"自我完善的一面,即"'主客二分法'具有自我调整的张力和自觉"。从现有的"主客一体"论看,它对"主客二分"论存在绝对否定的倾向,而没看到"主客二分"论的合理之处。在人类认识和改造自然的历史和现实中,"主客二分"论曾经发挥过非常重要的作用。"主客二分的意义是巨大的。没有它……更没有科学主义以及科学技术给人类文明带来的跨越式提升。"[18]尽管它对世界环境有负面的影响,但是与"主客一体化"相比较肯定是"功大于过",人类还必须继续沿着这条路走下去。

再次,"主客二分"是法学研究的基本范式。法律关系是法学研究中最基本的命题,主体、客体和内容是其基本构成要素。"主客一体"论的提出者也认为"法学之所以主张将人设为法律关系和权利的主体,是为了更好地保护人的利益,或者说是为了让人获得法律的好处"[19]。法理学及各部门法学研究都坚持这点,而环境法学作为部门法学也必须坚持这点,背弃这点就很难说环境法学是法学了。"法学大厦的根基是什么?毫无疑问是笛卡尔创建的主客二分法,也就是西方哲学的核心,可以说它是主流,我们不能推翻一个大厦的根基重新来建立一座大楼,但我们可以对大楼进行修缮,使其完善,因而方法论上我们必须以主客二分为基础。"[20]若环境法学硬是要坚持"主

[16] 于忠龙:《环境法学研究范式变革的法哲学思辨——"寄篱后现代"还是"回到马克思"》,载《西部法学评论》2013年第3期。

[17] 陈海嵩:《环境法学方法论研究的回顾与反思》,载《中国地质大学学报(社会科学版)》2008年第4期。

[18] 迟汗青:《践履"天人合一"之东方古梦——林甸地热利用的价值学追求》,载《北方论丛》2002年第1期。

[19] 蔡守秋:《主体人批判论纲》,载《河北法学》2011年第3期。

[20] 魏玉金:《后现代主义无法颠覆传统法学方法论》,载《东南学术》2005年第5期。

客一体"论,势必将使自己越来越远离于主流法学,甚至有可能滑向别的什么学科的怀抱,最后只能是"画虎不成反类犬"。在这种"主客一体化"的研究范式中,充满了浪漫主义想象和悲天悯人诗意,因此它适于文学和哲学等学科领域,但不适于法学这样更需要严谨的学科。对于研究范式的探讨应在学科内进行,而不能超越所属学科的界限进行。有学者认为"主客一体化"的研究范式,"其实质是环境伦理学在法学领域的翻版",此语恰恰切中了其要害即其混淆了学科界限。

最后,"主客二分"同样能实现人与自然的和谐。我们认为造成环境问题最终极的根源,不在于"主客二分"而在于享乐主义(极端的人类中心主义)。"人类在保护环境方面所克服不了的顽症,不在本体论或形而上学层次的主、客体二分,而在实践层次的享乐主义,在人类难以遏止的追求享乐的贪欲。"[21]享乐主义和人与自然的和谐显然是相矛盾的,但"主客二分"与这种和谐并不矛盾。"主客二分"强调人与自然相互区别,但这种区别并不影响人与自然的和谐,并不意味着对人与自然和谐的否定。"主客二分"同样也能实现人与自然的和谐,而不一定要通过"主客一体化"来实现。现代人追求的人与自然之间的和谐,应是建立在承认它们有区别但又不可分,共同存在于整体的生态系统的基础上,发挥人的主观能动性所追求的和谐。

综上所述,我们主张在承认"主客二分"的基础上,消弭人与自然的对立并促进二者的和谐,构建人与自然和谐的"主客二分"论,这才是环境法学应当具有的研究范式;而"主客一体"混淆人与自然的区别,这不符合事实也超越法学研究的范畴。

(二)逻辑起点之争

任何学科的研究都要有自己的逻辑起点,逻辑起点大概是指为构建一个完整学科、确立一个理论体系或解决一系列深层次问题而进行研究的初始点。环境法学研究逻辑起点的确立有着艰辛的历程。作为20世纪中期才兴起的新建立部门法学,环境法学几经辩驳才摆脱了其他部门法学逻辑起点的影响,但对什么是环境法学研究的逻辑起点还是存在不同观点,因而形成了论争。

1. 环境法学研究逻辑起点诸论

关于环境法学研究的逻辑起点问题,目前国内环境法学界尚未取得共识,主要有行为说、环境损害说、环境危机说、环境说和"人"说等不同观点。

---

〔21〕 卢风:《主客二分与人类中心主义》,载《科学技术与辩证法》1996年第2期。

蔡守秋主张行为说,即以行为作为环境法学研究的逻辑起点,认为"从环境资源法调整人与自然关系的角度看,与权利、义务、主体和客体等法律规定的要素相比,行为(在环境资源法中主要指环境行为)具有更本源的意义,因而行为最有资格和条件成为环境资源法学研究的逻辑起点"〔22〕。徐祥民、刘卫先主张环境损害说,即以环境损害作为环境法学研究的逻辑起点,认为"环境损害是环境法学逻辑起点的必然选择""环境损害本身已经蕴含着环境法学所要解决的主要矛盾的萌芽,从环境损害出发可以确立环境法学的若干基本范畴,建立环境法学的基本观点,构建起环境法学的完整理论体系"。〔23〕孙蕾主张环境危机说,即以环境危机作为环境法学研究的逻辑起点,认为"环境危机是人们对人类所面临的各种具体的环境污染与生态破坏进行具体分析以后形成的一般规定性,是对环境问题共性的抽取,因而它是环境法所关切之对象(环境问题)中最简单、最普遍和最常见的东西",同时体现了环境法研究对象中最基本的矛盾即人与自然的矛盾,并且还是"逻辑与历史相统一的原则使然"。〔24〕何勤华认为应以"环境"作为环境法学研究的逻辑起点。"'环境'一词的概念是环境法的理论基石,也是环境法学研究的逻辑起点。"〔25〕李明华、李可、陈立琴认为,"人"应成为环境法学研究的逻辑起点。目前学界较为赞同第一种观点,第二种观点也有一定的影响力,但其他观点和者甚寡。

2. 环境法学研究逻辑起点中的"生态人"论

李明华、李可、陈立琴等认为应当将"把人类生存和发展需要作为人类社会实践的终极价值尺度"的人类中心主义,作为人类的一种实践态度和人类生存的永恒支点,这是不可超越的也是不可否定的;他们认为环境法学方法论的重建应坚持以人为本和可持续发展,人的利益是环境法学的出发点和终极目的,也是环境法学研究的逻辑起点。他们的主要观点是:环境法学方法论应当以新人本主义为价值指导。"长期以来在环境法学研究中,传统人类中心主义只以'人'为中心和视点,只从人的向度来审视人与自然的关系,并对'自然'采取宰制的态度,从而形成了狭隘的旧人本主义研究立场。很自然,由这种研究立场和分析方法得出的解决环境问题的方案必然无法做到对症下药。但同时,传统人类中心主义的尊重人、解放人、以人为法学研究的基

---

〔22〕 蔡守秋:《调整论——对主流法理学的反思与补充》,高等教育出版社2003年版,第863页。

〔23〕 徐祥民、刘卫先:《环境损害:环境法学的逻辑起点》,载《现代法学》2010年第4期。

〔24〕 孙蕾:《论环境法学研究方法论之逻辑构成》,载《求索》2013年第7期。

〔25〕 何勤华等:《法律名词的起源》(下),北京大学出版社2009年版,第920页。

点等立场又值得肯定,我们无法对传统人类中心主义采取单纯抛弃的态度。由此,将传统人类中心主义视角转换成新人本主义视角,就成为今后环境法学在方法论上的一个重要趋向。"〔26〕新人本主义是指承认其他物种在生物学意义上和人的平等性,并在道德层面上尊重生态中心主义的观点,但是在法学的逻辑原点上仍为"人","主客一体"或者"生态中心主义"更多是一种值得尊重、考虑、部分采纳的主张,而非法律科学的出发点。

杜辉、陈德敏则直接指出环境法学的逻辑起点是人。他们强调环境法学的研究范式应超越"主—客"的对立与一体,由认识论向实践论转变。前一种范式将人视为抽象的、没有历史规定性的思维主体,没有从社会发展的历史实践中考察和把握人的本性和存在;后一种范式要求将人视为包括当代人和未来世代人在内的过去、现在、未来的统一体,从社会运行和可持续发展的历史向度来把握人。因此,后一种范式为解释和迎合环境法学发展所必须坚持的可持续发展理念提供了主体性范畴,可持续发展中的代内和代际公平也能在其中获得存在和延展的空间。后一种范式必须保证作为环境法学基础性范畴的人与自然和谐的哲学理念能在人的实践中通过多种方式获得较高程度的满足,人的实践要求注重协调人与自然、实践主体及人自身的物质消费和精神增进等三者之间的关系。因此,环境法学的逻辑起点仍是人。〔27〕

孙蕾认为"人"的模式是传统法学的三种主要研究模式之一,环境法学研究应以"生态人"作为其分析模式。"所谓的'生态人'就是指已经具备了生态保护的意识,能够在实际生活中有效地约束自己的环境行为,以自然规律为行为准绳,从而实现人与自然和谐相处、经济与社会可持续发展的人。'生态人'的理论模式能够很好地解释人类应对环境问题的出路,人类在日趋严重的全球性环境危机下紧紧地联结在一起。在环境危机面前,任何人都不可能独善其身,为了人类能够在地球上长期地生存繁荣下去,同时也为了每一个人的人身和财产利益,我们每一个人都要从人类整体的全局出发,切实承担起保护环境的义务,结束人类以往在大自然面前一味地主张权利的妄自尊大的历史。并且环境法在'生态人'理论模式的指导下,也能够巩固自己的独立地位,并使自己的理论得以升华和向纵深发展。"〔28〕这比"环境法学的逻辑起点是人"更进了一步。

---

〔26〕 李可、李明华:《当代环境法学方法论:学术检讨与体系建构》,载《浙江学刊》2007年第6期。

〔27〕 杜辉、陈德敏:《环境法范式变革的哲学思辨——从认识论迈向实践论》,载《大连理工大学学报(社会科学版)》2012年第1期。

〔28〕 孙蕾:《论环境法学研究方法论之逻辑构成》,载《求索》2013年第7期。

其实“生态人”在环境法学研究中仅仅只是一个概念,对何为“生态人”这一问题环境法学界目前并无统一结论,这恰恰应验了中国那句俗语——“千人千面”。“一千人心中有一千个哈姆雷特”,环境法学学者心目中的“生态人”形象也不尽相同。

蔡守秋将其称为“理性生态人或理想生态人”,并认为它应该是:具有生态意识和环境法治观念,会计算环境利益,寻求经济效益、社会效益和环境效益的最佳化、最大化的人,或者说是在不违反环境资源法律“游戏规则”的前提下追求“三种效益”(经济效益、社会效益和环境效益)、“三化”(一体化、最佳化、最大化)的人;是追求当代人利益和后代人利益、人的利益和生态系统的利益“三化”(一体化、最佳化、最大化)的人;是按照环境资源法的游戏规则从事经济、社会和环境活动的人;是重视和珍惜自己的法定自由、利益、主体地位、主体性和主观能动性的人,同时是不否认、不损害别人或自然体的法定自由、利益、资格、权利、内在价值和自然本能的人;是理性地认识和对待自己的认识能力和行为能力的有限性的人,他努力保持自己的主体性,但也清醒地认识到,在某些情况下,生态人不可避免地会成为其他人或自然体的作用对象、利用对象、损害对象和报复对象即客体。〔29〕

吕忠梅将其称为“生态理性经济人”,认为在处理人与自然关系上必须将经济的视角与生态的视角相结合,将生态观念纳入“经济人”的“理性”中,使之不仅具有经济理性还具有生态理性。只有具有生态意识与生态智慧的人才是具有“生态理性”的人,这种理性远远超出了经济理性的范围,不仅要求他“能算计”还要“会算计”;其“算计”的内容不仅仅是经济利益,还是包括生态利益在内的全面利益;其追求的利益目标不再是“最大化”而是“最优化”。〔30〕 陈泉生、林龙宗指出,环境法上所“假设的‘人’,是能够按照法律的要求,在发展经济、推动社会进步的过程中,维持人类和其他生命形式以及与其环境之间和谐、有序状态,使生态环境和自然资源处于良好的或不受不可恢复的破坏的状态,衡平代际人类的权利及其利益,以实现社会的可持续发展的‘人’”〔31〕。

此外,吴贤静系统地研究了环境法学研究中的“生态人”问题。“‘生态人’是存在于生态系统之上的,受自然生态规律和经济社会发展规律制约的

---

〔29〕 蔡守秋:《以生态文明观为指导,实现环境法律的生态化》,载《中州学刊》2008年第2期。

〔30〕 吕忠梅:《沟通与协调之途——论公民环境权的民法保护》,中国人民大学出版社2005年版,第140-156页。

〔31〕 陈泉生、林龙宗:《论环境时代法学生态人模式的建构》,载《东南学术》2012年第1期。

一切人或者人的组合体。而理性‘生态人’或理想‘生态人’应该是:具有生态理性和环境法治观念的,在与人的交往和与自然环境的交往过程中能够考虑经济利益、社会利益和环境利益的协调和最大化,通过参与法律,通过法的调整和法的运行来实现与自然环境的和谐相处,同时实现自然属性和社会属性的人。"〔32〕她进一步阐释了“生态人”内涵的要点,其主要包括四个方面:首先,“生态人是处于生态系统中的人……既是存在于人类社会中的人,也是存在于自然界中的人”。它“是人的社会性和自然性的统一体现,是人与人的关系和人与自然的关系的综合的体现”。其次,“生态人是日常人,生态人在人类生态系统中既可以是主体也可能成为客体”。这就为“主客一体化”的研究范式奠定了理论和逻辑基础。她还特别指出:“一般的生态人并不是理性人,而理性的生态人才是理性人,无论是一般生态人还是理性生态人都既可以是主体也可能成为客体。‘主体人’模式将人拔高或升华为比上帝还要高的,不可能成为作用对象或客体的‘虚幻人’;而‘生态人’模式将人从不可能成为作用对象或客体的‘虚幻人’转变为存在于人类生态系统中的,既可以成为主体也可能成为客体的‘真实人’。"因而在环境法学研究中,以“生态人”的人性预设作为逻辑起点更接地气。生态人“是现实生活中的具体人”。再次,“理性生态人是追求人与人和谐相处和人与自然和谐相处的人”“只有和谐的人与人的关系、和谐的人与自然的关系才能提供最大的利益;每个生态人只能通过自身与其他人的关系和自身与自然(环境资源)的关系求生存、求发展、求幸福、求最大的利益”。最后,“构建生态人模式,采用的是‘主、客一体化的研究范式’及个人主义与整体主义相结合的方法”。唯有如此,环境法学研究方法论体系才能一脉相承、逻辑自洽。〔33〕

3. 对环境法学研究逻辑起点“生态人”论的批判

在国内有关环境法上“生态人”的人性预设正日渐丰富之际,有人对此提出了种种疑问。苏胜利认为环境法的人性预设应与环境伦理的人性要求相区别,环境法是法律,因此要按法律的本质去确定环境法上的人性标准,而不能直接以环境伦理的人性要求作为其标准;而确定环境法的人性预设也必须忠于客观现实,否则就会使环境法失效或造成悲剧性的后果。他以这两条为评判标准检视了目前环境法学学者对环境法上“生态人”的描述,指出其中主要存在两个方面的问题。针对前一条标准,他认为环境法上“生态人”的人性预设“共同采用了‘应然模式’”,并“没有注意区分‘环境法的人性预

〔32〕 吴贤静:《“生态人”:环境法上的人之形象》,中国人民大学出版社2014年版,第102页。
〔33〕 蔡守秋、吴贤静:《论生态人的要点和意义》,载《现代法学》2009年第4期。

设'与'环境伦理的人性要求'"。这种预设"大多认为环境法应该考虑环境伦理思想的积极影响,甚至以环境伦理思想的要求为环境法人性预设的要求,即'生态人范式构建的理论基础是生态伦理的新认知''生态法法域上人形象的生态人是大自我观下的人'。这种从伦理的人性要求推导出法律的人性预设的基本思路值得商榷,其本身违背了区分法律规则与伦理规则对人性态度的不同这一基本原理"。针对后一条标准,他认为环境法上"生态人"的人性预设普遍存在不忠实于现实人性的缺陷。仅凭主观愿望,就构想出的理想型的"生态人"形象根本不符合客观现实中人们对待生态利益的人的形象。现实中的人大多数还是为了自己的经济利益而不顾环境利益。学者们在对"生态人"的描述中很多地使用"应该""要"等字眼,证明了他们的潜意识里认为这样的人存在于应然而非实然。这些观点的这一特征违背了环境法人性预设的客观性要求,因此是理想化的、不恰当的。最后他得出结论,"由于环境法上的'生态人'预设存在上述论证瑕疵,且不符合环境法人性预设的基本要求。因此,当下中国环境法不宜将'生态人'作为环境法的人性预设"。[34]

马波虽然没有质疑和批判环境法上"生态人"的人性预设,却提出"需要借助契约理论主体假设的演变为线索,从形而上与形而下两个层面上探讨'生态人'模式,首先塑造一个抽象的理想类型的'生态人',然后再还原一个生活在真实世界的'生态人',终极目标希冀在理想与现实之间达致一种平衡"[35]。其中"还原一个生活在真实世界的'生态人'"或多或少地表达了其对目前环境法学界"生态人"的人性预设脱离现实的不满。

莫卫香则认为"生态人"模式的不足在于缺乏对人的本性假定的认识。"人的模式是就人的行为的基本要素所进行的一种择取,这些要素代表了人们的行为的必备要件,包括人性要素、目的要素、社会要素。人性的要素即对人的本性的假定在哲学的层面上,人性并不是指善、恶二分,而是表征人的基本特性的一个词语……'生态人'理论人的本性的假定是生态主义潜能即追求生态利益最大化的天然潜力,特别是在生态伦理上能够体现出来,以对自然的尊重为前提,追求整个生态系统的和谐运行的潜能。但是这个基点太过于理想化和高尚化,有世人看圣人的感觉。"[36]

---

〔34〕 苏胜利:《环境法"生态人"人性预设之否定——基于西方法律人性预设演进的视角》,载《江苏警官学院学报》2009年第5期。

〔35〕 马波:《生态时代环境法上"生态人"模式的一种图景言说》,载《甘肃政法学院学报》2012年第2期。

〔36〕 莫卫香:《对法学方法论生态化的反思》,载《法制与社会》2014年第30期。

这些质疑和不满虽然目前还不足以颠覆环境法上“生态人”的人性预设,但至少为环境法上“生态人”的人性预设的丰富和完善提供了视角。如果不对这些质疑中的某些方面予以补足,其理论体系今后将有可能崩塌。

4. 坚持以“生态人”为环境法学的研究逻辑起点

我们同大多数人一样赞同“生态人”是环境法应持有的人性预设,但我们认为目前我国环境法学界在“生态人”的人性预设研究上还存在很多问题,必须对其加以丰富和完善。具体而言,有以下三点。

首先,摒弃生态伦理思维而引入生态科学思维。不可否认,人性预设本身必然包含理想性,但这种理想性不应跨越学科的边界,不能以生态伦理层面的“生态人”替代环境法律层面的“生态人”。环境法上的“生态人”应当是法律上的“生态人”,而不应当是道德上的“生态人”。目前国内学者在对环境法上的人进行“生态人”的人性假设中,或多或少地都带有某些环境伦理的色彩,有的甚至将环境法上的“生态人”等同于生态伦理上的“生态人”。这种局面的形成有两个主要原因:一方面是我国法学界普遍存在人性预设技术不高的问题,还不善于从法学学科自身去构造人性预设,因此只能借用别的学科理论构造人性预设。例如,民商法学借用经济学理论构造了“理性经济人”的人性预设,宪法学借用政治学理论构造了“政治人”的人性预设,而社会法学则借用社会学理论构造了“社会人”的人性预设,等等。然而正是在这种“借用”中,部门法学的人性预设也逐渐迷失了自我。另一方面是我国环境法学界长期奉行生态伦理的研究范式,凡是环境法问题都想当然地从生态伦理视角去思考,从而将环境法学研究变成了生态伦理学的附庸,也难怪巩固认为我国并没有真正的环境法学而只有“环境伦理法学”。生态伦理本身带有浓厚的理想主义色彩甚至是不切实际的虚幻,以此构造出的环境法上的“生态人”必然脱离实际。为此,我们应摒弃生态伦理思维而引入生态科学思维,在生态科学理论基础上而不是在生态伦理学基础上构造环境法上的“生态人”。虽然对环境法而言,生态科学也是“别的学科”,但它毕竟是客观生态规律的反映,以此构造环境法上的“生态人”自然更加接近现实。如前所述,苏胜利等人认为目前我国环境法学界普遍存在将“环境伦理的人性要求”作为环境法的人性预设或脱离真实世界等问题,但他们的观点只具有批判性而没有建设性,他们并没有指出在摒弃生态伦理思维后环境法究竟应如何构造其“生态人”的人性假设。我们提出以生态科学理论构造环境法上“生态人”的人性预设则能够很好地解决这个问题。

其次,在环境法上“生态人”不应当只是对人性的预设,而更应当是对人性的还原、发展甚至超越。德国法学家拉德布鲁赫曾说过:“对于一个法律时代的风格而言,重要的莫过于对人的看法,它决定着法律的方向。”〔37〕预设是包括法学在内的所有科学活动据以展开的逻辑起点。如前所述,法学的本质是一种人学,因此法学研究必然从对人的假设开始。但“生态人”其实并不只是人性预设,而更是对一种事实状态的描述,即人必然生存在生态系统之中,任何人都不能脱离生态系统而活下去。“预设”这个概念其实既包括可能也包括不可能,但人作为“生态人”却是一个确定无疑的事实和不证自明的公理。我们理解学者们所说的环境法上“生态人”的人性预设,它其实是说在物欲横流、人皆自利的现代社会,居于生态系统中的人在人性上发生扭曲,作出了污染环境、荼毒自然和破坏生态的行为,从而远离生态系统而成为“非生态的人”。环境法所要做的就是规制人的上述行为,还人以“生态人”的本来面目,将人重新塑造为“生态人”。因此,从这个意义上说,环境法上“生态人”不应只是“人性预设”而更是“人性还原”。环境法中确实有很多禁止性、强制性的规定,但这些规定其实并不是对人之本性的扭曲,而是将在利益驱使下扭曲的人性再扭过来还其以本来面目,用哲学的话语表达就叫作“否定之否定”。环境法的出现其实还是人性的发展和超越。“人性的完善是导致法域变迁的内在动因,法从起源到发展都莫不与人性密切相关,任何法域及域内之法都不过是人类本性的某些表现。”法律作为人类主观思维的设计物,应以某种人性假设为逻辑起点。以往的私法、公法或社会法等法域,将人视为“经济人”、“政治人”或“社会人”;而以生态主义为理论依据的生态法域,则将人从整体上视为“生态人”或称“环保人”。生态法域中的“人”相对于前述各法域中的“人”更为抽象。生态问题在当代不再仅是私人、社会或国家的问题,而是逐渐扩展成为整个人类所必须共同面对的问题,人在生态上始终以“类”(人类)的形式而存在。“人是有意识的类的存在物,也就是这样的一种存在物,它把类看作自己的本质,或者说把自身看作类存在物。”〔38〕人在“类”的意义上可谓是最高形态的存在,不仅个体、群体及社会都被囊括其中,甚至将跨越时空界限绵延至子孙后代。生态法从这个意义上说是对传统人性的超越,〔39〕“生态人”的人性预设就是对其中人性的发展超越。

---

〔37〕 [德]古斯塔夫·拉德布鲁赫:《法律智慧警句集》,舒国滢译,中国法制出版社 2001 年版,第 141 页。

〔38〕 《马克思恩格斯全集》(第 42 卷),人民出版社 1979 年版,第 96 页。

〔39〕 屈振辉:《人性与法域的断想》,载《伦理学研究》2008 年第 3 期。

最后,“生态人”的人性预设对环境法还具有方法论的意义。人性预设对法学研究而言具有重要的方法论意义。“法学是以人为本的科学,必须重视对人的分析,因而,在法学方法论中设立人的模式,抽象出法律人的概念,这对于法学研究而言,有着极为重要的意义。”〔40〕环境法是以“生态人”的人性预设为逻辑起点展开的,因此“生态人”的人性预设就成为了环境法学方法论的重要内容之一。“作为全新的法律上的人之形象,‘生态人’有助于完善环境法学的理论体系和方法论,为建构环境法制度提供知识基础。”〔41〕“生态人”作为“法律人”的一种模式,是由生态法学方法论创设的。在“生态人”模式的构建上,生态法学方法论采用了个人主义方法论和整体主义方法论相结合的方法论。其要义就在于认为每个人都是具有自然性的生命体,都有生物性、个人兴趣、爱好,都有追求幸福、自由和个人利益(自利性)的倾向。而每个人又必然生活在人类社会和自然界中,必然与其他人和自然(环境资源等)发生联系,即必然有人与人的关系和人与自然的关系;确定每个人要求的其自身的生存发展(包括要追求自己的快乐、幸福和最大利益)的条件,每个人都必须处理好与其他人、与自然的关系,充分利用和发挥自身及其外部社会环境(人类社会)和自然环境(自然环境资源)的优势。生态法学方法论强调人既是自然系统中的一员,也是社会系统中的一种已被社会化了的元素。将两者结合起来,重点是将主体与客体、主观与客观联系起来,充分发挥个人的主观能动性和利用周围环境的客观条件,在个人与社会、个人与自然的和谐共处中求得个人的最大利益、全面发展和可持续发展。个人主要通过行为影响、作用(包括建立、改变和改进)于人与人的关系和人与自然的关系,而法律是最有效力、效益和权威的行为规范,法律通过规制(规范和控制)人对人的行为和人对自然的行为,调整好人与人的关系和人与自然的关系。〔42〕鉴于“生态人”的人性预设对环境法学研究具有如此重要的意义,应将其列为环境法学方法论的重要内容之一。但它在理论上仍存在某些不足,因此在将二者作为环境法学方法论时也应摒弃那些不足。

尽管以后现代主义作为环境法学研究的哲学基础和以“生态人”的人性预设作为环境法学研究的逻辑起点都不是那么完美,还存在缺陷与不足,但二者作为环境法学方法论基本立场的地位是不容置疑的。要想深入研究环

〔40〕胡玉鸿主编:《法律原理与技术》,中国政法大学出版社2002年版,第32页。

〔41〕吴贤静:《“生态人”:法律上的人演进之方向》,载《河南教育学院学报(哲学社会科学版)》2013年第6期。

〔42〕蔡守秋:《生态法学方法论的要点》,载高鸿钧、王明远主编:《清华法治论衡——环境法:挑战与应对》(第13辑),清华大学出版社2010年版。

境法学,就必须坚持上述基本立场不动摇。但这并不意味着对既有理论的盲从,我们必须意识和注意到上述立场中存在的问题,通过理性思维予以辩证分析、扬长避短,从而发挥上述立场在环境法学研究中应有的作用。

(三)生态化论之争

生态化在人类发展的今天似乎已成为一种潮流。"生态化的生存、生态化的发展、生态化的变革、生态化的转向已经成为具有时代特色的追求。"〔43〕法学研究亦不例外。整个法学界都掀起了生态化的热潮,而生态化的发端就在其中的环境法学。环境法学由于要采用生态学研究方法和生态伦理的研究路径,较早确立了生态化的研究方法论。这种方法论现在已经扩及整个法学领域,但有学者对此提出了质疑和批判,因而形成了论争。

1."法学方法论的生态化"的要点

主张"法学方法论的生态化"的学者们,首先将生态学的研究方法引入法学研究领域。郑艺群认为法学方法论体系的重构和转向就是法学方法论的生态化,并谈到了重构的缘由和转向,即"通过法律制度解决环境问题时,不仅不能凭借单一的法学研究方法,甚至于不能仅仅采用旧有的法学方法,而应该跨越传统法学方法论的藩篱,来到生态和环境等自然科学的领域,汲取新的生态科学养料来重构原有的法学方法论体系,这种重构就是法学方法论的生态化","关于法学方法论生态化的议题,实质上是在探讨一个法的发展方向问题……从方法论角度上讲,必须实现价值判断的转向,并从定式化思维向多维思维的转换"。〔44〕"在后现代主义思潮影响下,环境法学研究方法的变革,将最终为传统法学方法论的重构提供内在动力,并进而导致整个传统法学方法论的生态化。"〔45〕

其次,他们用生态学的理念来研究法律就是"法学方法论的生态化"。黄辉撰文指出"运用生态学的系统观、整体观、协调发展的理念,对法律研究方法进行研究,指导法学领域具体研究方法,在原有理论基础上将人与自然协调发展的规律运用其中的过程",它"以生态学的系统观、整体观、协调发展的理念指导各类具体法学研究方法的价值判断和法律制度的设计"。〔46〕持这种观点的还有陈泉生等,他们将"法学方法论的生态化"与科学发展观

〔43〕 李培超:《伦理拓展主义的颠覆——西方环境伦理思潮研究》,湖南师范大学出版社 2004 年版,第 159 页。

〔44〕 郑艺群:《法学方法论生态化的深层结构》,载《河北法学》2006 年第 5 期。

〔45〕 郑艺群:《环境法学理论的创新和调整——以法学方法论的生态化为视角》,载《合肥工业大学学报(社会科学版)》2006 年第 5 期。

〔46〕 黄辉:《探析法学方法论"生态化"》,载《清华法学》2008 年第 3 期。

的时代背景相结合,分别从"法学方法论的生态化"的概念界定、后现代主义对其影响、其对传统法学方法论的突破、其法哲学视野及其与"生态人"模式、其与法的价值、法律主体的扩张及制度设计等多个方面展开了较为全面、系统的研究。陈泉生的《科学发展观与法律发展:法学方法论的生态化》试图通过"法学方法论的生态化",实现一场由环境法学所引领的整个法学方法论的革命性转向。他们指出,"生态化是将生态学原则和原理渗透到人类的全部活动范围内,用人和自然协调发展的理念去思考和认识经济、社会、文化等问题,根据社会和自然的具体情况,最优地处理人和自然的关系。将生态学的原则渗透到人类的全部活动范围中,用人和自然协调发展的观点去思考和认识问题,并根据社会和自然的具体可能性,最优地处理人和自然的关系",并认为其具有以下特点:拓展了法学研究的视野、修正了"主客二分"理论、借重后现代的研究路径、拓展了法律价值的视域、促使法律"实然"与"应然"的再次统一、扩大了法律主体的范围,并且反映了人文科学与自然科学的弥合,暗喻了在法律思维上东方整体观与西方主体观之融合并且实现了在方法论上价值判断与事实判断的统一。[47]

2."法学方法论的生态化"的赞誉

"法学方法论的生态化"论提出后,学界褒贬不一。有赞同的,也有批评的。赞同者把"法学方法论的生态化"产生的影响提到了很高的地位。值得一提的是,由于环境法在我国的新兴性,环境法学研究长期受主流法学和其他部门法学的影响。因此21世纪初我国环境法学理论研究取得的很多突破和创新将矛头指向主流法学和其他部门法学。刘国涛甚至认为:"环境法学方法论的内容架构与形成过程就是法学方法论的'生态化'过程。"[48]

3."法学方法论的生态化"的批判

由部分环境法学者提出的"法学方法论的生态化"在其他部门法学领域并没有获得赞同和呼应,仍处于孤掌难鸣、自说自话的状态;这种主张在环境法学界内也尚未取得共识,仍有许多质疑和批判的声音。陈巍认为在"法学方法论的生态化"的话语体系中,大量充斥着哲学、伦理学及生态学等领域的概念,实际上已经偏离了传统法学的概念规则,而不是法学领域内的方法论创新;将生态学引入法学的研究方法也并未改变法学以人为中心的利益衡量机制,"法学方法论生态化的核心基点之一就是西方现代环境伦理学说中自

---

〔47〕 陈泉生等:《科学发展观与法律发展:法学方法论的生态化》,法律出版社2008年版,第60-63、103-113页。

〔48〕 刘国涛:《"环境法学方法论"的内容架构》,载《法学评论》2009年第5期。

然存在内在价值的学说,包括‘人与生态的整体价值’这一提法也是建立在承认前者的前提下,这意味着存在和人类评价无关的‘价值’”;而且“主客一体化”研究范式在解决动物成为法律关系主体的问题上还存在很多困惑甚至理论尴尬。因此“‘法学方法论生态化’不是开往春天的地铁”。[49]

汪再祥对“法学方法论的生态化”提出了三点更为全面、系统的批判,以下是较为重要的两点:一是对于事实判断与法律判断,“法学方法论的生态化”主张两者的统一,虽然这两者在法律思维中缺一不可但并不意味着两者就能合一,“自然具有内在价值并不意味着自然作为事实存在与作为价值存在是合一的”[50],而且生态规律和环境科学技术上升为法律规范也不意味着两者就能合一;二是“法学方法论的生态化”将法学的生态学改造作为其致思理路,但只是泛泛谈及要服从生态学规律及生态学的整体主义和系统观,却并没有结合生态学原理、原则和方法具体谈法学方法论如何改造,因而并没有指明生态学的研究对于环境法学研究的进路。[51] 因此“法学方法论的生态化”在某些观点上还需要进一步修改和巩固。

另外。白雨也指出了“法学方法论的生态化”中一些细微的错漏之处。第一点是其存在多处逻辑矛盾,例如,其既要以人本主义为价值指导又要在“主客一体化”范式基础上构建法学方法论等,这样逻辑不清的法学方法论并不能给法学研究方法以充分的指导;第二点涉及其据以建立的基础即“主客一体化”。

4.“法学方法论的生态化”的目的

在环境法学语境中,“法学方法论的生态化”实际上是针对传统法学研究方法而言的,因此其又称“传统法学研究方法的绿化”。他们以“调整论”为基调,认为:“环境资源法学研究方法大都来自对传统法学研究方法的生态化或绿化,包括但不限于对唯物辩证法、阶级分析法、经济分析法、价值分析法、实证分析法和历史分析法等传统法学研究方法的生态化。”[52] 例如,唯物辩证法的生态化,就是要坚持从环境资源保护事业、环境资源工作以及环境资源法治建设的实践出发,去研究环境资源法的理论问题和实际问题;坚持物质是第一性的,精神是第二性的,社会存在决定社会意识的观点;坚持历

---

〔49〕 陈巍:《“法学方法论生态化”不是开往春天的地铁》,载《东南学术》2005年第5期。

〔50〕 汪再祥:《“法学方法论生态化”之批判》,载张仁善主编:《南京大学法律评论》2009年春季卷,法律出版社2009年版。

〔51〕 白雨:《环境法学方法论研究路径初探》,西安建筑科技大学2011年硕士学位论文,第32页。

〔52〕 蔡守秋:《调整论——对主流法理学的反思与补充》,高等教育出版社2003年版,第869页。

史发展和历史分析的观点;坚持辩证地分析自然环境资源现象和环境资源法律现象的观点。再如,阶级分析法的生态化,就是要坚持从环境资源危机时代或环境资源问题时代现实的阶级关系出发,认为当代环境资源领域的分歧和斗争是不同阶层分歧和斗争的一个重要方面;改革传统生产方式、消费方式和人与自然的关系,是当代阶级斗争和阶级革命的一项重要内容;主张从实际出发,运用阶级分析法分析当代阶级政党的演变,研究调整人与自然的关系在阶级斗争和政党建设中的重要意义和作用;主张从新的角度全面、正确地对待和运用阶级分析法。又如,经济分析法的生态化,就是要重视对外部经济性的研究;注意自然资源类型和"公有地的悲剧";研究外部经济性内部化的途径;采用科斯定理与"农夫和牧人"分析法。除此之外,"传统法学研究方法的生态化或绿化"还包括价值分析法、实证分析法和历史分析法的"生态化或绿化"。[53]

对于环境法研究如何继承传统法学研究方法这个问题,陈泉生提出应引入后现代主义以实现环境法学研究方法的变革。"后现代主义影响下环境法学研究方法之变革使得传统法学研究方法面临严峻挑战。"[54]具体而言,首先,随着环境法哲学领域对人与自然关系的深入研究,在后现代主义所提供的整体主义、有机主义等全新方法论的有力支持下,人与自然和谐统一的学术观点日益占据主流地位,这对于传统法学研究范式必产生强劲冲击。这将有助于实现传统法学研究范式的转向;有助于传统法学研究走出定性化思维,重塑法学研究的解构范式;有助于超越概念法学的思维,肯定法学研究方法的多元化,尊重差异,破解定式的牢笼。这种转向还拓展了法学研究的领域和空间,由于其关注边缘、琐碎、片段之物,可以改变只关注中心事物、普遍性事物的研究范式。其次,随着生态文明时代的到来,可持续发展理念的贯彻实施,以及环境法学研究的日益蓬勃,环境法学一些独特的研究方法也将日益渗透到其他部门法学研究中。最后,随着整个社会从"经济人"向"生态人"转型,生态利益将在立法上越来越多地得以体现,并促成整个传统法学研究方法的生态化。[55] 与此同时,她也指出,传统法学研究方法,诸如唯物辩证法、阶级分析法,经济分析法,价值分析法,实证分析法和历史分析法不断生态化成为环境法学研究方法的发展趋势。[56]

---

〔53〕 蔡守秋:《调整论——对主流法理学的反思与补充》,高等教育出版社2003年版,第869-917页。

〔54〕 陈泉生主编:《环境法学》,厦门大学出版社2008年版,第172页。

〔55〕 陈泉生主编:《环境法学》,厦门大学出版社2008年版,第172页。

〔56〕 陈泉生等:《环境法学基本理论》,中国环境科学出版社2004年版,第185页。

5.“法学研究方法生态化”的反思

我们并不赞同这种观点，主要原因有两个方面：一方面，我们认为“法学研究方法生态化”确实是当代法学发展的重要趋势，但这并不等同于“传统法学研究方法的生态化或绿化”。“法学研究方法生态化，是指由过去仅从视法律为调整人与人的社会关系的规范的角度研究法律，转变为既从视法律为调整人与人的社会关系的规范的角度，又从视法律为调整人与自然的关系的规范的角度研究法律，即改变过去将社会和自然截然区分的认识世界的方法，而采取首先将社会和自然视为一体，然后再对二者加以适当区分的方法，也就是说，在我们研究法律调整人与人的社会关系时，要特别注意研究此种调整对自然的影响，特别注意考察其中可能涉及的人与自然的关系，并将此种研究成果反馈于立法，通过立法不断去协调和保障人与自然的和谐。”〔57〕这里所说的“法学研究方法生态化”实际上是就法律思维方式而言的。“法学研究方法生态化是一种法律思维方式的变化，是法学研究范式的新形态，是分析法律生态化的平台，将在宏观层面为法律生态化提供理论资源。”〔58〕它具有整体性而并不特指某部分法学的生态化，比如，传统法学的生态化。相反，我们认为，在环境法研究中还需要保留传统法学研究方法的“传统”。包括环境法学研究在内的各科类法学研究都应属于规范研究，而传统法学研究方法正是各科类法学研究规范性的重要保证，偏离了它，各科类法学研究恐怕也就偏离了法学研究的本性。“本底”是环境法中经常提及的概念，例如，建立自然保护区保护生态系统的“本底”、排放放射性物质而使放射性“本底值”的改变等。环境法研究保留传统法学研究方法的“传统”，就等于保留了其作为法学研究方法的“本底”。

另一方面，“传统法学研究方法的生态化”的提法在逻辑上不太严谨，在某些地方还过于牵强。例如，持这种观点的学者主张唯物辩证法生态化，而从他们所阐述的唯物辩证法生态化的种种表现看，实际上都只是唯物辩证法在环境保护领域的具体运用，但是这并不等于唯物辩证法的生态化。“生态化”即意味着朝着生态方向产生了变化，唯物辩证法在他们所阐述的唯物辩证法生态化的种种表现中并没有产生生态化的变化。又如，持这种观点的学者还主张阶级分析法生态化，其依据是“当代环境资源问题已经成为新型阶

---

〔57〕 姜明安：《“法律生态化”的主要领域》，载姜明安：《法治的求索与呐喊（评论卷）》，中国人民大学出版社2012年版。

〔58〕 王树义等：《环境法基本理论研究》，科学出版社2012年版，第347页。

级斗争的一项重要内容,人与自然关系已经成为新型阶级关系的一个重要方面"[59]。这句话的前半句并没有什么问题,环境犯罪、危险废弃物跨境转移都是环境资源领域新型阶级斗争的表现;但在后半句中却将人与自然的关系纳入阶级关系中,这有悖于我们对阶级的传统界定。"所谓阶级,就是这样一些集团,由于它们在一定社会经济结构中所处的地位不同,其中一个集团能够占有另一个集团的劳动。"这是列宁关于阶级及阶级关系的经典界定,从中可看出阶级关系的内涵应只是人与人之间的关系,而不应包括人与自然之间的关系。"新型"的阶级关系也只能是人与人之间的关系,而不能扩及人与自然之间的关系。总之,"传统法学研究方法的生态化"存在问题,以这种方式无法实现对传统法学研究方法的继承。环境法研究在遭遇这个瓶颈时需要引进新的研究方法。

(四)小结

我们认为,环境法学在研究范式上应在承认"主客二分"的基础上,消弭人与自然的对立并促进他们和谐,构建人与自然和谐的"主客二分"论;尽管以"生态人"的人性预设作为环境法学研究的逻辑起点并不那么完美,还存在某些缺陷与不足,但它作为环境法学方法论基本立场的地位是不容置疑的;"法学研究方法生态化"确实是当代法学发展的重要趋势,但在环境法学研究中心不能唯"生态化方法"论。

二、环境法学研究方法之争

环境法学既有法学学科通行的研究方法,也有自身较独特的研究方法,这主要是由环境法学研究对象的特殊性决定的。"环境法学的研究方法大致由法学研究的基本方法和环境法学的特有方法所构成。"[60]环境法学的特有研究方法,是环境法学与其他部门法学的区别之处。

(一)传统研究方法之争

由于环境法学研究本质仍属法学学科范畴,因此传统法学研究方法是其最基本的研究方法。环境法学作为法学的新兴分支学科必须继承法学的传统研究方法,特别是从其他传统部门法学,对法学研究方法的继承也保证了环境法学作为法学分支学科的本色,从而使其研究不至于产生学科偏向。经我们收集、整理和归纳,发现学者们认为环境法学适用的传统法学研究方法主要有唯物辩证法、阶级分析方法、实证研究方法、价值分析方法、比较研究

---

〔59〕 蔡守秋:《调整论——对主流法理学的反思与补充》,高等教育出版社2003年版,第875页。

〔60〕 秦天宝主编:《环境法——制度·学说·案例》,武汉大学出版社2013年版,第12页。

方法、历史分析方法、文化分析方法、经济分析方法、社会学研究方法、伦理学研究方法、法域分析方法和权利研究方法等。对这些研究方法学界也存在论争。

1. 何为传统法学研究方法

对于这个问题不仅法理学者众说纷纭,就连环境法学者之间对此也莫衷一是。在法理学领域,季卫东、齐海滨认为传统法学研究方法主要包括哲学或伦理的方法、历史的方法、比较的方法、分析的方法和社会学或功能的方法。〔61〕但付子堂、时显群则认为社会学研究方法(在法学领域又被称为法律社会学研究方法)不属于传统法学研究方法。"这里所说的传统的法学研究方法,是指在法律社会学研究方法出现以前被运用于法学领域中的其他法学研究方法。"〔62〕李瑜青等认为法律社会学方法明显有别于传统法学研究方法,"法律社会学在法学研究或法律实践上其方法论的独创性,如传统法学研究的方法是思辨哲理方法、历史的方法、比较的方法、分析的方法等,而法律社会学则重视功能主义、结构主义、系统论等方法,并且还把角色分析、组织分析、规范分析等作为手段"〔63〕。钱弘道认为经济分析方法的引入是对传统法学研究方法的重要发展,"经济分析是与传统法学研究方法迥然不同的方法"〔64〕。经济学分析法学派的"实证评判方法和定量分析方法,是对传统法学研究方法的重要发展"〔65〕。黎国智、马宝善则认为"行为法学的产生是对传统法学研究方法的一种反思"〔66〕。"在研究方法上,传统法学的研究方法比较传统单一;行为法学的研究方法则强调利用各种方法对法律现象进行全面的研究。"〔67〕尽管众说纷纭,但哲学或伦理的方法、历史的方法、比较的方法和分析的方法还是被公认为传统法学研究方法。

在环境法领域,蔡守秋认为"环境法学经常采用的传统法学研究方法主要有唯物辩证法、阶级分析法、经济分析法、历史分析法、价值分析法、实证分

〔61〕 季卫东、齐海滨:《系统论方法在法学研究中的应用及其局限——兼论法学方法论问题》,载《中国社会科学》1987年第1期。

〔62〕 付子堂、时显群主编:《法理学》(第3版),重庆大学出版社2011年版,第18页。

〔63〕 李瑜青等:《法律社会学导论》,上海大学出版社2004年版,第14页。

〔64〕 钱弘道:《法律的经济分析》,清华大学出版社2006年版,第40页。

〔65〕 北京大学法学百科全书编委会编:《北京大学法学百科全书(法理学、立法学、法律社会学)》,北京大学出版社2010版,第728页。

〔66〕 黎国智、马宝善主编:《行为法学在中国的崛起》,法律出版社1993年版,第113页。

〔67〕 北京大学法学百科全书编委会编:《北京大学法学百科全书(法理学、立法学、法律社会学)》,北京大学出版社2010版,第972页。

析法等"[68]。陈泉生等对此持赞同观点,认为"传统法学研究方法,诸如唯物辩证法,阶级分析法,经济分析法,价值分析法,实证分析法和历史分析法"。"传统法学的所有研究方法,包括对法律的经济学分析,哲学伦理学方法,数学方法,历史分析法,价值分析法,实证分析法,社会学方法等。"[69]

由此可见,法理学界和环境法学界对传统法学研究方法的界定明显不同。虽然他们都认为哲学或伦理方法、历史方法、比较方法、分析方法是传统法学研究方法,但环境法学者却将经济分析法、社会学方法以及数学方法等被法理学者视为非传统法学研究方法(或称现代法学研究方法)的法学研究方法也视为传统法学研究方法。这主要是由环境法是新兴部门法所致,其在研究方法上自然也就不落俗套。这也为环境法学者摆脱传统法学研究方法桎梏,探索新的环境法研究方法提供了可能。

2. 环境法学研究必须继承传统法学研究方法

环境法学研究要继承传统法学研究方法,这是由环境法作为法的特性决定的。环境法的本质仍然是法,这就意味着环境法在研究方法上不能摒弃传统法学研究方法。摒弃了传统法学研究方法,环境法研究就有可能脱离法学学科而滑向别的学科。在法理学研究中,"在引进新的科学方法时,也应当肯定和发展传统的法学研究方法和比较方法、社会学方法的运用"[70],而"作为法学的二级学科,环境法学研究方法应遵循法学研究方法的一般规律"[71]。

从环境法作为新兴法律部门的角度看,环境法研究应继承的传统法学研究方法主要包括唯物辩证法、阶级分析方法、实证研究方法、价值分析方法、比较研究方法、历史分析方法、文化分析方法、经济分析方法、社会学研究方法、伦理学研究方法、法域分析方法等,环境法的研究离不开这些方法的运用。

首先,唯物辩证法是人们认识世界和改造世界的基本方法,是环境法学研究中必须遵循的总的方法。它对环境法研究具有重要指导意义,也是我国环境法学研究坚持马克思主义法学方向的保证。"以马克思主义为指导的法学以唯物辩证法作为自己的根本方法,环境资源法学也不例外。"[72]唯物辩

[68] 蔡守秋主编:《环境资源法教程》,高等教育出版社2004年版,第96页。
[69] 陈泉生等:《环境法学基本理论》,中国环境科学出版社2004年版,第185、177页。
[70] 孙国华:《法理求索》,中国检察出版社2003年版,第746页。
[71] 于文轩、王灿发:《我国环境法教学模式的反思与探索》,载《当代法学》2009年第2期。
[72] 蔡守秋主编:《环境资源法学教程》(第2版),高等教育出版社2010年版,第109页。

证法对环境法学研究方法还具有特殊意义。环境法研究涉及人与自然环境之间的关系,涉及生态学、环境科学等方面的自然规律,因此在研究过程中更要坚持唯物辩证法的要求。环境法研究者也比其他部门法研究者更需要运用唯物辩证法。

其次,阶级分析方法对环境法而言是很重要的研究方法。有些学者认为环境保护是国家社会公共职能,因而否认环境法具有阶级性,这种观点其实并不正确。“法的阶级性是法的本质属性”,因此环境法作为法也必然具有阶级性。否认了环境法的阶级性,也就否认了环境法作为法的存在。当然环境法与宪法、刑法等相比,其阶级性和政治色彩自然比较弱,但不能因此否定环境法的阶级性,否定环境法研究中阶级分析法的存在。“环境法学的研究方法并没有否定阶级分析法、抛弃阶级分析法,而是根据当代阶级阶层的新变化研究环境资源问题和人与自然的关系,或者说环境法学在运用阶级分析方法时有其新特点和新创造。”〔73〕

再次,实证研究法既是法学研究的基本方法,也是环境法研究的基本方法,它在我国环境法研究中具有特别重要的意义。由于我国环境法研究中存在种种问题,“我国环境法学研究方法亟须实现自身的转向。无论是从环境法学研究方法完善的角度,还是从环境法学研究与社会需要契合的角度,都需要环境法学研究方法向着实证分析方法的路径前进”〔74〕。实证研究法甚至将成为我国环境法学研究向纵深发展的重要支撑。

又次,与实证研究法相对的价值分析法也是环境法不可或缺的重要研究方法。“环境法学采用价值分析法时往往涉及环境资源法的特有价值问题”〔75〕,这些价值问题与其他部门法中的价值问题既有联系又有区别,其存在是环境法作为独立法律部门存在的标志。环境法研究中的价值分析法在我国的运用,曾一度是以一种特殊的路径与方式进行的,即对环境法的环境伦理分析,它对环境法研究具有重要的意义。“对环境法进行这种形而上式的哲学伦理学思考是环境法研究领域中的全新尝试。它超然于环境实在法之上、超脱于环境实在法之外而又根植于环境实在法之中,将对环境法的研究上升到本源论、价值论、本体论等抽象层次,尝试着从终极意义上对环境法进行追本溯源式的思考和探究,旨在努力实现环境法研究从‘注释学’向法

〔73〕 蔡守秋主编:《环境资源法学教程》(第2版),高等教育出版社2010年版,第109页。
〔74〕 刘国涛:《我国环境法学研究方法的特质与转向——实证分析法应用于环境法学研究的思考》,载徐祥民主编:《中国环境法学评论》2011年卷,科学出版社2011年版。
〔75〕 蔡守秋主编:《环境资源法学教程》(第2版),高等教育出版社2010年版,第110页。

哲学转变的根本变革,从哲学、伦理学层面初步构建我国环境法研究新的范式和方法论。"[76]当然这种伦理分析的方法后来也招致了其他学者的批判。

最后,除上述方法外,比较研究方法、历史分析方法、文化分析方法、经济分析方法、社会学研究方法、法域分析方法等传统法学研究方法在环境法研究中都具有各自的作用,因此环境法学研究必须继承传统法学研究方法而不能摒弃这些方法,否则将影响环境法学研究。"环境法在传统法律规则中产生,又在自身规则的变动中发展和完善。作为新兴的部门法,环境法在承继传统法的基础上发展,传统法学理论是环境法发展的深厚理论根基。诚然,环境法有特殊之处,但这并不能成为其另起炉灶地割断学术传统的理由,而且极易将环境法推向学术发展的边缘,不仅不利于环境法汲取传统法学营养,甚至可能导致环境法学的衰弱。"[77]

3. 环境法学现有传统法学研究方法的不足

当然,环境法学现有的传统法学研究方法存在某些不足。例如,解释性方法成为环境法学的主体方法。解释对于法律而言是必需和必要的。德国法学家萨维尼曾说:"解释法律,系法律学之开端,并为其基础,系一项科学性之工作,但又为一种艺术。"法律解释既是法律实施的前提,又是法的发展的重要方法。由于法律是概括的、抽象的,只有经过解释,才能成为具体行为的规范标准;也由于法律具有相对的稳定性,只有经过解释,才能适应不断变化的社会需求;更由于人的能力是有限的,只有经过不断的解释,法律才能趋于完善。[78] 魏治勋曾经这样归结法律解释的重要性:"法治作为生命的肌体,乃为成长的概念。其成长之途,端在于诠释。立法(法律)为法治之花,诠释显法治之果。故无诠释则无法治,百世不移之理。"[79]法律解释经由在民法、刑法等传统部门法中的长期发展,再经过法理学者的归纳和凝练,现已逐渐成为独立的领域即法律解释学。由于法律解释学准确归纳、总结甚至创造了法律解释活动所采用的各种解释方法,并引导法官来正确地适用法律,不仅提供了正确运用这些方法的规则,同时也为法官提供了一种科学的思维模式,因此法律解释学的核心是一门有关方法论的学问。[80] 法(律)解释学对

[76] 屈振辉:《生态文明需要环境伦理与法制保障》,载《南京林业大学学报(人文社会科学版)》2008年第3期。

[77] 梁剑琴:《环境法调整方法研究》,武汉大学2005年硕士学位论文,第2页。

[78] 张文显主编:《法理学》(第4版),高等教育出版社2011年版,第236页。

[79] 魏治勋:《论法律解释的合法性》,载陈金钊、谢晖主持:《法律方法》第3卷,山东人民出版社2004年版。

[80] 王利明:《法律解释学》,中国人民大学出版社2011年版,第2-3页。

法学研究与法律实践都具有重要意义。“法解释学的基本方法是解释法律文本的立法原意和立法宗旨。当然,由于研究者本身并不是法律文本的制定者,他们在解释立法原意的过程中会了解立法者的立法宗旨,但又会对法律文本加上自身的理解和理论解释,从而使这种解释变成一种创造性的研究活动。而这种解释法律文本的活动一旦具有普遍的影响力,并能够被上升为人们所广为接受的理论,就有可能反过来推动司法人员按照法学家的理论来理解法律,甚至促使立法者按照法学家们的解释理论来修改法律。”〔81〕因此解释性方法应当成为环境法学研究的重要方法。

环境法是需要解释的,其主要原因是多方面的,这些原因中有些是各部门法共同的,也有为环境法所特有的。首先,环境法是由环境科学、生态学和法学相互渗透、相互结合形成的新兴综合交叉的法律。人们对环境问题的认识具有历史局限性,因此环境法难免会出现缺欠与不足。其次,环境法规范具有概括抽象性。在实践中需要对抽象概括的环境法律规定进行合理解释,使抽象的环境法规范具有实用性和具体操作性。再次,环境法具有稳定性。这是法律的共性,是维护法律权威性的必要。又次,环境法具有较强的科学技术性。环境法中有大量环境技术性规范,因环境法发展历史较短,难免出现法律规范缺失、语言过于专业、法条相互矛盾等问题。这也是环境法需要解释的根本原因。最后,环境法也具有局限性。一方面是环境法律某些规定的科学不确定性,决定了环境法不可能具有很强的超前性;另一方面是环境立法是基于环境问题的现状及有限的预测。“环境法是一门新兴的法律部门。我国对于环境法的立法、司法和执法相对较晚,加之环境法本身具有较强的科学技术性及跨学科、跨部门等特点,环境法解释在环境法适用中的重要性尤为突出。”〔82〕我们认为对于承载着说明环境法现象任务的环境法学,对环境法律现象进行理论说明和学理解释是其基本职能,这有助于深化人们对环境法现象的认识进而构建环境法学的概念分析框架,因此解释方法是环境法学最基本的也是不可或缺的重要研究方法。

尽管目前我国的环境法解释还存在滞后、尚未形成体系和权威性不强等诸多亟待解决的问题,但它已成为我国环境法学研究中的主体方法,而且这种方法还被不正确地加以利用,以致其偏离了正轨从而对我国的环境法学研究和环境法治建设产生了消极影响。法律解释本应建立在对法律现象进行

---

〔81〕 张庆中、龙久顺:《对我国传统法学研究的反思——兼论法学研究方法》,载《当代法学论坛》2011年第2辑。

〔82〕 苏芸芳:《环境法解释论》,载《新疆石油教育学院学报》2010年第5期。

逻辑分析和理性理解的基础上,合理性是法律解释重要的基本原则,合乎逻辑和理性是对其最起码的要求。然而在早期的中国环境法学研究中,法律解释作为一种研究方法却走向了歧途,即以国家环境保护政策甚至是以环境保护有关部门的"长官意志"为解释依据,从而表现出很强的非学理化、非理性化和非规范化的倾向。对于这种现象,金瑞林、汪劲曾经这样评价:"现在,环境法学研究的主要方法还局限于阐释的方法,并且这种阐释方法不是像传统的注释法学派那样严密地从理论的角度客观分析、推导和评价现行环境法律制度,而是拘泥于部门长官意志和部门行政解释,因此,呈现出一种'长官出思想,学者作解释(理论)'的现象。"[83]吕忠梅也指出:"环境法学的研究方法主要还是阐释现行法律法规,并不是真正意义上的'注释法学'。它不是运用注释法学的方法通过严密的理论分析而对现实的环境法制度进行客观论证、推导和评价,而是热衷于长官意志和行政部门解释,使环境法理论沦为长官意志的'注释'。"[84]造成这种状况的主要原因在于我国长期由政府垄断环境保护职能。"环境问题相对不甚严重且处于高度集权控制之下的中国,环境保护仅是一项由政府垄断、包办的国家职能,国家(政府)在环境保护与环境立法中都发挥着极其强大的作用。"[85]我国环境法治建设在这种情况下必然要以政府为核心,早期环境法学研究成为"长官意志"的注解也就不足为奇了。长此以往这种影响,将使我国环境法学研究逐渐丧失自己独立的声音。不过可以欣喜地看到进入21世纪以来,我国环境法学研究摆脱了这种趋向,特别是实证研究方法、经济分析方法、哲理研究方法以及未来计量研究方法的引入,使得我国环境法学研究逐渐趋于自身的理性。特别是党的十八届三中全会提出有关国家治理体系和治理能力现代化的重要主张后,过去那种环境保护长期由政府垄断、包办的局面逐渐被打破,以往我国环境法学研究中那种为"'长官意志'做注释"的法律解释研究方法也发生了根本性的转向。

环境法学现有的传统法学研究方法继承了传统法学方法的缺陷。传统法学方法在法学研究中无疑是经典的,但由于受社会、历史环境变化等因素影响,其在现代法学研究中表现出越来越多的不足。如传统法学研究多是规范性的,但"传统的规范法学仅仅关注法律条文的制定、改进、实施,忽略了法

〔83〕 金瑞林、汪劲:《20世纪环境法学研究述评》,北京大学出版社2003年版,第19-20页。

〔84〕 吕忠梅:《中国环境法的革命》,载韩德培主编:《环境资源法论丛》第1卷,法律出版社2001年版。

〔85〕 屈振辉:《中国环境法的本土资源初探——兼论在西方环境法移植过程中值得注意的问题》,载《湖南科技学院学报》2005年第6期。

律作为一种社会现象的复杂性;传统的规范法学过分强调解决法制问题而忽略了对社会科学的核心问题即因果关系的分析;传统的规范法学过分强调西方理论的运用,把中国现实当作西方理论适用的'例题'"〔86〕。特别是面对环境法这样新兴的而且与自然科学有密切联系的法律部门时,传统法学方法不可避免地表现出了某些缺陷性。环境法学研究如果仅仅囿于传统法学方法将很难有较大的突破。

其一,阶级分析方法的狭隘性。法的最初产生确实与阶级有关。不可否认,在阶级社会特别是在初期的奴隶社会、封建社会,法律具有极强的阶级统治功能。那时的法律主要以刑法为主而且极其残酷,其主要目的就是维护统治阶级的统治。但是环境法则有所不同。虽然在人类早期的法律(如我国的《秦律》及古巴比伦的《汉谟拉比法典》)中都有有关环境保护的内容,但比较公认的环境法的产生还是在进入资本主义社会后。工业化大生产使得人类大规模地使用化石燃料而且任意地排放工业污染,从而造成了以"世界八大公害事件"为代表的环境问题,并最终催生了解决环境问题之法即环境法。环境法相对于宪法、刑法等属于公法的传统部门法而言,并没有体现很多国家的阶级统治职能(阶级性),相反它更多地体现出国家的社会公共事务管理职能(非阶级性)。就此而言,阶级分析方法就不可能成为环境法学的唯一方法。另外,所谓阶级,就是这样一些大的集团,这些集团在历史上一定社会生产体系中所处的地位不同,与生产资料的关系(这种关系大部分是在法律上明文规定了的)不同,在社会劳动组织中所起的作用不同,因而领得自己所支配的那份社会财富的方式和多寡也不同。所谓阶级,就是这样一些集团,由于它们在一定社会经济结构中所处的地位不同,其中一个集团能够占有另一个集团的劳动。〔87〕 由此可见,阶级分析方法的实质是基于人们之间根本利益的对立而将其划分为不同的集团(阶级),但人们在环境这个问题上的根本利益在总体上却是一致的。人类在自然环境面前并非以个体或社会而存在,而是以"类"(人类)的形式而存在。人是有意识的类的存在物,也就是这样的一种存在物,它把类看作自己的本质,或者说把自身看作类存在物。〔88〕 既然在环境问题上人类的根本利益是一致的,那么以解决环境问题为主旨的环境法学研究仅以阶级分析方法为唯一方法就是非常狭隘的。需

---

〔86〕 张庆中、龙久顺:《对我国传统法学研究的反思——兼论法学研究方法》,载《当代法学论坛》2011 年第 2 辑。

〔87〕 《列宁选集》(第 4 卷),人民出版社 1995 年版,第 11 页。

〔88〕 《马克思恩格斯全集》(第 42 卷),人民出版社 1979 年版,第 96 页。

要注意的是,阶级分析方法虽不是环境法学研究的唯一方法,但仍是环境法学研究的方法之一。在国内环境犯罪和跨境环境污染及危险废弃物转移等问题上,环境法领域中的阶级斗争依然存在,阶级分析方法在这些范围内仍然适用。

其二,伦理学研究方法的虚幻性。如前所述,伦理学研究方法是 20 世纪 90 年代至 21 世纪初中国环境法学研究的主要方法,甚至被冠以“环境伦理法学”之名。“以西方环境伦理学为思想基础推导环境法理论的‘环境伦理法学’是当今环境法研究中的一个普遍现象。”〔89〕然而现代西方环境伦理学在对传统人与自然关系进行批判的同时,也遭受到了来自其外部和内部的诸多批判。如在环境伦理学的外部,美国学者沃特森将环境伦理视为生态宗教、生态神秘主义,是反人道主义和厌世主义。“我确信生态哲学家的反人道主义是建立在一个错误的哲学基础上的。他们把物种的利益凌驾于个体之上。”〔90〕法国哲学家费里指出了深层生态学存在“因其明证性致使人不愉快的困难”等理论上难以回答的难题。〔91〕 日本学者岩佐茂也质疑固有价值和权利概念的扩展,他认为承认“自然的权利”不会带来权利的扩大,“相反,却只能带来‘权利’概念的暧昧化,贬低其意义”〔92〕。环境伦理学的内部流派非常繁杂,各派别之间也不断在理论上相互倾轧、相互诟病。如非人类中心主义就批判传统人类中心主义将人作为“万物的尺度”而对自然肆意掠夺和破坏以致今天的环境危机,而人类中心主义则指责非人类中心主义将道德关怀对象泛化到非人类的生命体甚至无生命物是虚无缥缈的幻想;生物中心主义批判动物权力论忽略了植物、微生物等其他生物的权利,而生态中心主义又批判生物中心主义没有看到整个生态系统的价值;等等。这样看来环境伦理学连自己的理论基础都没有夯实,就更难以作为环境法的伦理基础,从而支撑起环境法理论体系的大厦。巩固据此提出了尖锐的批判:“这种理论及其论证路径存在理论前提虚无、信仰真理化、缺乏本土思维与大众意识、核心理论正当性不足、颠倒伦理与法的关系、道德性过高、缺乏法律思维、忽视程序价值、实践论证不足等弊端。环境伦理学虽然在人类反思和探索与自然的和谐关系方面有其价值独到之处,但其理论现状尚不足以直接应用于法学理

〔89〕 巩固:《“环境伦理法学”批判》,载吕忠梅主编:《环境资源法论丛》第 7 卷,法律出版社 2007 年版。

〔90〕 [美]R. 沃特森:《环境伦理学中的哲学问题》,李志更译,载《国外社会科学》1990 年第 9 期。

〔91〕 [日]尾关周二:《共生的理想》,卞崇道等译,中央编译出版社 1996 年版,第 164 页。

〔92〕 [日]岩佐茂:《环境的思想》,韩立新等译,中央编译出版社 1997 年版,第 99 页。

论建构，其法律实践更须慎重。”〔93〕他还否定了环境伦理学作为环境法学研究方法的可能性。“环境伦理学在论证方法上存在‘扩展主义虚妄’‘自然主义谬误’‘混淆与偷换概念’‘以偏概全’‘情感征服’等不科学之处，其理论推导难以令人信服。”〔94〕因而其与环境法的科学性特征不符，所以不能作为环境法学研究的方法。对此，一方面要积极检视在以往的环境法学研究中单纯以环境伦理学作为研究方法的不足，提出了从法律伦理、经济伦理、科技伦理、行政伦理等多元伦理视野研究环境法的新路径；〔95〕另一方面又将眼光重新投回法学领域，探索运用法学本身应具有的研究方法，即用权利研究方法予以弥补。另外值得一提的是，伦理学研究方法在我国环境法学研究中的频繁应用，也反映出我国环境法学研究在初生期的“软肋”——法哲学基础不牢。我国环境法学在初生期没有形成自己独有的法哲学基础，因此很多学者在研究时就不得不借用与之相似的环境伦理学来自圆其说。但环境伦理毕竟不等同于环境法理，简单套用环境伦理而不是在对其进行分析和转化的基础上形成环境法理，非常不利于我国环境法学研究走向深入，而混淆两者的界限将使我国环境法学研究失去独立地位。因此，必须反对在环境法学研究中的“唯伦理学”路径。

其三，经济分析方法的非理性。经济分析方法是建立在对人们行为的理性假设基础上的，运用其进行环境法学研究就是要研究如何从成本的最小化和收益的最大化角度合理地配置人们的权利、义务，从而从经济上抑制污染和破坏环境的行为。环境法中早期的污染者付费原则以及新兴的排污权交易等制度都是环境法学研究运用经济分析方法的产物。但是在环境问题上不可避免地也存在经济发展与环境保护的博弈，面对前者的巨大诱惑，人们是否能始终如一地保持理性、坚持后者，对此无法预测。环境污染和破坏所造成的经济损失是巨大的，但污染和破坏者却能在其中不付出经济代价或以极少的经济代价获得巨额的经济收益。马克思曾经说过，资本如果有百分之五十的利润，它就会铤而走险，如果有百分之百的利润，它就敢践踏人间一切法律，如果有百分之三百的利润，它就敢犯下任何罪行，甚至冒着被绞死的危险。在巨大的利益面前，即使环境法具有严厉的经济制裁手段，也会有人铤

〔93〕 巩固：《“环境伦理法学”批判》，载吕忠梅主编：《环境资源法论丛》第7卷，法律出版社2007年版。

〔94〕 巩固：《“环境伦理法学”批判》，载吕忠梅主编：《环境资源法论丛》第7卷，法律出版社2007年版。

〔95〕 屈振辉：《现代环境法研究的多元伦理视野》，载《湖南农业大学学报(社会科学版)》2008年第6期。

而走险污染和破坏环境,这时运用经济分析方法所设计的环境法律制度就犹如白纸一样苍白。另外,人们在运用经济分析方法进行环境法学研究时,总是在考虑立法、司法和执法的成本和收益问题。但环境法与其他部门法不同,它的经济收益甚微,社会收益和生态收益有时也不太明显,甚至要经过很长时间才能显现,但立法、司法特别是执法成本却是巨大的。如果按照"理性"原则,人们在这时就必须放弃环境法制,如此运用经济分析方法进行环境法学研究在逻辑上岂不是"搬起石头砸自己的脚"?熊晓青就经济分析方法在环境法学研究中的运用质疑道:"经济学帝国主义的浪潮来势如此汹涌,致使环境法也不可例外地受到了巨大的冲击。而事实上,经济学也已经扩张到了环境法领域,其观念和方法业已被运用到了环境法律制度的实际安排中,诸如排污交易制度、环境税费制度等。然而,经济学界和环境法学界还有不少人支持并要求经济学进一步扩张,且更为广泛地被运用。对此,必须有清醒的认识,不能断然否认经济分析的价值和益处,但是也必须思考:经济学是否可以肆意入侵到环境法领域?此种入侵又是否存在一些理论及实践上的困难和障碍?"〔96〕她对经济学入侵环境法的现象提出了四点疑问:一是经济学的"伦理贫困化",即与伦理无涉的经济学与对人类伦理要求甚高的环境法之间存在巨大的"断层",这已经成为运用经济理论分析环境法时无法回避也难以解决的矛盾和冲突。二是"理性经济人"的理论假设存在缺陷,即经济学的入侵必将影响环境法律制度的具体制定和实施,而由"理性经济人"这个本身就存在缺陷的假设出发所得出的结论在运用中很有可能带来实际性的负面影响。三是在实际操作中存在诸多问题,即环境法中的成本效益比较必须将环境资源的所有价值统一标准量化,但从某种程度上讲环境的非经济价值根本不可量化;即使将自然资产用适当方法货币化,也只是一种不具有精确性和可靠性的虚拟;另外,对环境价值的测算即计算对人类造成的影响也要考虑对生态系统的功能影响,但经济学上的测算始终是以人为中心的,而这并不符合现代环境观的要求。四是运用实际经济分析所导致的结果将与环境法的目的有所偏差甚至背离环境法的目的,即经济学方法的运用往往会与环境法的立法目的相悖而行,不仅不能保护环境还会引发其他的社会经济问题,因此将经济学观念和方法运用于环境法中可能会造成与"保护环境"目的产生偏差甚至截然相反的后果。她最后总结道:"经济学本身理论上存在的缺陷及实际运用于环境法中存在的困难,导致经济分析得出的结论

---

〔96〕 熊晓青:《质疑经济学对环境法之入侵》,载武汉大学东湖分校组编:《东湖论丛:应用型创新人才培养研究》,华中科技大学出版社2010年版。

被实际运用时不仅不能达到环境法的目的,反而加剧了环境的恶化。所以,在环境法中必须有所限制地适当运用经济学的观念和方法,而不能使之发展成为'经济学帝国主义'。"[97] 她的分析切中了环境法学研究中运用经济分析方法的"软肋",对那些执迷于运用这种研究方法的狂热研究者而言无疑是一支冷却剂。在环境法学中运用经济分析方法非常必要但不能将其推向极致。首先,人类经济活动存在自发性、盲目性等弊端,而这恰恰是环境污染和破坏产生的根源,单纯依靠经济手段并不能完全根治环境问题,因此经济分析方法是有局限性的;其次,过于崇尚这种研究方法似有"经济学帝国主义"之嫌,将有可能使我们对环境法学的研究日渐偏离法学的学科范畴,长此以往,法学人在该领域甚至将丧失话语权;最后,就连古典经济学鼻祖斯密都认为人不仅是"经济人"同时还是"道德人"(亚当·斯密不仅研究经济学并著有《国富论》,也研究伦理学并著有《道德情操论》),那就更没有理由将经济分析方法作为环境法学最好的甚至是唯一的研究方法。

其四,其他传统法学方法的不足。当然,其他传统法学方法在被运用于环境法学研究时也存在某些不足。一是实证研究方法。环境法学以人与自然关系为主要研究对象,科学性是其主要特征。"环境法学在阐述环境法调整人与自然关系的道理时,特别重视和注意采用法律实证分析方法。"但目前我国在环境法学研究上却难以开展这种实证研究。这是因为进行实证研究需要有科学、熟练和规范的方法,需要进行大规模的调查和数据分析,而这些环境法学者们既不熟悉也无力承担,所以在研究中也就只能"从理论到理论"了。另外,实证分析方法也并非进行环境法学研究的唯一方法,其必须与其他研究方法相结合。有学者指出,任何理论、方法的最终指向都是解决现实问题,实证分析法也不例外。在实际研究中,实证分析法不能毫无限制、毫无标准地实施,而是应有一定的限度。在环境法学研究中,实证分析法是一种解决问题的思路和方法,不应当与规范分析、价值分析法完全割裂;实证分析不是纯粹数字性的机械分析,而是要在运用中借助社会学、心理学的经验分析;实证分析要紧密结合生态环境的整体性特征,避免生态割裂的"分析不能"。[98] 二是价值分析方法。很多环境法学研究在进行价值分析时都是以"自然的价值"为理论原点展开的,但这仅仅是环境伦理学上的命题而且并

---

[97] 熊晓青:《质疑经济学对环境法之入侵》,载武汉大学东湖分校组编:《东湖论丛:应用型创新人才培养研究》,华中科技大学出版社2010年版。

[98] 刘国涛:《我国环境法学研究方法的特质与转向——实证分析法应用于环境法学研究的思考》,载徐祥民主编:《中国环境法学评论》2011年卷,科学出版社2011年版。

没有获得普遍共识,据此展开的环境法学研究存在根基不牢的缺陷。环境法学在进行价值分析时往往涉及环境安全、环境秩序、环境正义、环境公平、环境民主、生态效益等环境法的价值理念。这些价值理念作为一种应然法对于环境法的完善无疑具有重要作用。“从环境法学的角度看,实在法往往是有缺陷的、不够完善的,特别当需要形成或发展一个新的法律部门时更是如此;应然法(自然法)作为高于实在法的价值标准在任何时代都有进步意义,它应该是实在法的灵魂和精神力量,在实在法不够完善或存在问题时,应然法作为一种法律渊源可以发挥作用。”[99]但环境法学者们对这些所谓环境法价值理念的探讨,其实有很多还停留在哲学伦理学层面,而没有将其凝练和上升到法哲学的高度。而且就这些价值理念的含义并没有取得共识,也就无法形成统一的价值标准。我们很难用其来评判现行的法律制度,也很难在其基础上建构未来的法律制度。三是比较分析方法。比较分析方法是中国环境法学研究的重要方法。但目前我国环境法学在比较研究上还存在过于简单的弊病,很多研究只是停留在对中外环境法律制度差异的描述层面上,并没有深入到形成这种差异的原因分析等深层次。而且在进行比较研究时存在过分推崇国外法的情况,以致在比较研究中忽视我国环境法制中的优异之处。四是权利研究方法。在环境法学研究方法中被视为最具有“法学特质”的权利研究方法在我国也存在很多问题,特别是在方法及方法论上甚至还存在某些误区,这不仅严重影响环境权自身研究的发展也制约了环境法学研究的深入推进。环境权利研究从法学方法论范畴出发可以分为整体主义方法论和个体主义方法论。当前,在环境法学权利研究中过于注重整体主义方法论的运用,从而将权利研究引入两个误区:首先,过于强调国家利益优于个人利益,形成了权力支配下的“义务本位”;其次,过于强调生态的整体性,将权利主体扩张到人之外的其他生命甚至是非生命体。而环境权作为权利的本质,决定了个体主义方法论在其中更具有生命力(当然整体主义方法论也非常重要),因此这两种方法论在环境法学权利研究中应紧密结合。[100] 这也是在环境法学权利研究方法中要坚持的。

(二)特有研究方法之争

环境法学作为法学与生态学、环境科学交叉、融合的产物,必然要体现自然规律因而也表现出强烈的自然科学性。这意味着其研究不仅要遵循传统法学研究方法,而且要引入自然科学研究的方法。这现已成为我国环境法学

---

〔99〕 蔡守秋主编:《环境与资源保护法学》,湖南大学出版社2011年版,第84页。

〔100〕 刘湘溶、王彬辉:《环境法学权利研究方法论》,载《现代法学》2008年第6期。

界在环境法学研究方法问题上的共识。在环境法学研究中，最常用的自然科学方法是生态学研究方法。大部分学者都非常重视生态学研究方法的运用，但也有些学者认为其忽视了环境科学研究方法的运用。在环境法学的特有研究方法上，到底是坚持唯生态学研究方法的一元论，还是坚持生态学研究方法与环境科学研究方法并重的二元论，存在论争。环境法学作为法学与生态学、环境科学交叉、融合的产物，以解决环境问题和维护生态平衡为主旨，理应遵从生态学和环境科学规律并运用其方法，这也是环境法学在研究方法上显著区别于其他部门法学的地方。

1. 环境法学重视生态学的研究方法

环境法学的生态学研究方法在国内最早由金瑞林提出，后经由蔡守秋等人的发展，现在已成为国内环境法学最重要的研究方法。金瑞林在20世纪80年代就指出，生态学关于“生产和生活废弃物的排放量不超过环境容量的极限”和“生产对资源的需要量同环境对资源的可供量之间保持平衡”的这两个基本要求，应当成为人类处理环境问题所遵循的基本原则，成为指导环境政策和立法的理论基础。[101] 但他只指出了生态学这种研究方法在环境法学研究中的重要性，而并未明确将生态学研究方法作为环境法学的一种研究方法。真正提出将生态学方法作为环境法学主要研究方法的是蔡守秋。他在21世纪初指出在环境资源法学研究中，“生态学方法是最基本的方法，也是具有特色的研究方法”，甚至认为环境资源法学研究方法就是“以生态学方法为主的综合分析法”。他认为“生态学方法是建立在‘主、客一体化’研究范式即整体论世界观或生态世界观范式基础上的方法，提倡生态学思维，即主张用生态学的整体观点思考问题”[102]。从世界环境法的沿革和发展来看，生态学方法已经越来越为当代环境立法所重视，当人们开始运用生态学原理来研究人类—环境系统时，就是人类在认识上的一次具有历史意义的飞跃。实践已经证明，生态学研究已经发现和解明了许多环境问题中的“自然法则”。掌握人类活动对生态系统产生影响的规律，特别是导致生态系统失调的临界线，是解决环境问题的重要依据。对何为生态学方法，目前尚无统一定论。蔡守秋引用前联合国秘书长安南在联合国官方文件中的界定，认为“一般指根据‘对维持生态系统结构和功能所需的生态相互作用和过程的最佳理解’进行管理……是指一种以科学为基础保护和管理自然资源的全面方

[101] 金瑞林编著：《环境法——大自然的护卫者》，时事出版社1985年版，第12-14页。

[102] 蔡守秋主编：《环境资源法学》，人民法院出版社2003年版，第69页。

式"[103]。在进行环境法学研究时,研究的对象往往与人类没能妥善处理好其与生态环境的关系有关,所以采取"对症下药"的方法,将一切回归到自然生态这个原点,重新用生态学的方法与规律来解释各种现象,并最终解决各类环境问题无疑是最为原始、有效的研究方法,也为我们的研究打开了新的思路。因此,生态学方法应当成为我国环境法学研究方法的重要组成部分。

从目前的情况来看,生态学方法在国际海洋环境法、国际生物多样性保护法、国际环境资源公约中都得到了很好的体现和应用。由此可见,运用生态学方法来从事环境法学的研究,既具有经验基础又是法学研究方法发展的必然趋势。目前大量与生态有关的新专门词组或术语不断涌现,如生态危机、生态问题、生态发展、生态政策、生态标准、生态优先、生态安全、生态要求等。它们都正在或即将进入环境法学的研究视域,成为环境法学研究的范畴。[104] 生态学方法的引入对环境法学研究具有重要意义,它甚至是使环境法学摆脱传统法学研究窠臼,从而成为真正独立部门法学的标志之一。我国2014年《环境保护法》第1条开宗明义地指出了环境法的基本任务,即"保护和改善环境,防治污染和其他公害,保障公众健康,推进生态文明建设,促进经济社会可持续发展"。环境法要实现其基本任务必须遵循环境科学规律和自然生态规律。可以说环境法的实质不过是将环境科学规律和自然生态规律用法律的形式表达出来,因此环境法学必须运用生态学和环境科学的方法。在环境法学研究中引入生态学方法和环境科学方法,一方面是因为传统法学方法本身确实存在某些固有的缺陷和不足,需要运用新的研究方法予以补足;另一方面也是因为生态学、环境科学与环境法学本身存在某种天然的联系。环境法学研究要做的工作就是在原有法学研究方法的基础上吸收生态学、环境科学中有关自然生态系统的知识,基于对生态系统的整体认识来完善现有的法律体系。

另外值得一提的是,自然科学研究中的"老三论"(系统论、控制论、信息论)及"新三论"(耗散结构论、协同论和突变论)也常被作为环境法学研究的方法。"由于环境法学是有关环境资源的自然科学和社会科学的交叉学科,自然科学研究方法的最新成果,如系统论、控制论、信息论方法以及耗散结构

[103] 蔡守秋主编:《环境与资源保护法学》,湖南大学出版社2011年版,第90页。

[104] 马波:《关于环境法学研究方法的几点看法》,载《甘肃政法成人教育学院学报》2003年第3期。

论、协同论和突变论方法在环境法学研究中也开始越来越多地被借鉴和运用。”〔105〕蔡守秋则对系统论、控制论、信息论、耗散结构论、协同论和突变论在环境法学研究中的意义及运用进行了专门论述。〔106〕这种看法有两方面问题：其一，系统论、控制论、信息论、耗散结构论、协同论和突变论是自然科学研究中的重要方法，确实也是生态学、环境科学的重要研究方法，但生态学、环境科学研究方法并不等同于环境法学研究方法，因此并不能认为系统论、控制论、信息论、耗散结构论、协同论和突变论这些方法直接就是环境法学的研究方法；其二，系统论、控制论、信息论、耗散结构论、协同论和突变论等方法早已运用到各部门法学及法理学研究中。孙国华等早在20世纪90年代就指出“利用自然科学、数学、系统科学、技术科学的最新成就，如利用系统论、控制论、信息论、耗散结构论、协同论、突变论和电子计算机技术来研究法律现象，以建立、运用和不断完善我国的社会主义法律调整系统，也是当前法学和法理学研究的一个重要方面”〔107〕。这些研究方法从现在来看早已归入传统法学研究方法的范畴，而且它们不仅在环境法学领域也在其他部门法学研究领域得到了广泛运用，因此它们并不是环境法学研究特有的方法。

2. 环境法学忽视环境科学研究方法

目前很多学者只强调了生态学研究方法在环境法学研究中的运用，却从未提及环境科学研究方法。实际上，生态学和环境科学是有密切联系但又各有侧重的两个学科。前者重点研究生物与环境的相互关系，研究生态系统及其有关的各种过程，包括研究环境对生物的影响，以及生物对环境的反作用；而后者则重点研究与人类有关的环境过程，研究人类社会对环境过程的影响及环境变化与人类的关系。因此，环境法学不能只强调运用生态学的研究方法，还必须运用环境科学的研究方法，即不能顾此失彼、有所偏废。所以在环境法学研究方法上，应使用“生态学和环境科学研究方法”这个比较全面的表达方式。何为环境科学方法？刘培桐较早地指出了环境科学方法论的理论基础是当代的系统论，并提出了“人类—环境”系统分析与综合的步骤与内容和“人类—环境”系统工程。〔108〕但自他之后很少有人对环境科学方法

〔105〕 王彬辉：《论环境法的逻辑嬗变——从“权利本位”到“义务本位”》，科学出版社2006年版，第238页。

〔106〕 蔡守秋：《调整论——对主流法理学的反思与补充》，高等教育出版社2003年版，第922-934页。

〔107〕 孙国华主编：《法理学教程》，中国人民大学出版社1994年版，第16-17页。

〔108〕 刘培桐：《环境科学方法论刍议》，载北京师范大学环境学院组编：《地理学与环境科学的交叉和综合：刘培桐文集》，北京师范大学出版社2008年版。

进行专门研究,这也可能是环境法学界在研究中只注重生态学方法而忽视环境科学方法的重要原因。其实环境科学方法乃是一系列方法的综合,它包括运用、移植和综合其他学科的研究方法(如数学、统计学、化学分析、区划和规划等的研究方法)在环境科学方面的应用;也包括利用新技术(如系统分析、遥感和信息技术等)在环境科学方面的应用;还包括将其他学科的理论转化为方法论,例如,生态学的许多基本理论就被转化为环境科学方法论,用于环境质量和环境影响评价等方面。就此而言,环境科学方法与生态学方法有所不同,前者是建立在后者基础上的,两者不能相互替代。"生态学是环境科学的基础理论,也是环境科学的组成部分,是研究生物与环境之间关系的一门科学。生态学对环境科学的主要贡献是提供生态系统的观点和方法。生态系统是生态学研究的基本单位,也是环境科学的核心问题。人是生态系统的组成部分,人的环境也是生态系统的环境,所以,生态学的研究为环境科学的兴起奠定了理论基础。"[109]因此在环境法学研究中除生态学方法外还必须运用环境科学方法。我国环境法学研究长期只关注生态学方法而忽略了环境科学方法,这是我国环境法学在研究方法上的重大不足。当然也有人提及在环境法学研究中运用环境科学方法,如"环境法学的自然科学基础决定了科学数据和环境科学方法对法学研究和制度设计的基础性作用"[110],但大多数学者仍然只强调在环境法学研究中运用生态学方法而没有注意到环境科学方法。

(三)小结

我们认为,环境法研究方法应是圆满而又开放的体系。它不仅要继承传统法学研究方法,既包括社会科学共有研究方法也包括法学学科特有研究方法;还要以生态学和环境科学研究方法作为自己特有的研究方法,并且要以"海纳百川"的胸怀吸纳社会科学、自然科学界各种新颖而又合理的研究方法。这也是作为法学新兴学科的环境法应具有的胸襟,只有"博采所长、为我所用",环境法学研究才能繁荣与发展。

三、总结与思考

如前所述,我国环境法学界在环境法学研究方法论和研究方法上存在不少论争。在环境法学研究中,研究方法及方法论问题至关重要。研究方法或

---

[109] 文祯中:《自然科学概论》,南京大学出版社2012年版,第125页。

[110] 刘国涛:《我国环境法学研究方法的特质与转向——实证分析法应用于环境法学研究的思考》,载徐祥民主编:《中国环境法学评论》2011年卷,科学出版社2011年版。

方法论是一门科学的重要组成部分,同时也是推动一个学科发展与演变的逻辑动力,环境法学亦是如此。近年来,我国环境法学界对研究方法问题非常重视,研究成果颇多,但其中也有很多论争。“道理越辩越明”,我国环境法学研究正是在这些论争推动下不断向前迈进,才有了今天的面貌。这些论争至今都尚无定论也没有停止,今后仍将继续甚至将越来越激烈和深入,其现在已成为并在未来将继续成为推动我国环境法学研究发展的重要动力,关注这些论争的重要意义就在于此。

我们认为,今后中国环境法学在研究方法上有两个方面需要注意:一是在研究方法上,要构建环境法学研究方法的合理体系。目前中国的环境法学研究方法种类已经很丰富,下一步任务是将这些研究方法整合成体系,明确每一种研究方法在其中的定位和作用。这个体系应以生态学、环境科学研究方法为基础,以经济分析方法及计量研究方法为工具,以哲学伦理学研究方法为指引(方法论),以法学学科所特有的权利研究方法为内核,以其他各种各样的研究方法为必要补充。既要继承并坚持传统法学的研究方法,又要吸收、借鉴并大胆引入新的研究方法,以形成圆满与开放的环境法研究方法体系。二是在研究方法论上,要对环境法学研究方法论进行正本清源,对现有的方法论进行批判继承和正确认识。古语云“厚积而薄发”,中国环境法学研究今后想要获得更好的发展,必须从注重对研究方法及方法论的研究开始。[111]

〔111〕 屈振辉:《对中国环境法学研究方法及方法论若干问题的反思》,载《鄱阳湖学刊》2019年第2期。

制度研究

《环境资源法论丛》
第 15 卷,第 125~150 页

推动全民参与“碳中和”的政策法规与措施建设

李迪华* 朱伟望**

摘 要 中国政府提出2060年达成“碳中和”目标,而“碳中和”立法是制定减排目标、政策实施和规范全民绿色行为的重要保障。本文通过借鉴世界部分代表性国家和地区的“碳中和”相关政策体系及法律法规的成功经验,结合中国目前提出的政策框架和有关气候变化立法的现状,提出有助于推动全民共举的“碳中和”法律法规的相关建议,并从基于激励个人的环境价值观和引导低碳的生活方式为出发点,提出全民参与建设“碳中和”的战略措施。围绕“碳中和”目标,从根本上实现政府、企业、社区、家庭和个人的全面转型。

关键词 “碳中和” 政策法规 全民参与 气候变化法

引 言

气候变化已经成为全球性问题,是由个人、家庭、企业以及地方、区域和各国政府的行动所产生的累积性结果。《BP 世界能源统计年鉴 2022》显示,2021 年中国二氧化碳排放量为 111.02 亿吨,约占全球二氧化碳排放总量的 31.56%。[1] 中国政府将在 2030 年前后使二氧化碳排放达到峰值,并且让单位国内生产总值碳排放量较 2005 年下降 60%~65%,在 2060 年实现“碳中

* 李迪华,北京大学建筑与景观设计学院副教授。
** 朱伟望,北京大学建筑与景观设计学院风景园林硕士专业学位研究生。

〔1〕 Bp,B. P. Statistical Review of World Energy 2021 (2022).

和”的目标。

“双碳”目标将引领一场影响社会经济的系统性变革。为有效应对气候变化,政策举措需具备灵活性、参与性,需要区域、社区、家庭以及个人等多层次主体参与其中,以达到全民共聚、实现减碳目标。

一、世界代表性国家和地区的“碳中和”政策体系与法律法规

就“碳中和”目标和总体政策体系而言,一方面,世界各国和主要地区尚未就“碳中和”目标表述达成共识,已有表述主要包括“气候中性”(Climate-Neutral)“碳中和”(Carbon Neutral)以及“净零排放”(Net-Zero Emission)。[2] 另一方面,气候变化与实现“碳中和”目标是棘手的政策问题,具有长期性和复杂性特征。明确定义任务、战略和责任的政策体系框架对于减缓气候变化是非常必要的,同时,联合国政府间气候变化专门委员会(Intergovernmental Panel on Climate Change,IPCC)在关于全球变暖比工业化前水平高 1.5°C 影响的特别报告中明确指出,公众参与将有效加强气候适应性政策应对气候变化风险的能力。[3] 因此,在气候治理政策的多尺度、多层次、多目标的架构中,立法成为制定减排目标和各部门实施“碳中和”政策的重要保障,也是规范民众的低碳行为准则和推动全民参与减排的有力依据,其中气候变化法案就是各国旨在促进跨部门合作和社会参与协调气候变化政策的主要途径。因此,面对碳减排问题的一项重要行动是在国家层面制定“碳中和”法律或系统的支持性法规,并推动将公众参与纳入国家气候变化治理的政策体系和治理结构的途径与对应的保障措施。

《巴黎协定》的签署标志着全球气候治理进入新的发展阶段,在第五版《全球气候立法研究报告》中显示在其涵盖的司法管辖区域内确定了近 500 项气候变化相关的法律法规。[4] 英国、德国、法国等国家先后通过国家层面的气候立法,欧洲联盟(以下简称欧盟)已将“碳中和”目标写入《欧洲气候法》草案。气候立法已经成为实现“碳中和”目标的重要手段,有利于支持系统、合理、长效的“碳中和”政策。本文选取部分代表性国家和地区通过正式立法形式的案例,确立“碳中和”目标的法律保障和约束效力(见表 1)。同时

---

〔2〕 王灿、张雅欣:《碳中和愿景的实现路径与政策体系》,载《中国环境管理》2020 年第 6 期。

〔3〕 IPCC,Climate Change 2022:Mitigation of Climate Change (2022).

〔4〕 Nachmany M. & Fankhauser S. et al., *The Globe Climate Legislation Study: A Review of Climate Change Legislation in 66 Countries: Fourth edition*, Globe International and Grantham Research Institute(2014).

选取大量关于国家气候变化治理的文献，[5]包括立法框架对政策体系形成的影响、全民参与意识的产生和日常行为准则规范等。[6]从中筛选出有关“碳中和”目标的法律和政策要素进行分析，包括目标设定、支持措施，如立法、策略、全面性多部门协同治理、监督机构和公民参与程度五个要素。[7]

表1 世界代表性国家和地区的“碳中和”行动目标约束情况

国家/地区	气候立法	时间	监督评估机制
欧盟	《欧洲气候法》	2021年7月	气候中性行动进程评估
德国	《联邦气候变化法》	2019年11月	气候问题专家委员会
美国	《清洁空气法》及《清洁能源与安全法》	1963年12月和2009年6月	环境署司法计划
法国	《绿色增长和能源转型法》及《气候变化与复原力法》	2015年8月和2021年8月	国家气候变化委员会
英国	《气候变化法案》	2008年10月 2019年6月修订	气候变化委员会
丹麦	《丹麦气候法案》	2020年6月	气候变化理事会
瑞士	《二氧化碳减排法》	2013年1月	联邦委员会
瑞典	《瑞典气候法案》	2017年6月	气候政策委员会
日本	《全球变暖对策推进法》	1998年10月 2021年6月最后修订	全球变暖对策推进本部
西班牙	《气候变化和能源转型法》	2021年5月	气候变化和能源转型专家委员会
新加坡	《节能法》及《碳定价法案》	2012年7月和2018年4月	—

[5] Jordan A. et al., *Governing Climate Change: Polycentricity in Action*, Cambridge University Press, 2018.

[6] Barton B. & Campion J., *Climate Change Legislation: Law for Sound Climate Policy Making*, Oxford University Press, 2018.

[7] Manguiat M. S. & Raine A., *Carbon & Climate Law Review: Strengthening National Legal Frameworks to Implement the Paris Agreement*(2018).

(一)欧盟

欧盟是全球碳排放最多的主要经济体之一,仅靠以往能源减排的行动和既定的政策体系难以实现《巴黎协定》承诺的减排目标,[8]在此背景下,2019年12月11日,新一届欧盟委员会发布了《欧洲绿色协议》,文件以设定目标、颁布立法、出台行动路线方案3种主要形式搭建"碳中和"政策框架。该计划从能源、工业、建筑、交通、食物、生态系统和环境防治7个方面制定行动路线图,进行中长期战略布局,首次将气候和环境政策置于满足可持续性、工业、创新和社会福利多元目标的综合计划的中心。[9] 2020年3月,欧盟委员会通过《欧洲气候法》提案,正式将欧洲在2050年实现气候中和目标纳入法律法规范畴,该法案包括以下特征:(1)设定欧盟成员国最迟在2050年实现"碳中和"的目标;(2)设立欧洲气候变化科学顾问委员会,赋予其监管权力和发布实施进展报告的职责,并要求成员国各自成立国家气候咨询机构;(3)要求委员会审核各国提交的双年度进展报告和政策实施情况;(4)提倡全民参与,促进生活和消费方式的绿色化转变。[10] 至此,欧盟气候目标和公民行为准则的实践措施具有法律保障的强制性和约束性。

欧盟"碳中和"政策体系是一个内嵌式的多中心和子系统的多层治理体系。多中心系统的特点是具有不同规模的多个管理机构。[11] 多中心系统的治理体系建立在政策实施的独立评估和跨部门的合作决策之上,欧盟以欧盟排放交易体系(EU ETS)、成员国约束性合作减排条例(ESR)和新的土地利用变化和林业法规(LULUCF)为支柱,相继提出的"一揽子"计划和战略全面覆盖与气候相关的各领域和部门,从而推动欧洲公众消费方式转型、能源产业升级、可再生能源及碳捕获和储存(CCS)相关技术的创新变革和绿色市场经济的发展以达成"碳中和"目标。

(二)英国

最早以立法形成政策和战略框架来应对气候变化问题的是英国在

---

[8] Christoph Schwarte, *Eu Climate Policy under the Paris Agreement*, Climate Law, 11(2), 157-175(2021).

[9] Sikora, *A European Green Deal-Legal and Financial Challenges of the Climate Change*, ERA Forum, 21(4), 681-697(2021).

[10] Przyborowicz J. S., *European Climate Law-New Legal Revolution towards Climate Neutrality in the EU*, Opolskie Studia Administracyjno-Prawne, 19(4), 39-53(2022).

[11] McGinnis M. D., *Polycentricity and Local Public Economies: Readings from the Workshop in Political Theory and Policy Analysis*, University of Michigan Press, 1999.

2008年10月通过的《气候变化法案》(CCA),它确立了英国2050年的脱碳目标和行动路线,设定政府必须制定相应的经济、工业和社会政策决策的框架。[12] 该法案包含许多制度特征:(1)设定具有法律约束力的长期减排目标;(2)立法设置5年为一周期的碳预算标准;(3)创建独立的咨询机构;(4)建立一个持续的适应规划流程并要求政府定期报告政策实施的进展情况;(5)建立碳交易制度框架,通过规章的形式对碳交易进行规范;(6)明确职责分配和约束力,该法案为政府各部门分配了清晰的职责和任务目标,要求政府不仅对议会负责,而且要对第三方和公众负责,如果政府或地方部门未能定期完成减排目标或偏离了法案规定的程序,将被联邦法院起诉并追责。[13] 2019年6月英国通过《气候变化法案》的修订案,将2050年的碳减排目标修改为"净零碳排放"(Net Zero),英国成为全球首个通过"碳中和"目标排放法案的国家。《气候变化法案》作为英国向低碳发展转型的基本法律,全面规定英国各领域的气候变化政策和战略,帮助构建完整且系统的"碳中和"政策体系并保证其政策实施的延续性。

此外,英国还陆续推出《零碳之路》《清洁增长战略》《低碳转型计划》《气候适应计划》《绿色工业革命计划》等一系列政策规定、工业战略和各领域能效指标,旨在引领推动政府、企业和个人作出低碳转型的变革。例如,在2017年10月发布的最新战略《清洁增长战略》(The Clean Growth Strategy)中,英国计划大幅减少碳排放以应对气候变化,主要以通过推动清洁能源创新和发展低碳技术为策略,尽可能为企业和家庭提供更低的减碳成本以达成气候目标,同时助力绿色经济的增长。英国以《气候变化法案》及其修正案的"碳中和"政策法律框架为核心,分步制定更具体的政策及战略,推动政府各部门、企业、组织及个人家庭快速围绕"碳中和"目标全面向低碳转型。[14]

(三)德国

德国"碳中和"政策体系的构建实施以2019年通过《联邦气候变化法》(CCA)为分界,有两个主要阶段。2007年,德国政府通过了第一个气候政策"一揽子"计划,气候政策作为一个跨部门问题得到了更广泛的认可。但

---

〔12〕 Macrory R. & Muinzer T. L., *The UK's Climate Change Act. In T. L. Muinzer*, Global Energy Law and Policy(2020).

〔13〕 Muinzer T. L., *Climate and Energy Governance for the UK Low Carbon Transition: The Climate Change Act* 2008, Springer(2018).

〔14〕 Samuel Fankhauser, Alina Averchenkova & Jared Finnegan, 10 *Years of the UK Climate Change Act*(2018).

是,2019年前的政策框架显示政府大多数部门都将气候变化视为一个需要独立面对的问题,没有跨部门综合治理的气候政策意识,大众更没有参与减排的意识,各部门成立处理气候问题的内部部门,导致出现"各自为战"并具有明显局限性的政府治理局面。[15]

为了进一步提高德国未来实现气候目标的能力,2019年11月,德国联邦议院通过了《联邦气候变化法》,并于2021年进行了修订,首次以法律形式确定德国中长期温室气体减排目标。《联邦气候变化法》还为工业、建筑、运输、农业和废物管理制定年度和部门减排预算目标(2020~2030年)。至此,德国的"碳中和"政策措施几乎涵盖了所有经济部门,并显示出积极的气候领导力。[16] 德国现已构建起较为完善的"碳中和"法律制度体系,且该体系具有较强的前瞻性、系统性和科学性。

(四)法国

法国已成为世界上设计出完整有效气候治理框架的国家之一。2015年法国通过了《绿色增长和能源转型法》,该法案具有完整的气候治理框架和其所需的关键要素。随后发布的《国家低碳战略》以及两个五年间的《多年度能源计划》,提出实施气候变化缓解政策的路线图,整体政策框架围绕绿色增长和能源低碳转型,提出低碳建筑翻新、发展清洁交通、提倡废物回收和循环经济、推广可再生能源等措施。

为了实现《巴黎气候协定》和欧洲议程设定的"碳中和"目标,2021年法国生态转型部起草了包括减缓和适应在内的《气候变化与复原力法》。法案分为6个标题、17个章节,共150项措施和提案,主要关注消费、生产工作、旅行交通、住房、食品和加强对环境的司法保护等方面。[17] 虽然法国的"碳中和"政策框架非常完整和详细,但在某些方面被认为过于复杂,例如,参与所有过程的利益相关者机构的数量冗杂、过多部门重叠的监测报告、过多细节规定导致提案反复修订和不同的反对意见等。

(五)瑞典

瑞典通常被认为是在解决环境和气候问题以及构建环境政策体系方面

---

[15] Hughes L. & Urpelainen J., *Interests, Institutions, and Climate Policy: Explaining the Choice of Policy Instruments for the Energy Sector*, Environmental Science & Policy, 54, 52-63(2015).

[16] Flachsland C. & Levi S., *Germany's Federal Climate Change Act*, Environmental Politics, 30(sup1), 118-140(2021).

[17] Dadomo C., *The French* 2021 *Act on the Fight Against Climate Change and on Resilience Strengthening in the Face of its Effects*, Paper presented at 8th EELF Annual (online) Conference 2021 - Social and Scientific Uncertainties in Environmental Law, Bournemouth University Press, 2021.

领先的国家之一,早在1967年瑞典就成立了环境保护署(EPA),1990年推出最早的二氧化碳税法。[18] 瑞典为实现《巴黎协定》设定的目标,自2017年6月起逐步构建起瑞典的气候政策框架,包括推出《瑞典气候法案》,明确到2045年实现净零排放的长期目标和分阶段的里程目标,建立气候政策委员会实行监督政策实施情况等。[19]

(六)美国

美国的气候治理方法不同于其他主要污染国。与其他国家相比,随着派系政权的更迭,美国不同党派执政阶段的气候政策也存在激烈的矛盾与冲突。美国作为能源消耗和碳排放量最大的国家,并没有在气候治理方面表现出积极的态度,大多数的环境法规都是在1963年至1972年通过的,而这些法规至今仍是美国环境政策制定的重要依循。[20] 如1963年12月发布第一部赋予联邦政府严肃监管角色的环境法——《清洁空气法》(Clean Air Act),旨在减少和控制全国的空气污染问题。国会通过要求就工业和移动源制定全面的联邦和州法规,加强联邦执法权力,确立了美国空气污染控制体系的基本架构。[21] 但气候变化问题无法仅靠限定移动空气污染源和限制有害空气污染物传播得到解决,并且由于气候政策已经成为美国党派斗争、国家联邦与各州之间的权力斗争的工具,《清洁空气法》也受到历时9年的"国家环境保护署是否有权规范温室气体排放"案件诉讼的影响一度难以完整实施。

面对《京都议定书》承诺的减排要求和美国民众日益关注的气候变化问题,奥巴马政府致力于气候变化法的制定和联邦气候政策框架的建立,先后颁布了《清洁能源与安全法》等许多气候立法文件,2009年6月在美国众议院以微弱票数通过的《清洁能源与安全法》是美国迄今为止最为完备的一部应对气候变化的联邦法案,旨在帮助减少美国的能源使用和遏制气候变化的影响。但法案并没有促进美国成立正式的气候机构对制定的气候政策和法律法规进行协调和监督。特朗普执政时期的美国再次凸显了其气候

---

[18] Matti S., Petersson C. & Söderberg C., *The Swedish Climate Policy Framework as a Means for Climate Policy Integration: An Assessment*, Climate Policy, 21(9), 1146-1158(2021).

[19] Karlsson M., *Sweden's Climate Act-its Origin and Emergence*, Climate Policy, 21(9), 1132-1145(2021).

[20] Mildenberger M., *The Development of Climate Institutions in the United States*, Environmental Politics, 30(sup1), 71-92(2021).

[21] Schmalensee R. & Stavins R. N., *Policy Evolution under the Clean Air Act*, Journal of Economic Perspectives, 33(4), 27-50(2019).

政策的脆弱性,表现出明显的反气候变化姿态和“经济利益优先”的治理模式,不但退出了《巴黎协定》,而且取消或削减了联邦政府内许多与气候相关的权力机构,废除了奥巴马政府颁布的气候政策文件。美国气候政策协调脆弱性的特点体现在政治体制在调节气候治理上的不稳定性,从立法委员会的设计到气候行政部门的组织结构,再到美国民众的支持态度都随着国家控制权从民主党转向共和党而变化。

(七)新加坡

全球变暖的气候变化给新加坡带来了诸多生存问题,如海平面上升,这对有30%国土低于海平面5米的新加坡来说构成直接威胁,因此新加坡致力于在21世纪下半叶实现净零碳排放。但新加坡在实现“碳中和”目标的过程中面临巨大挑战,例如,国土狭小导致缺乏足够的可再生资源,因此对石化工业存在高依赖性,其98%的化石燃料需求依靠进口满足,主要是石油和天然气。[22] 目前新加坡还没有推出与气候变化直接相关的法律法规,只有对能源方面进行约束的《节能法》和引入碳税措施的《碳定价法案》。从政策体系来看,2020年4月,新加坡发布了一项长期低排放发展战略,旨在到2050年将排放量从2030年的峰值减半至30 Mt CO_2e。2021年2月发布《新加坡绿色计划2030》,该绿色计划包括五个主要支柱:(1)自然城市——将自然融入城市景观;(2)可持续生活——鼓励节约资源;(3)能源重置——使用更清洁的能源,提高能源效率;(4)绿色经济——将可持续发展作为经济增长的引擎;(5)弹性未来——减缓和适应气候变化。[23] 绿色计划的出现标志着国家战略的关键转变,代表着积极推进可持续发展议程的全民运动。同时,新加坡希望成为碳交易和服务中心的愿景也需要法律法规的强大支撑,因此该计划具有一定的战略性质以及推动立法的意义。

(八)日本

作为世界第六大温室气体排放国,日本制定了长期政策,以到2050年实现净零排放为目标,同时追求全球变暖对策和经济增长。[24] 目前已构建了较为完善的法律体系来支撑气候变化相关的政策框架,早在1998年签署《京都议定书》之后,日本便制定了《全球变暖对策推进法》(后经过多次

---

〔22〕 Lau H. C., Ramakrishna S., Zhang K. & Hameed M. Z. S., *A Decarbonization Roadmap for Singapore and Its Energy Policy Implications*, ENERGIES, 14(20), 6455(2021).

〔23〕 Chng K. & Ong K. W., *The Singapore Green Plan 2030: Analysing Its Implications on Law and the Legal Industry in Singapore*, Environmental Law Review, 23(4), 336-343(2021).

〔24〕 Sugiyama M., Fujimori S. et al., *Japan's Long-Term Climate Mitigation Policy: Multi-Model Assessment and Sectoral Challenges*, Energy, 167, 1120-1131(2019).

修订)，规定了预防气候变化的总体框架，明确了国家政府、地方市政当局、企业经营者、公民的责任；法案设立专门的地球温暖化对策本部，负责制定全球变暖对策计划并推进实施。2016 年 5 月，日本通过全球变暖对策计划，包括核电、可再生能源、交通运输、技术开发、国际合作等诸多领域的措施，要求每年审查行动进展情况，每 3 年评估和修正计划。[25] 同时日本还是世界上第一个就“减缓”与“适应”对策分别立法的国家，2018 年制定了《气候变化适应法》，规定要编制气候变化适应计划。日本的气候政策及相关立法呈现明显的阶段性、渐进性和政府行政主导作用，在宏观上确立了国家应对气候变化的基本政策，同时积极地推动公民、民间组织、专家和企业的大量参与保证政策的相对合理性。

二、世界各国与地区“碳中和”的公众参与

气候变化法案或“碳中和”法是一种新兴的创新立法形式，旨在降低整个地域和经济范围内的温室气体排放。本文选取的代表性国家或地区颁布的主要气候法案都呈现出一定的共性特征，如设定确切的减排目标、成立独立的监管机构定期评估进展以及对碳市场机制的建设进行保障等。并且在促进公众参与和个人行为规范等方面要求显示出法规的成熟性和完整性。由于气候变化问题是一个全球性问题，除通过自上而下的国家部门、地方政府或企业、组织等单位团体的努力外，所面临的剩余环境问题很大程度是个人行为引起的。个人行为改变是整体解决方案的必要组成部分，因此被广泛地采用以减少排放，并与气候政策相结合以实现结构性改变，[26] 还需要集体行动的力量，即将全民参与纳入法律法规的范畴。

通过对具有代表性的应对气候变化法案的案例分析，我们可以总结并借鉴许多成功的经验，例如，英国《清洁增长战略》中指出这是全国的共同责任，当地社区应该将低碳措施纳入卫生和社会护理、交通和住房等领域的战略计划中。日本《全球变暖对策推进法》总则第 1 条强调全民自主、积极应对，需要进行系统的社会经济变革，在规定个人的义务和责任的同时，鼓励民间团体组织进行有关抑制温室气体排放的活动和技术开发。再如，法国治理框架的转变。修订前的法国《绿色增长和能源转型法》和政策战略

〔25〕［日］染野宪治：《日本实现 2050 年脱碳社会的政策动向》，载《世界环境》2021 年第 1 期。

〔26〕Sparkman G., Attari S. Z. & Weber E. U., *Moderating Spillover: Focusing on Personal Sustainable Behavior Rarely Hinders and can Boost Climate Policy Support*, Energy Research & Social Science, 78, 102150(2021).

侧重于能源转型,不涉及气候问题的其他关键领域,也未赋予专家委员会足够的独立性和反制权力,更没有把减碳要求分配到个人等,诸多原因导致法国该阶段的"碳中和"政策实施效果不尽如人意。新修订的法案覆盖领域非常全面,强调推进全民思维方式的转变,影响法国生活工作方式和消费理念,如禁止空中投放广告、禁止境内低于2小时30分的飞行等细节性的规定。美国的《清洁空气法》中也提出许多规范公民参与的措施,如安装智能电表、补贴公共交通和减少汽车使用及限定各种电器和相关产品的能源使用量等。《瑞典气候法案》要求政府保证气候政策目标与预算政策目标一致,并提出每年公布实现气候目标的年度气候政策行动计划,包括概述排放趋势、政策决定和剩余差距等,以供瑞典国民进行监督。瑞典气候政策框架的目的是制定明确和连贯的气候政策,将气候目标纳入所有政治部门,向市场和公众发出长期信号,从各个层级实现低碳转型。

三、全民参与的"碳中和"十大战略

在20世纪,全球不到3%的陆地发生了城市化,但78%的碳排放、60%的住宅用水和76%的工业材料使用都源于城市。[27] 建设"碳中和"城市是实现"双碳"目标的关键,因此城市要同时兼顾低碳生产和低碳消费两大碳排放的输出端口。从长远来看,要解决气候变化问题,达成"碳中和"目标,个人、家庭、社区、企业和政府的日常活动必须发生一系列改变。本文基于推动激励大众的环境价值观和提倡引导低碳的生活方式,围绕"衣""食""住""行""用",提出建设全民参与的"碳中和"十大战略,从根本上减少人们生活消费造成的碳足迹,缓解气候变化所造成的不利影响。

(一)战略一:降低直至杜绝非必要的不可再生物质资源消费

不可再生资源是指经过亿万年形成的有限且短期内无法恢复的能源,如煤炭、石油、天然气等。煤炭、石油等化石能源的开采、加工和运输过程中造成的生态破坏,燃烧过程中产生大量二氧化碳、甲烷、二氧化硫、二氧化氮等气体排放直接导致严峻的气候危机,如温室效应、酸雨、臭氧层的破坏等。[28]

中国是能源生产大国之一。2018年,中国占全球一次能源使用总量的21%,约占全球能源相关二氧化碳排放的29%。自1980年以来,中国人均

---

〔27〕 IPCC, Climate Change 2022: Mitigation of Climate Change (2022).

〔28〕 鲍健强、苗阳、陈锋:《低碳经济:人类经济发展方式的新变革》,载《中国工业经济》2008年第4期。

一次能源消费增长 5 倍以上，在 2018 年达到 3.1 tce/capita（见图 1）。在“双碳”目标背景下，中国能源生产消费方式必然要进行全面升级和变革。追求“双碳”目标的首要战略就是减少非必要的不可再生物质资源消费，包括使用可再生能源进行替代、减少塑料制品的生产与消费等。

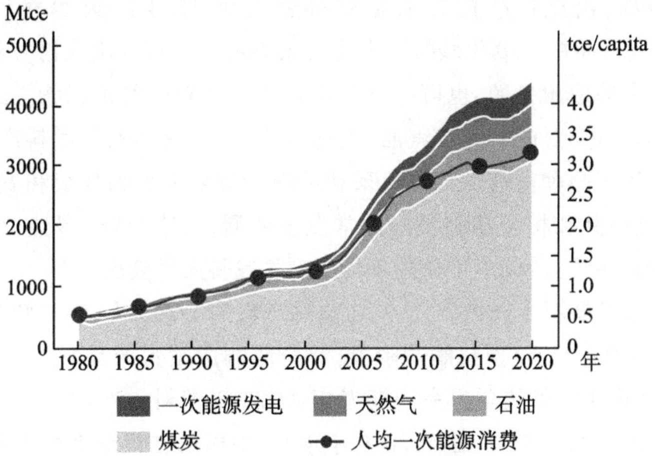

图 1　中国 1980~2020 年一次能源消费总量及人均一次能源消费量

资料来源：国家统计局最新年度数据、中国能源统计年鉴 2020。

煤炭作为传统的化石燃料，是造成碳排放量最高的能源。对于生产相同数量的能源，煤炭排放的二氧化碳比原油多约 30%。[29] 2020 年，煤炭约占全球二氧化碳排放量的 43%，超过石油（约 35%）和天然气（约 20%）。[30] 国家统计局的年度报告指出，2020 年中国能源消费总量煤炭占比 56.8%，由此产生的二氧化碳占全国二氧化碳排放总量的 67.4%。[31] 而根据国际能源署的数据，与美国、加拿大等其他煤炭消费大国不同，中国国民经济的所有部门几乎都依赖煤炭，其中燃煤发电、发热是其最大的排放源。[32] 由此可见，中国的煤炭消费已成为减缓气候变化领域的主导话题，

---

〔29〕 Li W., Younger P. L. et al., *Addressing the CO_2 Emissions of the World's Largest Coal Producer and Consumer: Lessons from the Haishiwan Coalfield, China*, Energy, 80, 400-413 (2015).

〔30〕 IEA, *Key World Energy Statistics* 2021, OECD, (2021).

〔31〕 国家统计局中国能源统计年鉴 2020 年统计数据。

〔32〕 Tang B.-J., Li R., Li X.-Y. & Chen H., *An Optimal Production Planning Model of Coal-Fired Power Industry in China: Considering the Process of Closing Down Inefficient Units and Developing CCS Technologies*, Applied Energy, 206, 519-530(2017).

同时煤炭仍然是个人家庭取暖和做饭的常见燃料来源。因此改变家庭煤炭消费结构,使用可再生能源作为代替燃料和发电原料是减少人类健康威胁和环境风险的重中之重。

中国石油使用量增长的主要驱动力一直是运输需求,2020年石油消费占比18.9%,由此产生的二氧化碳排放占比22.4%;天然气消费占比8.3%,由此产生的二氧化碳排放占比仅5.4%。[33] 世界上大部分石油是从地下油藏中抽取出来的,也可以来自页岩和焦油砂中的沉积物。原油提取后,在炼油厂进行加工,制成汽油、液化石油气、燃料油和非燃料产品,如杀虫剂、化肥、药品和塑料。石油开采和运输会带来重大的环境和安全风险。管道、海上钻井和相关基础设施经常发生泄漏,污染海洋、湿地、淡水资源和其他生态系统,造成不可逆的环境影响并威胁人类健康。[34]

中国也是塑料生产大国之一,占全球产量的1/4以上。[35] 塑料工业消费全球8%的石油,仅塑料制造阶段(将树脂制成塑料产品)就产生了全球1%的碳排放,[36]若从全生命周期考虑,2020年塑料生产和使用的碳排放占全球碳排放的3.8%。截至2019年年底,中国的初级形态的塑料产量已累计到10亿吨,2019年统计塑料总产量为9574.1万吨,塑料的生产和焚烧将产生超过8.5亿公吨的温室气体。根据《中国塑料的环境足迹评估报告》,2017年中国家庭年均消费塑料约86公斤,商品伴随包装和购物伴随包装占消费的一半以上,且包装基本上是一次性使用。

公民环境意识的提高和共同参与是减少碳排放和环境污染的基础,是改变全国公民消费意识和消费方式的重要一环。因此,应限制化石能源、不可被环境降解的材料和各种对环境产生危害的人工合成物等不可再生资源的消耗,将降低直至杜绝非必要的不可再生物质资源消费作为建设"碳中和"城市的首要战略。

(二)战略二:推进食品结构改变和食品本地化

食品系统对全球气候变化有着重要影响。在整个食品系统中,生产过程前化肥和动物饲料的投入,生产过程中的农业实践和造成的土地利用变

---

〔33〕 史丹、李鹏:《"双碳"目标下工业碳排放结构模拟与政策冲击》,载《改革》2021年第12期。

〔34〕 冯之浚、周荣:《低碳经济:中国实现绿色发展的根本途径》,载《中国人口·资源与环境》2010年第4期。

〔35〕 王燕萍、邓义祥等:《我国一次性塑料污染管理对策研究》,载《环境科学研究》2020年第4期。

〔36〕 Ellen MacArthur Foundation, *The New Plastics Economy: Rethinking the Future of Plastics and Catalysing Action*(2017).

化，以及生产过程后的食品加工、运输、零售和储存等步骤都会对温室气体（GHG）排放产生直接和间接的重大影响。全球食品系统占人为温室气体排放总量的近1/3。[37] 食品生命周期的碳足迹，是指因种植、饲养、耕作、加工、运输、储存、烹饪和处理食物而产生的温室气体排放（见图2）。[38] 农业生产中包括与土地覆盖相关的间接排放，占粮食系统总排放的80%～86%，占食品产业温室气体排放总量的18%。[39] 食品配送所造成的温室气体排放量正在逐渐增多，食品需要消耗材料和能源进行加工、包装、运输和储存，其中包装造成的碳排放量最高。同时交通运输过程中对食品系统温室气体的贡献大约为总体排放量的4.8%，大约与零售相同（约4.0%）。[40]

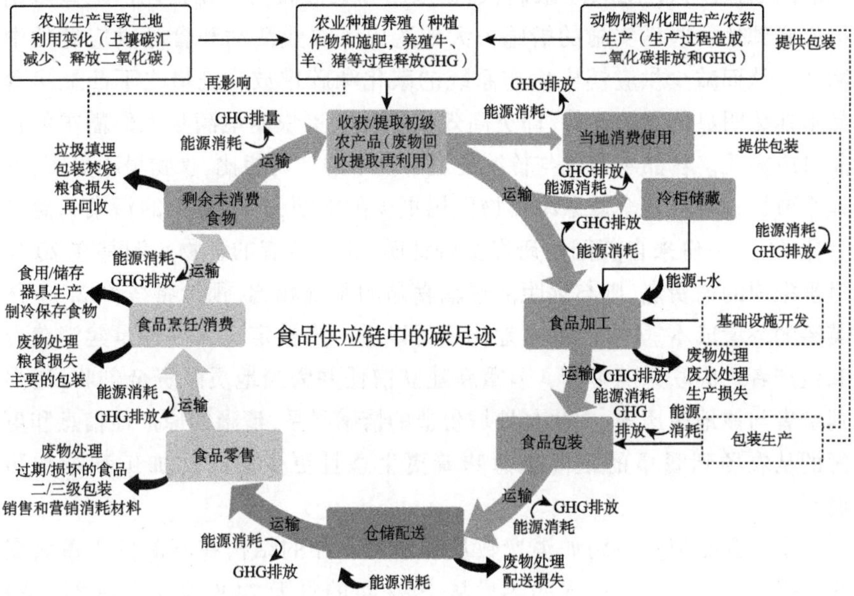

图2　食品供应链中的碳足迹

作为世界上的食品生产大国和消费大国之一，中国的农业温室气体排

---

〔37〕 Vermeulen S. J., Campbell B. M. & Ingram J. S. I., *Climate Change and Food Systems*, Annual Review of Environment and Resources, 37(1), 195-222(2012).

〔38〕 智静、高吉喜：《中国城乡居民食品消费碳排放对比分析》，载《地理科学进展》2009年第3期。

〔39〕 Poore J. & Nemecek T., *Reducing Food's Environmental Impacts Through Producers and Consumers*, Science, 360(6392), 987-992(2018).

〔40〕 Crippa M. & Solazzo E. et al., *Food Systems are Responsible for a Third of Global Anthropogenic GHG Emissions*, Nature Food, 2(3), 198-209(2021).

放量约占世界的 12.5%。中国食品生产系统的温室气体足迹从 1987 年的 1049Mt CO_2e 增加到 2012 年的 1606Mt CO_2e,总计增长 53%,年均增长 1.72%,到 2017 年下降到 1584Mt CO_2e。[41] 在居民食品偏好习惯上,西式快餐和加工食品逐渐取代了中国的家常食品,该结果进而导致 1987~2017 年食品加工的间接温室气体排放量从 116Mt CO_2e 迅速上升到 458Mt CO_2e。食品的二次加工、包装、运输和储存造成了过度碳排放。

食品本地化的策略能提升生产和消费之间的空间接近性,可以减少"食物里程"和过度使用的食品包装,有助于丰富和平衡饮食并改善城市居民的健康。2019 年新型冠状病毒(COVID-19)大流行迫使多个国家采取不同的阻断措施,包括封锁、限制、运输限制和暂停碳密集型活动。这些限制措施和其他一些已实施的措施极大地造成了农业活动和食品供应链的中断,[42] 从而减少供应链中生态系统的碳化和碳排放。疫情之下凸显出食品本地化明显的战略优势,即更高效、更安全、更快速地满足人们需求的食品供应方式。食品本地化与传统配送系统中的食物相比,食物里程更短,本地季节性食物会比全球系统食物使用更少的能源,产生更少的污染和温室气体。[43] 一份来自英国的研究报告证明,如果所有的食物来源都在 20 公里半径内的消费点,则与远距离运输食品的系统相比,预计将减少 2.19 亿英镑的环境成本。[44] 食品本地化还可以进一步被定义为一种重建消费者和生产者之间联系的举措,[45] 重新建立信任并为当地贡献资金创收,增强消费者与该地区历史、文化与地域价值的情感联系,清晰的原产地信息和更短的从农场到餐桌的距离也意味着更生态且更少的二次加工和添加防腐剂。

中国食品消费格局如消费数量和消费食品的结构在不断发生重大变化。平均一个中国人摄入的热量从 1982 年的每天 2490 大卡下降到 2012

---

〔41〕 Zhang H., Xu Y. & Lahr M. L., *The Greenhouse Gas Footprints of China's Food Production and Consumption*(1987-2017), Journal of Environmental Management, 301, 113934(2022).

〔42〕 Paulo Farias D. de, dos Santos Gomes & M. G., *COVID-19 Outbreak: What Should be Done to Avoid Food Shortages?*, Trends in Food Science & Technology, 102, 291-292(2020).

〔43〕 Jia S., *Local Food Campaign in a Globalization Context: A Systematic Review*, Sustainability, 13(13), 7487(2021).

〔44〕 Pretty J. N., Ball A. S., Lang T. & Morison J. I. L., *Farm Costs and Food Miles: An Assessment of the Full Cost of the UK Weekly Food Basket*, Food Policy, 30(1), 1-19(2005).

〔45〕 Fonte M., *Knowledge, Food and Place, A Way of Producing, a Way of Knowing*, Sociologia Ruralis, 48(3), 200-222(2008).

年的每天2170大卡。[46] 中国家庭食品结构也逐渐从以蔬菜、淀粉为主的饮食结构向以肉类为主的结构进行转变。[47] 牛、猪、羊肉等肉类食品的消费量增多直接导致温室气体排放增多。猪肉是中国餐桌上的传统肉类，成为动物食品消费直接温室气体足迹的第二大贡献者，2017年贡献了120Mt CO_2e。目前，中国人均肉类消费量已超过膳食推荐值，[48] 这对环境和个人健康都造成了不利影响。研究表明，减少肉类消费可能会导致中国食品产业的碳排放量大幅减少。[49] 因此，推动食品结构改变和食品本地化，建设城市农场，提倡低碳、营养和健康的食品，如本地蔬菜、水果或低油膳食是一项实现有效减碳目标的重要策略。

(三)战略三：将缩短“职住距离”作为城市规划与发展目标

城市空间的大幅扩张导致长距离的通勤和非工作出行需求的增加。[50] 交通运输是全球碳排放的主要源流之一，目前占全球温室气体排放总量的13%，全球26%的二氧化碳来自与交通相关的燃料消耗。2015~2040年，交通运输能源使用量预计每年增加1%。在中国，通勤时间集中、通勤距离长等导致的交通拥堵现象严重。减少通勤造成的二氧化碳排放对我国城市交通发展的减碳目标和缓解全球气候变化具有重要意义。2020年我国城市交通运行阶段碳排放量约2.82亿吨，相对2015年提高20.6%；人均交通碳排放0.43吨/年，相对提高19.4%。[51] 城市交通活动中一种特别重要的形式是通勤。据统计，通勤占交通出行的40%以上，如果包括所有与工作相关的出行将超过70%。[52] 职住分离是导致通勤距离、时长和出行需求增

---

[46] 赵丽云、房玥晖等：《1992—2012年中国城乡居民食物消费变化趋势》，载《卫生研究》2016年第4期。

[47] He P., Baiocchi G. et al., *The Environmental Impacts of Rapidly Changing Diets and Their Nutritional Quality in China*, Nature Sustainability, 1(3), 122-127(2018).

[48] 中国营养学会编著：《中国居民膳食指南》，人民卫生出版社2016年版。

[49] Song G., Li M. et al., *Food Consumption and Waste and the Embedded Carbon, Water and Ecological Footprints of Households in China*, Science of the Total Environment, 529, 191-197(2015).

[50] Liu Z., Ma J. & Chai Y., *Neighborhood-Scale Urban Form, Travel Behavior, and CO_2 Emissions in Beijing: Implications for Low-Carbon Urban Planning*, Urban Geography, 38(3), 381-400(2017).

[51] 张聪、贾凤娇：《基于居民出行的城市交通碳排放特征及节能减排策略》，载《交通与运输》2020年第3期。

[52] Long Y. & Thill J.-C., *Combining Smart Card Data and Household Travel Survey to Analyze Jobs-Housing Relationships in Beijing*, Computers, Environment and Urban Systems, 53, 19-35(2015).

加的主要因素。根据《中规院:2020年度中国主要城市通勤监测报告》,目前全国主要城市平均单程通勤所需时间较长(约为36分钟),而短距离通勤和绿色出行将大幅减少碳排放。以超大城市深圳为例,万人单程通勤交通碳排放量为5.5吨/日,远低于多数特大城市。原因就包括深圳良好的职住平衡关系、较短的通勤距离和超过75%的绿色出行比例。[53] 有学者研究计算得出,缩短“职住距离”可达到的减排效果,在“职住距离”不超过15千米的场景中,“职住距离”缩短21.3%,交通碳排放量减小28.2%且费用节省21.2%;在“职住距离”不超过5千米的情景中,“职住距离”缩短56.3%,碳排放量减小53.1%且费用节省34.6%。前者适宜公共交通出行的距离场景,而后者则是适宜非机动车出行。[54] 同时研究证明紧凑城市结构将有益于减少交通需求量。[55] 有学者计算紧凑型城市形态可使2000~2020年的累计排放至多减少15%~20%。[56] 因此,应将职住平衡、合理布局公共交通系统、引导市民绿色出行作为城市规划与管理目标,这是实现全民减碳目标的重要战略。

哥本哈根将城市规划目标定为打造“自行车之城”,决心在2025年实现“碳中和”,根据2022年的市政府披露的报告,哥本哈根目前拥有388公里的专用自行车道,62%的居民通过骑自行车的方式进行通勤行为。[57] 2016~2021年,哥本哈根的自行车数量增加了9%,达到736,600辆,是汽车数量的5倍。[58] 与之相对,按照北京交通研究中心的数据,北京的自行车使用量从1980年中期的63%下降到2000年的39%、2010年的17%。哥本哈根的平均通勤时间为38分钟,以自行车为主要交通工具并没有影响其快捷的效果。对比以机动车出行为主的北京,却是中国单程通勤时间最长的城市,达到47分钟。同时,“无车化”的一系列举措使哥本哈根交通部门的碳排放仅占二氧化碳排量的11%。2017年,哥本哈根生产了约137万吨温室气体,比2005年下降了40%;人均排放量约为2.2吨,是欧洲最低碳排放量的城市之一。

---

〔53〕 冉江宇、付凌峰等:《基于通勤大数据的城市职住分离度研究——〈2020年全国主要城市通勤监测报告〉核心指标分析》,载《城市交通》2020年第5期。

〔54〕 童抗抗、马克明:《居住-就业距离对交通碳排放的影响》,载《生态学报》2012年第10期。

〔55〕 Marshall J. D., *Energy-Efficient Urban Form*, Environmental Science & Technology, 42(9), 3133-3137(2008).

〔56〕 Hankey S. & Marshall J. D., *Impacts of Urban Form on Future US Passenger-Vehicle Greenhouse Gas Emissions*, Energy Policy, 38(9), 4880-4887(2010).

〔57〕 *Copenhagen City of Cyclists-The Bicylcle Account* 2022, City of Copenhagen.

〔58〕 TEA, *Copenhagen City of Cyclists-Mobile Facts and Figures* 2022, City of Copenhagen.

（四）战略四：建设“免私家车交通”的紧凑城市

鉴于通勤所占城市交通的刚性需求，鼓励使用公共交通系统是减少二氧化碳排放的重要方式。私家车的平均能耗和碳排放量最高，是公交车的10倍以上，是轨道交通的约20倍。[59] 2021年3月，公安部发布全国机动车保有量3.78亿辆，其中汽车2.87亿辆。私家车保有量达2.29亿辆，汽油车保有量占比达96%以上。有学者研究了北京家庭日常出行产生的二氧化碳，发现私家车排放二氧化碳的比例最高，从2000年的51%上升到2011年的82%。[60] 包括乘用车在内的轻型车的碳排放所占比例最大，占交通行业碳排放量的45%，2019年，国内汽油消耗达到1.4亿吨。[61] 如果每人每天骑行1公里以代替驾驶私家车，则可减少碳排放量270克，减少有毒有害污染物排放4.2克。若以1万辆车计，就可减少碳排放量2.7吨。

以目前建设初见成效的紧凑城市为例，一是赫尔辛基。赫尔辛基约20%的温室气体排放来自交通运输，其中汽车的排放量大约占一半。自1990年以来，交通的二氧化碳排放量下降了约5%，这一变化的主要原因是实施了一系列聚集公共交通和整合可再生能源等的战略措施。自2012年起，有轨电车交通不再排放二氧化碳，到2025年，该地区的巴士车队将完全使用可再生能源。[62] 根据芬兰统计局的数据，45%的赫尔辛基居民家庭没有汽车。2019年，赫尔辛基居民最流行的出行方式是步行，骑自行车和公共交通等可持续交通方式在出行总量中所占的比例上升到了79.7%。[63] 赫尔辛基市的目标是2035年将交通碳排放量在2005年的基础上减少69%，实现这一目标的关键要求就是市民选择绿色交通出行，减少开车行驶。二是伦敦。2018年伦敦的二氧化碳排放量为3240万吨，比2000年排放峰值减少了37%，交通运输部门占排放总量的25.2%。[64] 伦敦市的目标是2041年80%的出行都采用积极、高效和可持续的方式，如步行、自行车或公共交通。2019年，伦敦43.3%的出行采用乘坐公共交通工具的方式，

---

〔59〕 Yang Y., Wang C. et al., *Microsimulation of Low Carbon Urban Transport Policies in Beijing*, Energy Policy, 107, 561-572(2017).

〔60〕 Wang Z. & Liu W., *The Impacts of Individual Behavior on Household Daily Travel Carbon Emissions in Beijing, China*, Energy Procedia, 61, 1318-1322(2014).

〔61〕 Yang L., Wang Y. et al., *Urban Transport Carbon Dioxide(CO_2) Emissions by Commuters in Rapidly Developing Cities: The Comparative Study of Beijing and Xi'an in China*, 68 Transportation Research Part D: Transport and Environment, 65(2019).

〔62〕 HAR, City of Helsinki Annual Report 2020 (2020).

〔63〕 HKI, Helsinki Facts And Figures 2020 (2020).

〔64〕 LEGGI, London Energy and Greenhouse Gas Inventory, Greater London Authority (2018).

乘坐私人交通工具的比例为33.0%。从伦敦人选定出行方式的需求和意愿趋势看,2019年比2001年低14.7%,更多人愿意选择绿色交通方式出行。[65] 伦敦市长交通战略的一个优先事项就是增加积极绿色出行的伦敦人的比例,力求2041年时,所有伦敦人将达到保持健康所需的每天至少20分钟的积极出行要求,为伦敦人带来健康和生活福祉的积极影响。

除技术减排外,通过改变交通模式的结构式减排更加有效。因为私家车节能减排会受到"反弹效应"的影响,提高私家车的能效来节能减排的预期效果可能会导致反向结果。[66] 能源效率的提高通常会导致单位能源服务实际成本的下降。根据消费者行为,能源服务成本的降低可能会导致对该能源服务的需求增加。[67] 因此,研究提倡结构式减排方法,旨在通过转变交通发展方式的可持续性城市规划和管理模式,从根本上改变消费者的消费理念和消费方式,城市交通发展应向低碳城市的交通结构转型,推动以公共交通为导向的交通模式,提倡市民以绿色低碳交通为出行方式,建设"免私家车交通"的紧凑型城市。

(五)战略五:将"够住"和"租房"作为居住理念

城市大规模的"大拆大建"消耗能源和材料并释放大量温室气体,中国建筑行业碳排放量占总碳排放量的27.9%~34.3%。[68] 从2000年到2015年,城市住宅存量从106亿平方米大幅增长到274亿平方米,年平均增长率为6.56%,而住宅建设阶段的煤炭使用量增加了60%。[69] 2020年,中国城镇建筑总面积约为500亿平方米,住宅建成面积约300亿平方米;城镇住宅和公建竣工面积约40亿平方米,而拆除建筑面积近20亿平方米。数据表明我国房屋建造已经从增加供给满足需求转变为拆旧盖新,优化居住质量和建筑性能。由于新建的减少和存量住宅的再利用,建筑部门的资源消耗

---

[65] TFL, Travel in London Report 13, London: TFL (2020).

[66] Zhang Y.-J., Liu Z. et al., *The Direct and Indirect CO_2 Rebound Effect for Private Cars in China*, Energy Policy, 100, 149-161 (2017).

[67] A. Greening L., Greene D. L. & Difiglio C., *Energy Efficiency and Consumption — The Rebound Effect — a Survey*, Energy Policy, 28(6-7), 389-401 (2000).

[68] Chuai X., Huang X. et al., *Spatiotemporal Changes of Built-Up Land Expansion and Carbon Emissions Caused by the Chinese Construction Industry*, Environmental Science & Technology, 49(21), 13021-13030 (2015).

[69] Huo T., Ren H. & Cai W., *Estimating Urban Residential Building-Related Energy Consumption and Energy Intensity in China Based on Improved Building Stock Turnover Model*, Science of the Total Environment, 650, 427-437 (2019).

和碳排放量将大幅减少。[70]

第六次全国人口普查数据显示,我国约有25.8%的城市居民以租赁方式解决住房问题,住房自有率高达89%。当前,美国的住房自有率为64.2%、德国是46%、日本为61.7%,租房人口比例大部分都在40%~65%。[71] 国际经验表明,住房租赁的居住模式将逐渐成为一种趋势。租赁是一种绿色的消费行为,可以有效盘活存量建筑,减少重复建设和运营阶段造成的碳排放。应从根本上减少购房需求,改变住房观念,完善租赁房屋市场制度和社会保障,在公共资源上保持租售同权,做到只要依法纳税,政府对产权房与租房的教育、医疗需求一视同仁。这些措施将减碳的主动权交给市民,也将有效缓解"职住分离"现象,减少长距离通勤造成的碳排放,让公众具有主动选择绿色出行方式的权利。

(六)战略六:基于居民生活的健康舒适便利,统筹城市中的自然

居民生活消费升级给气候变化带来了巨大影响,这逐渐超过工业生产成为我国碳排放增长的最主要原因,45%~55%的总能源使用受到消费者个人交通、个人服务和家庭活动的影响。[72] 但是居民低碳行为是一个极其复杂的分析过程,大多数研究关注的是通过改变个人知识或态度来自愿选择的亲环境行为,而通过改变影响居民行为决定的环境因素常常被忽略。[73] 高绿地率的规划思想导致城市绿地的不当规划与建设,城市街道被绿地所隔离,步行、非机动车交通的使用不便利;街道公共空间逼仄,街道生活匮乏;绿地阻隔视野,造成感官上的不安全感,令步行安全感匮乏。街道不利于人行与生活,不利于居民优先选择公交、自行车与步行等绿色出行方式与行动养成,亟待规划观念的革新。如何妥善处理人与自然的关系,是设计规划专业人士以及更广泛倡导低碳社会的人士所面临的核心问题之一。

(七)战略七:将城市土壤作为碳库和减碳的载体

可将土壤作为碳库,碳在土壤中能够停留较长时间,因此土壤适合长期

---

〔70〕 Zheng S., Cheng Y. & Ju Y., *Understanding the Intention and Behavior of Renting Houses among the Young Generation: Evidence from Jinan, China*, Sustainability, 11(6), 1507 (2019).

〔71〕 涤非:《从德国、日本经验看我国住房公租制度发展的路径》,载《住宅与房地产》2016年第20期。

〔72〕 李治国、王杰:《中国城乡家庭碳排放核算及驱动因素分析》,载《统计与决策》2021年第20期。

〔73〕 Bai Y. & Liu Y., *An Exploration of Residents' Low-Carbon Awareness and Behavior in Tianjin, China*, Energy Policy, 61, 1261-1270 (2013).

有效抵消大气排放(见图3)。城市土壤具有储存大量土壤有机碳(SOC)的潜力,因此探索城市土壤的固碳、减碳能力,将城市土壤作为碳库和减碳的载体是实现"碳中和"城市目标的重要战略。这些土壤可能含有大量的人工制品或被极其坚硬的岩石密封,包括来自废料的土壤,在松散材料基础上的路面,带有土工膜的土壤,以及由人造材料制成的土壤。城市化通过干扰城市生态系统的结果影响自然土壤模板、城市土壤特征,包括pH值和有机质水平可能与非城市土壤的特征显著不同。[74] 同时,对城市土壤人工干预的置换或扰动会影响有机碳库的储存,人类对土壤的干扰往往会导致土壤有机质通过好氧微生物作用释放二氧化碳以及加快土壤侵蚀和养分流失的速度,导致土壤退化。[75]

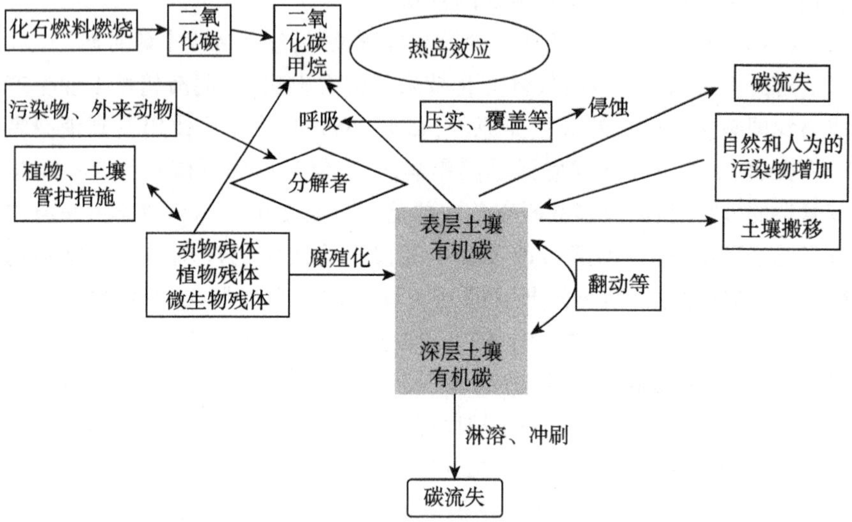

图3　城市土壤有机碳循环及城市化的主要影响

资料来源:Lorenz K. & Lal R., *Carbon Sequestration in Forest Ecosystems*, Springer Science & Business Media(2009)。

有机质(SOM)的含量和质量被认为是土壤维持生物生产力、维持环境质量和促进动植物健康能力的关键因素。城市绿地既是城市绿色基础设施的重要组成部分,也是表层土壤碳的重要储库,研究发现世界各地的城市公

---

〔74〕 Pavao-Zuckerman M. A., *The Nature of Urban Soils and Their Role in Ecological Restoration in Cities*, Restoration Ecology, 16(4), 642-649(2008).

〔75〕 Amundson R., Berhe A. A. et al., *Soil Science. Soil and Human Security in the 21st Century*, Science, 348(6235), 1261071(2015).

园和绿色空间的土壤中储存的碳量与城市附近的自然区域相近,表明城市绿色空间在碳储存方面的作用有助于支持城市通过自然气候解决方案减少碳足迹的努力。[76] 学者研究表明,城区土壤的空间异质性明显,受人类活动的影响,城市土壤的有机质含量显著降低。[77] 努力恢复城市土壤碳储量,可以改善城市地区的整体生态功能,使城市能够更多地利用自然生态系统服务,如污染物的生物降解、减少径流污染,尤其减缓对气候变化的影响。[78]

(八)战略八:将"自给自足"作为一种新的生活理念

在中国传统文化中,寻求人与自然的和谐被视为最高的生态智慧。生态智慧被定义为一种基于生态知识和规划伦理的明智智慧,旨在避免对地球的灾难性过度开发。[79] 传统的生态智慧保存了土壤肥力,没有对环境造成不可逆的生态破坏。中国传统农业社会属于自然友好型生态社会,"自给自足"是中国农耕文化的一个象征,是一种存在了数千年的文化形态。中国是一个有着巨大的地理差异、生物气候和人文发展不均衡的国家,在很多区域如丘陵和山地地区,尤其是中西部的山区小城市、小村镇和分散的自然村,最具可持续性的生活方式是采用自给自足的策略,通过城镇化和市场化途径转移部分人口,在实现基础教育和医疗等基本公共服务均等化的条件上,构建不同尺度的满足居民自给自足的生产与生活体系。其中,把可食用绿色基础设施解决方案作为城市食品公地和"自给自足"的可持续发展战略将有助于减少城市的整体生态足迹,增强社会凝聚力、人类健康和福祉,弥合"农场和餐桌"之间的距离,通过全民共建共营行动,增强社会包容性和参与性,引发城市绿色生活方式的转变。[80] 具体实施空间包括可食用城市绿地、城市公园、学校绿地、社区和家庭农园、可食用绿色屋顶和

---

〔76〕 Delgado-Baquerizo M., García-Palacios P. et al., *Biogenic Factors Explain Soil Carbon in Paired Urban and Natural Ecosystems Worldwide*, Nature Climate Change, 13(5), Article 5 (2023).

〔77〕 何跃、张甘霖:《城市土壤有机碳和黑碳的含量特征与来源分析》,载《土壤学报》2006 年第 2 期。

〔78〕 王小涵、张桂莲等:《城市绿地土壤固碳研究进展》,载《园林》2022 年第 1 期。

〔79〕 Dubos R., *Humanizing the Earth*, The Journal of Environmental Education, 5(1), 8-11 (1973).

〔80〕 Plassnig S. N., Pettit M. et al., *Successful Scaling of Edible City Solutions to Promote Food Citizenship and Sustainability in Food System Transitions*, Frontiers in Sustainable Cities, 4 (2022).

蔬菜雨水花园、可食用绿色外墙等。[81] 城市“自给自足“和”自食其力”战略对实现“双碳”目标有特别现实的意义。

(九)战略九:将“碳行为信用”(环境责任)作为个人道德准则

绿色行为的发生与个人因素紧密相关,如价值观、信仰和规范等。而道德准则与个人如何作正确的积极自我评价的信念有关,[82]并由内部价值观形成。价值—信念—规范理论将价值观分为三类:利己主义、利他主义和生物中心主义,其中生物中心主义以自然环境的内在价值为中心,认为人类不应该伤害自然,人类是自然的一部分,物种有权继续生存,而自然拥有比物种生存更广泛的固有权利。在基于此类价值观建构的世界观的影响下,个人会意识到环境条件恶化的威胁,从而产生可以采取行动减少这种威胁的责任感。研究模型也表明激活一个人感知到的环境责任会有利于环境参与行为的发生。[83] 当人们普遍将环境责任作为个人的道德准则时,更容易发生亲环境行为,即通过尽量减少能源使用、减少浪费、节约用水、避免购买被认为对环境有害的商品等,最大限度地减少对环境造成危害的一系列行为。同时,采用通过市场使节能减排与个人利益相结合的方法,如推动建构个人“碳行为信用”的收支体系,通过碳信用的机制,允许减少额外碳排放的人获得奖励。信用可用于抵消其他地方的温室气体排放,或仅用于降低大气中温室气体的总体水平。应把碳减排的信用与个人绿色低碳行为结合起来,建设全民参与的“碳中和”城市。

(十)战略十:把促进人和人之间的平等与信任关系作为减碳策略

环境友好态度和行为与自我超越价值类型和保守价值观正相关,与自我提升价值类型和开放价值观负相关。价值观塑造了人们的生活并建立了偏好模式。[84] 目前,碳排放影响因素较少关注非正式社会规范,如社会信任。社会信任是社会系统的润滑剂,是正式规范的补充和替代,通过鼓励和

---

[81] Säumel I. , Reddy S. E. & Wachtel T. , *Edible City Solutions—One Step Further to Foster Social Resilience through Enhanced Socio - Cultural Ecosystem Services in Cities*, Sustainability, 11(4), Article 4(2019).

[82] Niklas Fransson & Anders Biel. , Morality and Norm Violation(Vol. 27)(1997).

[83] Kaiser F. G. & Shimoda T. A. , *Responsibility as a Predictor of Ecological Behavior*, Journal of Environmental Psychology, 19(3), 243-253(1999).

[84] Schwartz S. H. , *Universals in the Content and Structure of Values: Theoretical Advances and Empirical Tests in 20 Countries*, In Advances in Experimental Social Psychology, Advances in Experimental Social Psychology Volume 25(Vol. 25, p. 1-65)(1992).

分享共同的价值观,引导人们践行绿色低碳行为。[85] 有研究在企业层面探索了社会信任对企业环境污染的影响关系,发现社会信任会对企业采用环境管理体系和企业社会责任呈正相关。[86] 但是,城市的环境污染不仅仅是企业造成的,还包括政府等其他机构与城市公民不当的环境行为。一个安全、友好和公平的城市和社区将有效引导市民减少碳足迹,同时促进社会的可持续性发展,包括居民之间的社会互动、人与人之间的信任程度及自下而上的社区治理,增强市民的自豪感、安全感和归属感,影响全民的环境友好态度和参与减碳行为的积极性,如引导全民积极选择户外活动、乘坐公共交通工具和减少私家车接送孩子上下学等行为。因此,构建公平、安全、友好和生态的和谐社会,将人与人之间的平等与信任关系作为减碳战略,对于实现"碳中和"目标具有深远意义。[87]

这十大战略都可以实际有效地减少碳排放。为达成"碳中和"的最终目标,除了依靠具有不确定性的企业减排或高科技减排,个人、家庭、企业、地方、区域多层次主体的行为改变能够形成一种规模巨大的减碳新经济。人们每天的生活方式和行为,都可以为减少二氧化碳排放贡献力量,全民参与能够为达成"碳中和"作出巨大的贡献。

四、中国"碳中和"法律法规与政策体系的建议

(一)中国目前的"碳中和"政策框架梳理

自 2020 年以来,国家发展和改革委员会重新成为最高级别的气候政策机构,2021 年 5 月,国务院成立"全国碳达峰与碳中和领导小组"[88],出台了具有纲领性的"双碳"政策文件,即《中共中央、国务院关于完整准确全面贯彻新发展理念做好碳达峰碳中和工作的意见》和《2030 年前碳达峰行动方案》,确立了我国"碳达峰""碳中和"目标的"1+N"政策体系。"1"表示以《中共中央、国务院关于完整准确全面贯彻新发展理念做好碳达峰碳中

---

[85] Kirchler E. ,Hoelzl E. & Wahl I. ,*Enforced Versus Voluntary Tax Compliance:The "Slippery Slope" Framework*,Journal of Economic Psychology,29(2),210-225(2008).

[86] Wang M. ,Liao G. & Li Y. ,*The Relationship between Environmental Regulation,Pollution and Corporate Environmental Responsibility*,International Journal of Environmental Research and Public Health,18(15),8018(2021).

[87] 《北京城市无障碍环境未来》编写组:《北京城市无障碍环境未来》,中国建筑工业出版社 2023 年版,第 216 页。

[88] Zhao X. & Qi Y. ,*Three Decades of Climate Policymaking in China:A View of Learning*,Sustainability,14(4),2202(2022).

和工作的意见》发挥统领作用,“N”表示以《2030年前碳达峰行动方案》为首的政策文件,包括部署制定能源、工业、交通、城乡建设等重点领域的实施方案,以及技术支撑方面的配套措施,包括能源安全、碳汇能力、财政金融价格政策和标准计量体系和监督评价等保障政策。[89] 该政策体系旨在构建低碳经济发展体系、清洁低碳安全高效的能源体系、碳排放的法律法规和统计监测体系、完善和统一标准的碳排放交易匹配体系、碳基金和绿色金融的碳市场体系、低碳交通运输体系等,以期达成以下目标:2030年将其碳强度降低目标提高到65%以上,将非化石能源在一次能源结构中的份额提高到25%,将森林蓄积量增加到60亿立方米,以及提高超过12亿千瓦的特定风能和太阳能发电能力等。

(二)中国有关气候变化的立法现状和问题

在国家层面上,现有的应对气候变化的法律法规主要分为四类,包括:(1)应对气候变化的基础性法律,以污染防治法体系和生态保护法体系中的立法为主,如《大气污染防治法》《清洁生产促进法》等。国家于2018年修正了《大气污染防治法》,强化了对大气环境的综合管理和污染控制措施的要求,尤其是在大气污染物排放标准的设定上,为协调控制大气污染物和温室气体、减少污染和碳排放提供了法律依据;生态保护法体系中有如《森林法》等。(2)应对气候变化的专门性规范,如全国人民代表大会常务委员会《关于积极应对气候变化的决议》、《碳排放权交易管理办法(试行)》等。(3)能源法体系中的单行法,如《可再生能源法》等。(4)应对气候变化的关联法律,如《气象法》等。[90] 在地方层面上,有部分省市出台《省级应对气候变化管理方法》以及专项地方性法规。其中2021年11月1日天津市出台《天津市碳达峰碳中和促进条例》,该条例明确“碳中和”目标要求,建立了工作领导机制和管理制度,制定了绿色转型、减碳增汇的科技创新支撑策略和政策措施等,是全国首部以促进实现“碳达峰”“碳中和”目标为立法主旨的省级地方性法规。

综上所述,中国目前在国家层面缺乏专门针对碳排放或以“碳中和”为目标的法律法规,虽然在政策和规范性文件上拥有一定的历史积累,但在应对气候变化方面呈现的约束性效用和力度存在诸多不足,例如,立法层级低、缺乏针对性、法制体系分散碎片化和没有对公众行为进行规范的意见。

---

[89] 李俊峰、李广:《碳中和——中国发展转型的机遇与挑战》,载《环境与可持续发展》2021年第1期。

[90] 王江:《论碳达峰碳中和行动的法制框架》,载《东方法学》2021年第5期。

因此,难以对实现"碳中和"目标提供强效的法律支撑和推动"碳中和"目标的政策实施。

（三）完善中国"碳中和"法律体系的实现路径和建议

公众需要改变现有的行为来解决全球环境问题,在现有的宣传或教育手段之外,可能还需要法规和激励措施等政策工具来实现重大的行为改变。[91] "碳中和"的实施主体应该包括但不限于企业,立法规定企业减排责任的同时,应当明确政府责权,如管理责任以及自身对资源消耗的效率化运用,更需要强调和明确个人和家庭贯彻低碳行为的义务。越来越多的法律学者认识到个人行为和生活方式对环境的重要性,强调社会规范是影响个人从事环保行为的重要因素,因此批评环境法律和政策未能捕捉可追溯至个人的危害,并建议评估未来个人行为对环境造成危害的影响和制定对应的措施。"碳中和"立法有助于将现有松散或单行的与气候和环境相关的法律机制耦合成高效的法律体系,同时完善其他与全民参与实现"碳中和"目标具有关联性的法律法规。本文就针对如何推动全民参与的"碳中和"城市建设提出法规建议:

第一,在宪法层面中加入强调公民环境责任和义务的相关内容,明确个人在减少碳排放方面的必要性。

第二,在法规中鼓励消费者通过低碳的替代品来改变消费模式,同时包括对高碳和污染型产品和企业施行广告禁令和行政处罚等惩罚机制,尤其是加快废料回收机制的建设和加大打击一次性塑料使用的力度。

第三,各种部门法增加相关有利于推动全民参与减少碳排放的法规条例,如在《城乡规划法》的修改中或城乡建设相关的立法、国家规范和标准编制中增加步行道净宽和非机动车道路宽度的底线要求,城市土地和交通规划优先满足公共交通系统和居民步行、自行车通行系统的建设要求。

第四,增加私家车、公路货运和航空等运输工具减少碳排放的规定,增加公务人员低碳出行的规定,例如,增加使用燃油车的碳税,以铁路运输替代短途的客运航空行程(除中转航空)。

第五,增加推动住房改造的立法规定,包括对能源消耗过多的单一所有权住宅建筑进行审计核算,鼓励商业建筑使用可再生能源和低碳材料并且制定惩罚相反行为的措施,同时构建具有法律法规保障的租房机制等。

第六,依法建立个人碳账户,增加有助于公众形成减少温室气体排放的

---

[91] Jansson J. & Dorrepaal E., *Personal Norms for Dealing with Climate Change: Results from a Survey Using Moral Foundations Theory*, Sustainable Development, 23(6), 381-395(2015).

生活方式和生活习惯的法律规定,包括减少食物浪费,优先消费本地食品,优先选择低碳出行方式,拒绝一次性用品,推行零废弃和免塑料生活,垃圾精细化分类与回收,以及优先使用可再生能源等。

第七,依法落实国家行使的对所有土地的用途管制和生态保护修复职责,严格限制大城市和特大城市周围耕地的非粮化和非农化,严格限制城市扩张和城市土壤人为扰动,推动农业部门生态转型,鼓励和补贴建设城市农场,切实促进大城市和大型城市食品本地化。

五、结论

"碳中和"不仅是解决气候变化问题的目标和愿景,更是一场广泛而深刻的社会变革,涉及在多个尺度上运行的相互关联的生态和社会系统。全球温室气体排放的轨迹源于政府、城市、个人、市场和社区之间复杂的相互作用。因此,推动全民参与实现"碳中和"目标具有深远的意义,建设"碳中和"城市的战略政策和相关的法律法规保障则是实现该目标的关键。

《环境资源法论丛》
第15卷,第151~167页

生态环境修复责任与赔偿损失责任的混同及矫正

李鑫潼*

摘 要 生态环境修复责任与赔偿损失责任存在根本的区别,生态环境修复责任以保证生态环境及其服务功能的完整性为导向,赔偿损失责任则着眼于对经济价值的赔偿。生态环境修复责任与赔偿损失责任的混同会侵害修复优先原则的根本性地位,加剧生态环境损害"一赔了之"的错误倾向。对此问题的矫正思路是排除赔偿损失责任在生态环境修复中的适用,具体分为三个部分:在永久损害方面,取消永久损害概念,使基本修复和替代性修复周延地涵盖生态环境损害的全部情况;在期间损害方面,消除期间损害只能对应价值赔偿的误解,并提供采取恢复性措施进行填补的选项;在生态环境修复费用方面,金钱赔偿不等于赔偿损失,赔偿金的性质类似于恢复原状费用,并据此以修复为导向重新梳理生态环境修复费用的计算方式。

关键词 生态环境修复责任 赔偿损失 金钱赔偿 恢复原状费用

一、问题的提出

《民法典》第1234条和第1235条对生态环境修复责任进行了规定,其

---

* 李鑫潼,中国政法大学民商经济法学院博士研究生。

中多处涉及通过金钱赔偿的方式承担责任,统称为“生态环境损害赔偿金”,[1]自此实物修复和金钱赔偿被共同用于救济生态环境损害。但是,由于《民法典》仅列举了赔偿金的种类,并未作更多规定,致使实践中对于“通过金钱赔偿方式救济生态环境损害”的理解和适用出现了混乱,使得生态环境修复责任向赔偿损失责任泛化,具体表现为以下两个方面。

第一,永久损害和期间损害的救济方式指向赔偿损失。《民法典》第1235条将永久性损失、期间损失定义为“需要侵权人赔偿的损失和费用”,未提及具体评估方法,也并未提供采取恢复性措施进行填补的选项。据此,一些观点认为期间损失和永久性损失只需通过环境价值评估方法进行计算并赔偿相应的经济损失,[2]而司法实践更是极少出现运用恢复成本法量化期间损害或直接通过实际修复填补期间损害的案例。

第二,《民法典》第1234条规定的生态环境修复“所需费用”的性质与计算方式偏向于赔偿损失。在“江苏省南京市人民检察院诉王某林生态破坏民事公益诉讼案”[3]中,法院将林木的直接经济损失与生态系统功能受到影响的损失一并作为生态环境修复费用。在“顾某建生态环境保护民事公益诉讼案”[4]中,法院直接按照当地苗木市场的行情确定被毁树木经济价值,并以此作为生态环境损害赔偿金。在“重庆市人民检察院第一分院诉昆仑化工有限公司水污染责任纠纷案”[5]中,法院认为虚拟治理成本法所确定的生态环境损害费实际为拟修复环境所支出的费用。同样地,在“武汉卓航江海贸易有限公司、向某等12人污染环境刑事附带民事公益诉讼案”[6]中,面对被告排放舱底含油污水污染长江水质的事实,法院认可使用虚拟治理成本法量化的生态环境损害数额,并支持公益诉讼起诉人取其中间值作为最终赔偿金额的主张。无论是受损生态环境自身的经济价值、生态环境损害造成的经济损失,还是虚拟治理成本法确定的生态环境损害赔偿金,本质上均不指向对生态环境的实际修复,而是赔偿损失。

生态环境修复责任与赔偿损失责任的混同会架空责任内容,使受损生态环境修复难以落实;对《民法典》第1234条和第1235条中“生态环境修

---

[1] 有学者认为,生态环境损害赔偿金是救济生态损害的货币化表现形式。于文轩:《论我国生态损害赔偿金的法律制度构建》,载《吉林大学社会科学学报》2017年第5期。

[2] 徐以祥:《论生态环境损害的行政命令救济》,载《政治与法律》2019年第9期。

[3] 江苏省南京市中级人民法院民事判决书,(2020)苏01民初798号。

[4] 辽宁省锦州市中级人民法院民事判决书,(2021)辽07民初824号。

[5] 重庆市第一中级人民法院民事判决书,(2018)渝01民初669号。

[6] 南京市玄武区人民法院刑事附带民事判决书,(2020)苏0102刑初24号。

复所需费用”概念理解的失当则导致难以形成统一的赔偿金计算规则。为此，有必要矫正生态环境修复责任与赔偿损失责任的混同倾向，厘清生态环境修复责任中金钱赔偿的含义、性质与计算规则。在展开正式讨论前有必要说明的是，《民法典》第1235条所规定的五项费用可分为两类：一类是专门为填补生态环境损害而设的生态环境损害赔偿，包括“生态环境受到损害至修复完成期间服务功能丧失导致的损失”“生态环境功能永久性损害造成的损失”“清除污染、修复生态环境费用”“防止损害的发生和扩大所支出的合理费用”四项；另一类如“生态环境损害调查、鉴定评估等费用”属于“因追究生态环境损害赔偿而产生的事务性及其他合理性费用”，不在生态环境修复费用之列。[7] 事务性费用的确定及承担并无疑义，本文不作讨论。永久损害、期间损害和生态环境修复费用三者虽均出现向赔偿损失责任泛化的现象，但表现形式和原因各不相同，下文将分别展开讨论。

二、生态环境永久损害：概念的去与留

永久损害指“受损生态环境及其生态服务功能难以恢复，其向人类或其它生态系统提供服务的能力完全丧失”[8]。根据《民法典》第1235条的规定，在造成永久损害的情形下，由于无法进行实际修复措施，此时法院应当判令被告承担金钱赔偿责任。当前关于永久损害概念是否具有存在的必要产生两种观点：一种观点认为，永久损害有其适用的特定场域，如在野生动植物物种灭绝的情况下已经难以通过实物修复的方式恢复灭绝物种所能提供的生态服务功能，此时只能通过赔偿损失的方式使赔偿义务人承担责任。[9] 另一种观点则认为，所有的生态环境损害均是可修复的，即使无法进行原位原类型的直接修复，也可以选择同功能异种类、同质量异数量等替代性修复措施对受损生态环境进行等价值的修复，因此并不存在所谓的永久损害。[10] 对上述两种观点认知的差异将会影响赔偿损失责任和生态环境修复责任的选择。

本文基于以下三点理由认同永久损害概念并不存在的观点。

第一，从文本解释来看，关于永久损害的立法及司法解释相关用语发生

---

[7] 陈学敏：《论生态环境损害赔偿范围的确定》，载《中国应用法学》2021年第4期。

[8] 《生态环境损害鉴定评估技术指南 总纲和关键环节 第1部分：总纲》第3.13条。

[9] 王小钢：《生态环境修复和替代性修复的概念辨正——基于生态环境恢复的目标》，载《南京工业大学学报(社会科学版)》2019年第1期。

[10] 最高人民法院民法典贯彻实施工作领导小组主编：《中华人民共和国民法典总则编理解与适用》(下)，人民法院出版社2020年版，第559-560页。

了如下变化:2015年发布的最高人民法院《关于审理环境民事公益诉讼案件适用法律若干问题的解释》(以下简称《环境民事公益诉讼解释》)第20条将受损生态环境分为可以修复和无法完全修复两种类型,对于后者准许采用替代性修复方式,并未提及永久损害。在最高人民法院环境资源审判庭的观点中,即使出现某种野生动物或者植物灭绝这种极端情况,也能通过采取同功能异种类的替代性修复方式对生态环境进行修复,因此不存在永久损害的情况。[11] 而后2020年发布的最高人民法院《关于审理生态环境损害赔偿案件的若干规定(试行)》(以下简称《生态环境损害赔偿若干规定》)第12条将承担修复责任或者修复费用限于能够修复的情形,若无法修复或者无法完全修复,则可以判令被告赔偿生态环境功能永久损害造成的损失。这一规定被评价为《生态环境损害赔偿若干规定》的一大亮点,2020年修正的《环境民事公益诉讼解释》第21条与《民法典》第1235条均吸纳了这一观点,主张通过金钱赔偿的方式填补永久损害。然而,在2022年最新发布的《生态环境损害赔偿管理规定》中,第9条明确规定在生态环境损害无法修复的情况下,赔偿义务人承担责任的方式有两种,分别是赔偿损失及相关费用以及替代修复。这里的无法修复应作"无法进行基本恢复"理解,这也意味着所有的生态环境损害都可通过基本恢复、补偿性恢复和补充性恢复的方式进行修复。相关技术指南的起草人员也认为,永久损害是期间损害的一种,既可以通过补偿性恢复的方式予以恢复,也可以通过价值量化的方式进行损害赔偿数额计算。[12] 从文本流变来看,对永久损害的态度经历了从未提及到肯定其存在并需进行金钱赔偿,再到金钱赔偿与替代修复二选一的转变。这表明了永久损害并非不能恢复,但若承认针对永久损害也可以进行替代修复,则与其自身的定义相悖,该概念的存在便不具意义。

第二,从域外立法来看,1990年《美国石油污染法》项下的自然资源损害评估程序中,恢复包括基本恢复和补偿性恢复两个部分。基本恢复指通过自然恢复或者人工干预的措施将受损生态环境恢复至基线水平;补偿性恢复指为弥补基本恢复期间自然资源及生态服务功能受损而采取的措施。《欧盟环境责任指令》附件二"环境损害的修复"则分别规定了基本修复、补

[11] 最高人民法院环境资源审判庭编著,杜万华副主编:《最高人民法院关于环境民事公益诉讼司法解释理解与适用》,人民法院出版社2015年版,第303页。

[12] 於方、田超等:《生态环境损害赔偿与鉴定评估相关术语辨析》,载《环境保护》2022年第10期。

充性修复和补偿性修复三类概念，其中基本修复和补偿性修复的含义与《美国石油污染法》规定的含义相同，补充性修复指在采取基本修复措施没有产生使生态环境恢复到基线水平的效果时，为弥补有关自然资源和服务功能而采取的任何修复措施。在进行补充性修复时，应当首先考虑那些提供与受损自然资源和服务功能相同种类、质量和数量的自然资源和服务功能的行动，若不可能，则可以考虑提供替代的自然资源或服务功能，比如，质量的下降可以通过补救措施数量的增加来弥补。〔13〕 综上所述，美国和欧盟的立法均建立在"任何受损生态环境都是可修复的"这一前提认知下，区别仅在于名称上的不同，《欧盟环境责任指令》中的基本修复和补充性修复在《美国石油污染法》的自然资源损伤评估规则中被统称为基本恢复。

但我国的概念定义则出现了变化，《生态环境损害鉴定评估技术指南 总纲和关键环节 第1部分：总纲》（以下简称《技术指南》）同样规定了基本恢复、补偿性恢复和补充性恢复三种恢复措施，其中补充性恢复指"基本恢复无法完全恢复受损的生态环境及其服务功能，或补偿性恢复无法补偿期间损害时，采取额外的、弥补性的措施进一步恢复受损的生态环境及其服务功能并补偿期间损害的过程"〔14〕。在这个定义中，补充性恢复囊括了所有"基本恢复无法完全恢复"的情况，被视为生态环境修复的兜底手段。但《技术指南》又继续规定了"永久损害"的概念，此概念与补充性恢复概念相互冲突，不仅会挤压补充性恢复的适用空间、造成修复优先原则的虚化，而且会使"生态环境能够修复"的判断标准不明，加剧实践中对于生态环境损害"一赔了之"的错误倾向。〔15〕 据此可知，"永久损害"概念扰乱了我国生态环境修复体系，应予取消。

第三，从责任目的来看，生态环境损害责任的目的是实现受损生态环境的修复。当发生"对环境的损害"时，必须根据生态恢复原则予以救济，而不能以金钱给付的方式替代生态系统功能的恢复。〔16〕 生态环境不同于民法上的物，对生态环境的修复亦不同于民法上的恢复原状，后者强调恢复财产的原有状态，而生态环境修复则着眼于生态系统自身的完整性和可持续性，即便无法修复至原有状态，也可以通过自然或者人工恢复措施重建生态循环，保持生态系统的良好运行。修复是"协助恢复生态系统以达到良好

---

〔13〕《欧盟关于预防和补救环境损害的环境责任指令》附件2第1.2.2条。

〔14〕《技术指南》第3.12条。

〔15〕张宝、殷佳伟：《替代性修复责任司法适用的反思与调适》，载《南京工业大学学报（社会科学版）》2022年第4期。

〔16〕吕忠梅、窦海阳：《生态恢复论：环境侵权新法理》，法律出版社2022年版，第4页。

状态的过程"[17],只要能够实现生态系统的自适应和自循环,就应该判定实现了生态环境修复。换言之,一切受损生态环境都是可修复的,正是由于生态系统的这种特殊性,传统的恢复原状与损害赔偿二元并立的理论才不能套用在生态环境修复领域,这也是永久损害概念并不成立的原因。

综上所述,在系统整理我国生态环境恢复措施后可知,直接修复与替代性修复,以及基本修复、补充性修复和补偿性修复的分类完全能够周延地涵盖生态环境损害救济的全部情况,永久损害概念并无存在的必要。由于被误认为无法通过实际修复措施进行修复,永久损害只能对应赔偿损失这种责任承担方式,对生态环境损害进行折价赔偿;而本能通过替代性修复等方式进行实际修复的那部分生态环境,却因被判定为"永久损害"丧失了修复机会,这与修复优先的原则不符。因此,应当树立所有生态环境都是可修复的理念,正确定位替代性修复的适用范围,取消永久损害概念,将永久损害所对应的"赔偿损失"转变为"生态环境修复"。

三、生态环境期间损害:修复还是赔偿

(一)以赔偿损失为核心的现行量化模式

对于期间损失,《民法典》沿用了《环境民事公益诉讼解释》第21条的说法,将其称为"生态环境受到损害至修复完成期间服务功能丧失导致的损失"。尽管列明了概念,但如何确定和计算相关损失却并无成形的路径,使得该概念成为没有支撑基础的"空中楼阁",其司法适用比较混乱。[18]

根据本文统计,当前对于期间损失的计算共存在以下三种类型:一是运用虚拟治理成本法计算期间损失。如在"中国生物多样性保护与绿色发展基金会诉秦皇岛方圆包装玻璃有限公司大气污染环境民事公益诉讼案"[19]中,一审法院在裁判说理中认定鉴定报告通过虚拟治理成本法计算出的生态环境损害数额包括了生态环境修复费用和期间损失。这一判断遭到了原告的反对,其认为运用虚拟治理成本法计算出的生态环境损害数额仅包括生态环境修复费用,随即提起上诉。该案二审法院认同一审法院的认定,理由是上诉人在一审的诉讼请求中仅提出"请求判令方圆公司赔偿

---

[17] Commission(EU)(n 11)art 3.

[18] 陈幸欢:《生态环境损害赔偿司法认定的规则厘定与规范进路——以第24批环境审判指导性案例为样本》,载《法学评论》2021年第1期。

[19] 河北省秦皇岛市中级人民法院民事判决书,(2016)冀03民初40号;河北省高级人民法院民事判决书,(2018)冀民终758号。

因为其非法排放大气污染物而对环境造成的损害”,但并未言明具体包括哪些损害。根据《环境损害鉴定评估推荐方法(第Ⅱ版)》(以下简称《推荐方法》)的规定,按照《推荐方法》鉴定的“环境损害”中包括生态服务功能的期间损害。

二是通过司法酌定的方式确定期间损失。根据《环境民事公益诉讼司法解释》第23条的规定,在生态环境修复费用难以确定或者确定具体数额所需鉴定费用明显过高时,人民法院可以结合污染环境、破坏生态的范围和程度等多种因素自行合理确定生态环境修复费用数额。该条规定在“徐州市人民检察院诉徐州市鸿顺造纸有限公司环境民事公益诉讼案”中也被用于确定期间损失。[20] 由于被告排出的污水同时污染苏北堤河与京杭运河的水质,且水生环境具有复杂性、功能多样性等特点,技术专家认为本案的期间损失虽客观存在但难以准确计算。因此,法院认同公益诉讼人提出的以排出废水造成的生态环境损害数额为基数在3~5倍区间承担最终赔偿数额的诉请。

三是将生态环境修复期间服务功能丧失导致的损失等同于期间损失。在“山东省环境保护厅诉山东金诚重油化工有限公司等土壤污染责任纠纷案”[21]中,法院认定的生态环境服务功能损失包括土壤污染导致居民用水及灌溉暂停、农作物减产等造成的经济损失。部分学者也持此观点,认为期间损失属于生态环境服务功能丧失所导致的间接损失,典型如“生态环境保护区受到污染后,因游客减少而产生的收入降低损失”[22],应属于赔偿损失的范围。

(二)赔偿模式的弊端与修复模式的确立

总体来看,上述三种方式均未准确界定和计算期间损失。首先,使用虚拟治理成本法计算出的生态环境损害数额并非期间损失。期间损害本质上属于一定时期内的生态环境损害,根据生态环境修复优先的原则,应当先考虑通过实物修复或者支付修复所需金钱的方式予以填补,后者又被称为环境恢复成本方法。虚拟治理成本法属于环境价值评估方法之一,其适用具有严格的限制条件,在顺位上劣后于环境恢复成本方法。[23] 不考虑受损

---

〔20〕 江苏省徐州市中级人民法院民事判决书,(2015)徐环公民初字第6号;江苏省高级人民法院民事判决书,(2016)苏民终1357号。

〔21〕 山东省济南市中级人民法院民事判决书,(2017)鲁01民初1467号。

〔22〕 张春龙:《论生态环境损害代修复责任中的风险分配——以〈民法典〉第1234条的解释论为中心》,载《华侨大学学报(哲学社会科学版)》2022年第6期。

〔23〕《关于虚拟治理成本法适用情形与计算方法的说明》第一部分:适用情形。

生态环境可修复与否,直接适用虚拟治理成本法计算赔偿金额的方式是不恰当的。

其次,司法酌定方式将使期间损失的设定失去意义。司法酌定具有较强的随意性,通常与实际期间损失出入较大。此种情况下,期间损失赔偿已与公益损害惩罚性赔偿别无二致,成为一种与实际损害填补无关的赔偿制度。循此思路,有学者甚至怀疑期间损失概念的正当性,因为"期间损失赔偿制度形成于法律尚未创设公益损害惩罚性赔偿请求权的法制环境,主要解决传统损害赔偿制度不足以遏制损害生态环境行为的问题"[24],惩罚性赔偿制度在适用于环境公益诉讼后即可替代期间损失赔偿。在这种认识下,期间损失已经偏离填补损害的目的,不能实现对于生态环境损害的修复。本文认为,司法酌定不能成为确定期间损失数额的主要方式,仅能在数额难以确定或者鉴定费用明显过高时作为补充方式使用。

最后,将生态环境修复期间服务功能丧失导致的间接损失等同于期间损失是对概念的误读,这种误读或源于对《民法典》第1235条"生态环境受到损害至修复完成期间服务功能丧失导致的损失"规定的误解。在《民法典》损害赔偿责任体系中,损失意指受害人财产总额的消极变化,[25]若将其套用在期间损失概念中,则会使人当然地理解为期间损失既包括污染环境、破坏生态行为导致的生态环境价值减损,也包含由于生态环境损害而产生的本不该产生的支出(间接损失)。实际上,《技术指南》仅规定了期间损害,并将其作为生态环境损害的下位概念,[26]这说明生态环境损害赔偿体系只关注对生态环境自身损害的填补,不涉及由此产生的其他财产损失。

以上三种期间损失计算方法的共性在于,它们都在寻找量化期间损害价值的方法,并最终要求赔偿义务人赔偿期间损害所对应的经济价值。本文认为,问题的根源就在于"赔偿期间损失"这一表述。相关技术指南的起草人员也发现,"《民法典》中'生态环境受到损害至修复完成期间服务功能丧失导致的损失'的表述让不少法律使用者产生期间损害是经济损失的误解,部分案件没有采用标准推荐的方法进行期间损害的计算"[27]。比如,有学者指出,期间损害究竟应该折算为货币价值还是量化为被损害的生态量,两个选择各有其合理性:折算为货币价值的合理性在于,在已经使用替

---

〔24〕 黄忠顺:《生态环境损害惩罚性赔偿请求权二元配置论》,载《当代法学》2022年第6期。

〔25〕 李承亮:《〈民法典〉损害赔偿责任体系论纲》,载《荆楚法学》2022年第6期。

〔26〕 《技术指南》第3.1、3.6条。

〔27〕 於方、田超等:《生态环境损害赔偿与鉴定评估相关术语辨析》,载《环境保护》2022年第10期。

代等值分析法恢复了生态量的前提下,没有必要进一步恢复期间损害量,以免造成超额恢复;量化为被损害的生态量的合理性在于,期间损害也属于生态环境损害,应当优先适用恢复而非赔偿,这体现出理论界对于期间损害救济方式的犹疑。但最后得出的结论却是,《民法典》第1235条将期间损害视为应予“赔偿”的“损失”,这说明赔偿期间损害的经济价值更符合此条规定。〔28〕之所以得出这样的结论,一是因为片面地将“赔偿”理解为赔偿损失,忽略了“赔偿”一词还对应恢复原状费用赔偿的可能性;二是“损失”在传统民法理论中代表差额说,是受害人财产总额的消极变化,是“与外在具体破坏无关”的差额损害。〔29〕采用“期间损失”的表述很容易使人误以为应当量化期间损失的经济价值并适用赔偿损失责任。

实际上,对期间损害适用赔偿损失责任不仅要面对期间损失数额计算困难的难题,〔30〕也违背了生态环境修复优先的基本原则。期间损害与污染环境、破坏生态行为造成的生态环境损害在本质上并无区别,均能够通过实际修复措施进行救济。《推荐方法》中将期间损害定义为“受损生态环境从损害发生到其恢复至基线状态期间提供生态系统服务的损失量”〔31〕,强调了期间损害是生态系统服务功能的实物量的丧失或者减少,应当根据受损资源或者服务贴现年制定补偿性恢复方案,而非赔偿丧失实物量的经济价值。因此,应当明确期间损害同样适用生态环境修复措施,提供通过补偿性修复措施填补期间损害的选项,消除由“赔偿期间损失”的表述所带来的只需赔偿期间损害相应经济价值的误解。

四、生态环境修复费用:赔偿损失与恢复原状费用之辨

尽管在排除了永久损害概念之后,所有的受损生态环境都能通过直接修复或者替代性修复措施加以救济,但这并不意味着生态环境修复责任中没有金钱赔偿的适用空间。《民法典》第1234条规定:“侵权人在期限内未修复的,国家规定的机关或者法律规定的组织可以自行或者委托他人进行

---

〔28〕 陈伟:《环境公益侵权惩罚性赔偿之限缩适用》,载《中国地质大学学报(社会科学版)》2023年第3期。

〔29〕 曾世雄:《损害赔偿法原理》,中国政法大学出版社2001年版,第118-124页。

〔30〕 使用“差额说”进行期间损失计算的困难之处有二:一是生态环境状态的差值难以把握;二是当前的市场机制难以对生态环境的价值进行全面客观的评价。参见林潇潇:《体系化视角下民法典环境损害责任条款的规范定位》,载《南京工业大学学报(社会科学版)》2023年第1期。

〔31〕 《推荐方法》第4.12条。

修复,所需费用由侵权人负担。”如何理解生态环境修复费用的性质,关系到该费用的适用要件、计算方式、风险负担规则、资金流向乃至最终是否能够实现生态环境修复效果等多方面问题,必须审慎对待。

(一)生态环境修复费用与赔偿损失产生混同

当前的理论和实践中已经出现了将《民法典》第1234条中的生态环境修复费用理解为赔偿损失的倾向。实践方面具体有以下三点表现。

一是一些案例直接指明了生态环境修复费用的构成,其中包括对受损生态环境经济价值的赔偿。比如,“江苏省南京市人民检察院诉王某林生态破坏民事公益诉讼案”〔32〕中提出的生态环境损害修复费用包括“林木的直接经济损失、生态系统功能受到影响的损失、修复期间生物多样性的价值损失”三项,其中林木的直接经济损失属于赔偿损失,后两项则是生态环境服务功能的价值量化,也属于赔偿损失的范畴,这三项内容与实际的生态环境修复措施并无关联。在“重庆市南川区生态环境局与重庆市南川区吹风岭农业发展有限责任公司侵权责任纠纷案”〔33〕中,法院将被告非法占用林地所导致的森林生态系统经济价值损失纳入生态环境损害赔偿金当中,用于开展替代修复,实际上也是将生态环境修复费用等同于赔偿损失的体现。

二是大量运用虚拟治理成本法确定生态环境修复费用。虚拟治理成本法普遍性地出现在水污染、大气污染、土壤污染、固体废弃物污染等多个领域,多数案件并未考虑其适用条件。有学者甚至将虚拟治理成本法视为生态环境恢复原状费用计算的基本方法。但实际上,虚拟治理成本法与生态环境恢复成本法是两种不同的生态环境损害量化方法,前者量化生态环境损害造成的价值损失,后者在此基础上计算出真正的生态环境修复费用。虚拟治理成本法的广泛使用直接体现了赔偿损失在生态环境修复责任中的泛化。

三是通过生态环境损害赔偿资金流向能够推断出资金性质属于赔偿损失。在已经出台的针对生态环境损害赔偿资金的管理办法或方案中,山东、吉林、湖南、安徽、江苏、重庆等省市均规定将生态环境损害赔偿金作为政府非税收入全额上缴地方国库,并未专款专用于生态环境修复。这表明在上述管理办法或方案中,相关费用的承担被定性为赔偿损失。

在理论上,通说认为《民法典》第1235条规定了生态环境不能修复或者无法完全修复情形下的价值赔偿规则,进而认为《民法典》确立了以生态

〔32〕 江苏省南京市中级人民法院民事判决书,(2020)苏01民初798号。

〔33〕 重庆市第三中级人民法院民事判决书,(2019)渝03民初2790号。

修复为原则,以赔偿损失为补充的适用顺位。在计算方式方面,对生态环境损害赔偿额量化方法的研究认为,替代等值分析法是以生态恢复为目标的量化,其重点在于计算需要恢复的资源量或生态服务价值,而生态环境损害的量化价值就是恢复这些资源量或服务价值所采取的恢复措施需要花费的费用;环境价值评估法则不以恢复受损的资源量或服务价值为目标,而是直接量化资源或生态服务的货币价值。[34] 两种方法并行不悖,分别对应生态修复所需费用以及不适宜或者无法进行生态修复时对环境经济价值减损的赔偿。

综上所述,尽管《民法典》第1234条并未明确"所需费用"的性质,但其实际上已经被作为赔偿损失处理。那么,是否所有通过支付金钱的方式进行的损害填补都属于赔偿损失?针对生态环境损害的金钱赔偿与生态环境修复目标之间是何关系?应如何解释"所需费用"的性质,使其能够与修复优先原则相匹配?对以上问题的探讨关系到对《民法典》第1234条的理解与适用,同时也涉及生态环境修复责任与赔偿损失责任在根本上的厘清。

(二)生态环境修复费用类似于恢复原状费用

我国民法学说并不区分价值利益与完整利益的损害,多数学说认为,只要赔偿义务人以支付金钱的方式向赔偿权利人填补损害,都属于赔偿损失,因此金钱赔偿常被等同于赔偿损失。[35] 然而,从词组构成上看,由于赔偿等于支付金钱,金钱赔偿的外延仅取决于"赔偿"这一个限定因素;而赔偿损失的外延则取决于"赔偿"和"损失"两个限定因素,除赔偿损失之外还存在对非损失的赔偿,因此赔偿损失在理论上应当属于金钱赔偿的下位概念。[36]

对于损害的填补存在直接填补和折价填补两种方式。直接填补即恢复原状,此处的恢复原状指广义恢复原状,包括一切将被侵权人的权益状态恢复到未受侵害的应然状态的责任方式。折价填补即价值赔偿,指赔偿财产未受损时的价值与受损之后价值之间的差额。[37] 价值赔偿只对应金钱赔偿一种方式,而恢复原状除实际修复之外,亦可通过金钱赔偿实现,称为恢复原状费用。价值赔偿与恢复原状费用赔偿二者存在以下区别:一是保护

---

〔34〕 陈伟:《生态环境损害额的司法确定》,载《清华法学》2021年第2期。

〔35〕 程啸、王丹:《损害赔偿的方法》,载《法学研究》2013年第3期。

〔36〕 李承亮:《〈民法典〉损害赔偿体系论纲》,载《判楚法学》2022年第6期。

〔37〕 这里的价值赔偿等同于作为金钱赔偿下位概念的赔偿损失。但由于赔偿损失在我国民法学界已形成固定意涵,通常与金钱赔偿同义,为表意清晰,本部分选择价值赔偿概念以示区分。

对象和规范目的不同,价值赔偿保护价值利益,能够用市场价格予以衡量,而恢复原状费用与恢复原状一样保护完整利益;二是请求权行使要件不同,行使恢复原状费用请求权必须满足可能性、目的拘束性和经济合理性的要求,而价值赔偿请求权并不存在任何要件限制;三是受害人是否必须实际支出金钱不同,在价值赔偿中,由于受害人未实际支出金钱之前并未产生价值利益的损害,因此受害人必须实际支出金钱填补损害,并且只有在将完整利益的损害转化为财产利益的减损后方能请求价值赔偿,而恢复原状费用请求权则不以受害人实际支出金钱为必要;四是风险负担的规则不同,此处的风险指"不可归责于双方的事由导致损害的扩大或使已产生的损害比恢复原状前的鉴定报告所预估的损失更严重",若加害人进行价值赔偿则其不承担风险,若加害人进行恢复原状费用赔偿则需要概括承受风险。〔38〕由此可见,价值赔偿和恢复原状费用赔偿虽在外部都表现为金钱赔偿,但内部却存在巨大差别,二者不可混淆。

上述理论对于《民法典》第1234条和第1235条同样具有解释力。本文认为,修复生态环境是广义恢复原状在生态环境损害领域的延伸与具化。〔39〕虽然既有观点指出我国民法中的恢复原状与生态环境修复责任具有很大差异,但其根本原因在于狭义恢复原状的涵盖力不足。〔40〕恢复原状之本质在于恢复受损害权利和法益的本来状态,它既包括传统民事领域经济价值的恢复,也包括对生态环境损害的填补,广义恢复原状因其概括性和兜底性的特征在适用于生态环境损害救济领域时具有极大优势。〔41〕而生态环境修复费用类似于恢复原状费用。一是从保护对象上看,生态环境修复费用关注的是对受损生态环境的修复,而非其对应的价值损失。只不过这种修复通过支付相应的费用实现,而非直接进行实物修复。二是从支付的时间来看,根据《环境民事公益诉讼解释》第20条和《生态环境损害赔偿若干规定》第12条的规定,这里的"所需费用"既可以在判决被告修复生

〔38〕 程啸、王丹:《损害赔偿的方法》,载《法学研究》2013年第3期。

〔39〕 黄薇主编:《中华人民共和国民法典侵权责任编释义》,法律出版社2020年版,第203页。

〔40〕 李兴宇:《公私法域交叉背景下"修复生态环境"责任的定位与实现》,载《云南大学学报(社会科学版)》2022年第5期。

〔41〕 张红:《我国民法中恢复原状的再体系化》,载《荆楚法学》2022年第2期。德国民法学界扩大了恢复原状的意义,将其从恢复所有权侵害扩张到了恢复生态环境损害;恢复原状在生态环境受损的情况下指加害人将生态环境恢复到受损之前的同等状态,对于无法恢复的生态环境损害,则恢复到近似状态。参见李承亮:《侵权责任法视野中的生态损害》,载《现代法学》2010年第1期;冯洁语:《公私法协动视野下生态环境损害赔偿的理论构成》,载《法学研究》2020年第2期。

态环境的同时予以确定,也可以直接判决被告承担。这意味着赔偿权利人在未实际支出金钱进行生态修复时,也能够请求赔偿义务人支付生态环境修复费用,此时赔偿权利人并未实际产生财产损失,因此生态环境修复费用不属于价值赔偿当中的间接损失,而属恢复原状费用的范畴。三是将生态环境修复费用归类于恢复原状费用有利于生态环境修复责任的实现。[42]恢复原状费用必须专款专用于生态环境修复,不应再纳入国库按照一般公共预算进行管理。[43]此外,由专业人员在行政机关监督下进行修复也更具专业性和可行性。四是将生态环境修复费用定性为恢复原状费用有助于后期的风险分配。在实际修复前判定的生态环境修复费用具有不确定性,随着修复工程的进展很可能发生变动。在恢复原状体系中,由此产生的风险由赔偿义务人承担;反之,价值赔偿请求权一经履行即告消灭,赔偿义务人不再承担相应风险。显然,前者更加符合生态环境修复费用相关规定的本意。综上所述,生态环境修复费用在性质上类似于恢复原状费用而非赔偿损失,生态环境修复费用不等于生态环境损害的经济价值。

将生态环境修复费用类比为恢复原状费用,对于理解生态环境修复费用的具体内涵和计算方式具有重要意义。这说明了金钱赔偿只是生态环境修复责任的一种承担方式,而非与生态环境修复责任并列的、独立的责任形式。赔偿生态环境修复费用的目的应当是对受损生态环境的全面修复而非赔偿损失;修复费用的计算应当以生态环境修复成本为依据,而非生态环境损害的经济价值。

五、以修复为中心的生态环境修复费用计算方式

在厘清了生态环境修复费用的性质后,应当重新考虑费用的计算方式。生态环境修复费用包括基本恢复、补充性恢复和补偿性恢复三类恢复工程措施所需费用。其中,基本恢复措施对应原位原质恢复或自然恢复,其规模和具体花费能够通过对比受损生态环境与基线值或者可接受风险水平确定,无须通过《推荐方法》第 8.3.1 条中所列举的生态环境损害评估方法进行计算。

补充性恢复对应异位同质恢复、原位异质恢复、异位异质恢复等多种形式,统称为替代性修复;补偿性恢复则用以补偿生态环境期间损害。这两种恢复措施的规模与基本恢复措施密切相关,必须在确定基本恢复措施之后

---

〔42〕 吕忠梅、窦海阳:《修复生态环境责任的实证解析》,载《法学研究》2017 年第 3 期。

〔43〕 张宝:《环境法典编纂中民事责任的定位与构造》,载《环球法律评论》2022 年第 6 期。

运用生态环境损害评估方法计算。生态环境损害评估方法只与补充性和补偿性恢复有关,其本质是列出一个方程等式,使自然资源的损失量与自然资源损害补救的效益相等,〔44〕此等式中作为度量单位的既可以是资源量和生态系统服务量,也可以是货币价值。将环境的损益以资源量为单位来表征的称为资源等值分析法;以生态系统服务为单位来表征的称为服务等值分析法,这两种方法通常被优先使用。以货币价值作为度量单位的方法被称为价值等值分析法,其中价值—价值法使恢复行动所产生的环境价值贴现与受损生态环境的价值相等同;价值—成本法使恢复行动的总预算等同于受损环境的货币价值量。包括直接市场法、揭示偏好法和陈述偏好法等在内的环境价值评估方法并不是独立的生态环境修复费用计算方法,而是服务于价值等值分析法,用以解决对恢复行动产生的效益和受损生态环境的价值进行货币化的问题。资源等值分析法、服务等值分析法和价值—价值法均是在确定了基本修复方案和补偿性修复措施的类型和规模后对其方案的实施成本进行货币化,而非要求赔偿义务人赔偿生态环境及其服务功能所蒙受损失的货币价值。唯有价值—成本法直接将修复行动的成本等同于受损生态环境价值,但这会导致据此选择的修复行动是否能够完全填补生态环境损害存在不确定性,因此该方法应当被作为最后手段予以适用。替代等值分析法的应用框架如表1所示。

表1 替代等值分析法的应用

类型		度量单位
资源等值分析法		受损资源量=恢复行动提供的资源量
服务等值分析法		受损生态系统服务量=恢复行动提供的生态系统服务量
价值等值分析法	价值—价值法	受损生态环境货币价值=恢复行动产生的环境价值贴现
	价值—成本法	受损生态环境货币价值=恢复行动的总预算

综上所述,生态环境修复费用建基于生态环境修复措施的成本,而非生态环境损害所对应的经济价值。尽管《技术指南》中仍然规定了经济评估方法,但该方法却主要用于"决定何种规模的赔偿性修复措施提供了与受

〔44〕 牛坤玉、於方等:《自然资源损害评估在美国:法律、程序以及评估思路》,载《中国人口·资源与环境》2014年第S1期。

损服务功能等值的内容”。换言之,通过各种经济评估方法计算出的货币价值只是一种中间状态,以此为度量单位配平“生态环境损失量”和“生态环境损害补救效益”两项之间的等式,其目的在于确定补充性和补偿性修复的规模,并最终选取相应的生态环境修复措施。这种以生态环境恢复成本方法为导向的生态环境损害鉴定评估程序能够最大限度地保障生态环境的及时修复,防止生态环境修复责任向纯粹价值赔偿的异化。[45] 根据《民法典》第1234条的规定,赔偿义务人仍然可以通过支付金钱的方式承担生态环境修复责任,只不过此时的费用对应生态环境修复措施的花费,在性质上类似于恢复原状费用而非直接赔偿生态环境的损失;此时的金钱赔偿只是承担生态环境修复责任的具体方式之一,而非独立的责任承担方式。[46]

在厘清了计算生态环境损害的基本方式后,尚有两个问题需要澄清。首先是虚拟治理成本法的适用问题。“虚拟”表明了虚拟治理成本法和环境恢复成本法具有本质区别:前者是基于源头治理提出的方法,计算的是按照现行的治理技术和水平治理排放污染物所需要的支出,因此作为基数的治理成本等于污染物排放量与单位治理成本的乘积;而后者则是基于末端治理的方法,通过对受损生态环境与基线水平的比较得出修复措施的规模及费用。“治理成本”则标示了虚拟治理成本法的本质,其目的仍然在于生态环境的修复和治理,并非如学者所述“只有资源等值分析法是恢复原状的体现,虚拟治理成本法计算的是生态环境损害造成的价值损失”[47]。实际上,“环境损害之范围确实难以确定,但这是损害赔偿数额之计算问题,可通过一系列科学合理的方式加以确定,而损害赔偿之方式的确定系侵权人的责任确定的问题,不能因数额难以计算而免去侵权人本应承担的责任”[48]。换言之,虚拟治理成本法解决的是损害赔偿数额计算的问题,这并不影响在损害赔偿方式上其仍属于广义的恢复原状而不是赔偿损失。在《关于虚拟治理成本法适用情形与计算方法的说明》《生态环境损害鉴定评估技术指南　基础方法　第1部分:大气污染虚拟治理成本法》《生态环境

[45] 王灿发、王雨彤:《生态环境损害赔偿诉讼责任承担方式的反思与完善》,载《环境保护》2022年第9期。

[46] 张宝、殷佳伟:《替代性修复责任司法适用的反思与调适》,载《南京工业大学学报(社会科学版)》2022年第4期。

[47] 王小钢:《论〈民法典〉中生态环境损害填补责任的司法适用》,载《中国地质大学学报(社会科学版)》2023年第1期;冯洁语:《公私法协动视野下生态环境损害赔偿的理论构成》,载《法学研究》2020年第2期。

[48] 张红:《我国民法中恢复原状的再体系化》,载《荆楚法学》2022年第2期。

损害鉴定评估技术指南 基础方法 第2部分:水污染虚拟治理成本法》等法律文件中均规定虚拟治理成本法适用于"污染物排放事实明确,但损害事实不明确或无法以合理的成本确定生态环境损害范围、程度和损害数额的情形",这也是对上述说法的印证。

其次是当生态环境修复工程费用明显过高,其成本大于收益时应当如何处理。采用生态环境恢复成本方法计算生态环境修复费用需满足至少两个条件,一是技术可行性,二是经济合理性。[49] 在特定情况下,并不需要以天价修复生态环境,应根据受侵害的生态利益的类型,判断何种程度的修复费用过高而不满足经济合理性。[50] 当不具备经济、技术和操作可行性时,在基本恢复阶段应将生态环境修复至可接受风险水平,之后宜采用自然恢复方式;[51] 在补偿性恢复阶段仍应按照"资源等值分析法—服务等值分析法—价值等值分析法"的顺序确定补偿性恢复工程的规模和花费,并以补偿性恢复工程费用量化针对期间损害的赔偿数额。

六、结语:对《民法典》第1234条和第1235条的再解释

对生态环境修复责任的理解应立足于以下两点:其一,所有的受损生态环境都是可修复的。从生态学上看,生态环境修复的意义在于重建生态系统的自组织性和可持续性,并不必然要求原位原质修复;从法学视角看,这也就意味着生态环境修复责任需要超越传统民法中恢复原状和价值赔偿二分的分析方法,[52] 所有种类的生态环境损害都只对应生态环境修复这一种责任承担方式,并可将其周延地划分为直接修复和替代性修复两类,排除永久损害及其对应的赔偿损失责任。其二,生态环境修复责任的目标在于修复而非赔偿,"生态环境损害赔偿"这一名称本身就可能存在问题。[53] 对生态环境损害的填补方式不是赔偿经济损失,其更类似于大陆法系的广义恢复原状,只不过生态环境修复并非恢复原状要求的完全复原,而是有特定的标准和方法。[54] 因此,生态环境修复责任中的金钱赔偿类似于恢复原状费用而非赔偿损失,应通过生态环境恢复成本法而非环境价值评估方

[49] 王小钢:《〈民法典〉第1235条的生态环境恢复成本理论阐释——兼论修复费用、期间损失和永久性损失赔偿责任的适用》,载《甘肃政法大学学报》2021年第1期。
[50] 冯洁语:《公私法协动视野下生态环境损害赔偿的理论构成》,载《法学研究》2020年第2期。
[51] 《技术指南》第7.3.1、7.3.2条。
[52] 张宝:《环境法典编纂中民事责任的定位与构造》,载《环球法律评论》2022年第6期。
[53] 吕忠梅:《"生态环境损害赔偿"的法律辨析》,载《法学论坛》2017年第3期。
[54] 吕忠梅、窦海阳:《生态恢复论 环境侵权新法理》,法律出版社2022年版,第120页。

法计算金钱赔偿数额。

如此一来，需要重新解释《民法典》第1234条和第1235条的含义。这两条并非如通说所言，第1234条确立了生态环境损害实物修复优先，第1235条确立了金钱赔偿补充的适用顺位，[55]而是共同确立了以修复为中心的生态环境损害责任。其中，第1234条中明确了实物修复优先的原则，若侵权人在期限内未修复，则转化为费用请求权；第1235条则是对第1234条中"所需费用"的具体化，"生态环境受到损害至修复完成期间服务功能丧失导致的损失""清除污染、修复生态环境费用""防止损害的发生和扩大所支出的合理费用"三项共同构成生态环境修复费用，在性质上类似于广义恢复原状；生态环境损害调查、鉴定评估等费用则属于赔偿损失的请求范围。唯有如此解释，才能使生态环境修复责任走出向赔偿损失责任泛化的泥沼，真正落实对受损生态环境的救济与恢复。

---

[55] 徐以祥：《〈民法典〉中生态环境损害责任的规范解释》，载《法学评论》2021年第2期。

《环境资源法论丛》
第 15 卷，第 168～186 页

“双碳”目标视域下碳排放权司法执行路径探析

——基于 539 份裁判文书的实证分析

徐宇翔*

摘　要　随着全球气候变暖和人类对环境问题的持续关注，碳排放成为一个日益迫切的问题。为了控制温室气体排放，碳排放交易成为削减碳排放的关键策略。党的二十届三中全会通过的《中共中央关于进一步全面深化改革　推进中国式现代化的决定》明确指出，健全碳市场交易制度，而完善的司法执行制度是维护碳排放权交易秩序的关键要素。本文通过对碳排放权性质与作用、纠纷的实践检视与执行现状、可执行性等问题的研究阐述，探讨了碳排放权执行困境和对策，冀望为促进“双碳”目标实现以及贯彻新发展理念、实现高质量发展提供一定参考。从长远来看，强化对碳排放权执行的研究，无疑将成为激发司法活力、赋能职能履行的催化剂，也有助于积累执行经验，建立具有中国特色的碳执行模式和标准体系，为未来碳金融市场的竞争做好充分的准备。

关键词　碳排放权　可执行性　困境与对策

引　言

“双碳”目标是我国重要的国家战略和国际承诺。2021 年 9 月 21 日，中国国家主席习近平在第七十六届联合国大会一般性辩论上宣布，中国将

* 徐宇翔，北京金融法院法官助理。

力争2030年前实现碳达峰、2060年前实现碳中和。2022年1月24日，习近平总书记在主持中共中央政治局第三十六次集体学习时明确指出要完善碳定价机制，加强碳排放权交易、用能权交易、电力交易衔接协调。党的二十届三中全会通过的《中共中央关于进一步全面深化改革　推进中国式现代化的决定》也提出，健全绿色低碳发展机制，健全碳市场交易制度、温室气体自愿减排交易制度，积极稳妥推进碳达峰碳中和。

为应对气候变化，推动温室气体减排，促进绿色低碳发展，我国早在2011年10月开始即在北京、天津、上海、重庆、广东、湖北、深圳等7个省市开展碳排放权交易试点工作，逐步建立国内碳排放交易市场。2020年12月，生态环境部出台了《碳排放权交易管理办法（试行）》（以下简称《碳权交易办法》）及相关管理规则，以推动全国碳排放权交易市场的建立，规范全国碳排放权交易及相关活动，稳步实现"双碳"目标。2023年2月，最高人民法院出台的《关于完整准确全面贯彻新发展理念　为积极稳妥推进碳达峰碳中和提供司法服务的意见》（以下简称《司法服务意见》）亦用专门章节[1]强调要"推进完善碳市场交易机制"，要求各级法院依法办理涉碳排放执行案件，为规范全国碳排放权交易及相关活动，稳步实现"双碳"目标贡献了司法力量。

交易规则和审理指导原则的发布为进一步澄清碳排放交易体系的运作提供了利好条件，使碳排放权成为一项可以执行的财产权。然而，碳排放权作为新兴的权益，在执行阶段面临许多挑战。立足于此现实状况，本文着手于解析碳排放权的法律属性，并研究其在执行过程中的疑难问题。碳排放权不仅是一种环境策略，同时拥有显著的金融特征。随着各地区碳交易量的增加，其潜在的纠纷风险及执行难题也日渐显现。尤其是在中共中央、国务院2023年7月14日发表的《关于促进民营经济发展壮大的意见》明确鼓励民营企业参与碳交易的背景下，碳金融市场的迅速扩张势在必行，所以尽早建立一套碳排放权的执行机制显得尤为重要。

一、碳排放权的性质与作用

碳排放权是指各国政府或组织为了控制气候变化，实现减少温室气体排放量的目标而制定的一种权利机制。其通过通行于各个国家或地区的碳市场进行交易，可对污染企业或机构产生约束作用，从而帮助实现环境保护

---

〔1〕《司法服务意见》第5章。

的政策目标。从这个意义上讲,碳排放权的实质是对大气的使用权,是基于地球大气环境容量资源的分配而形成的一种环境财产权。[2]

(一)碳排放权的性质

对碳排放权的性质可以从多个角度进行理解。首先,碳排放权被视作一种可再生资源。管理机构每年都会设定一个特定的排放限额,并将这些排放配额分配给不同的企业或机构。在每个给定时间段内,这些企业或机构的碳排放量不得超出他们所持有的碳排放权所允许的范围。其次,碳排放权还带有较强的政策属性。碳排放权的制定和改革旨在控制温室气体排放,从初始分配到后期登记管理均与一般财产有较大差异。

(二)碳排放权的作用

在实现"碳中和"及减少碳排放的目标指导下,碳排放权的交易已经变成政府借以促进产业结构优化与升级的关键市场工具。一方面,通过碳排放权交易能够逐渐削减高碳行业的比例,同时激励低碳行业的成长与壮大。低碳行业通常具备技术更新速度快、资源使用效率高和较少污染等特点。通过实施碳排放权交易,相关管理机构能够逐步降低高碳行业的碳排放量,支持低碳行业发展,从而推动产业结构的优化和升级。另一方面,碳排放权交易还能够促进企业在技术革新和节能减排方面的努力。在碳排放权交易中,企业需要权衡成本与收益,进而积极寻求采纳更为清洁、低碳的技术解决方案。虽然碳排放权交易具有多种优势,但为了减轻企业在碳交易中的成本负担,扩大碳排放权的融资作用,有必要持续完善碳排放权的执行机制。

二、碳排放权法律纠纷的实践检视与执行现状

通过裁判文书网,笔者检索到涉碳排放案件539件[3],最早为2011年的两起案件,这与碳排放权交易试点的落地时间一致。2017年以来,涉碳排放的纠纷呈现逐年上升趋势,2018年到2022年5年的案件数占历年总案件数的84.2%(见图1)。2021年以来相关案件呈现回落并逐渐稳定。根据笔者检索,截至2023年4月,2023年案件数仅有6件。究其原因,一方面,环保部门自2020年以来出台了包括《碳权交易办法》在内的一系列规范,使碳市场交易更加有序;另一方面,亦与人民法院近年强化环境资源审判,连续发布典型案例和保障意见密不可分。

---

〔2〕 邓敏贞:《我国碳排放权质押融资法律制度研究》,载《政治与法律》2015年第6期。

〔3〕 检索网站:中国裁判文书网;检索关键词:碳排放;检索类型:全部案件;访问日期:2023年7月1日。

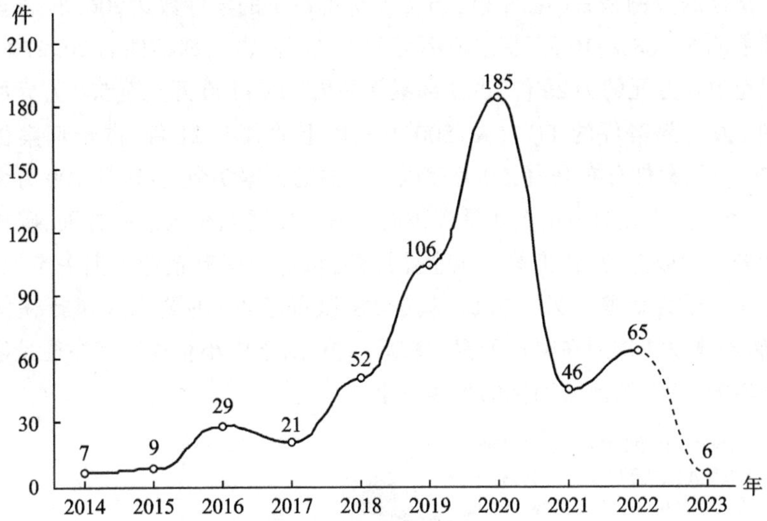

图 1　近年来碳排放权纠纷

注：为制表效果，图 1 的统计周期为 2014~2023 年。

（一）碳排放权纠纷实践检视

从地域分布来看，山东省碳排放权相关纠纷达 159 件，与该省作为工业大省，以能源、冶金、化工等产业为支柱产业密不可分。排在第 2~4 位的均属于 2011 年以来的碳交易试点省份，因此，与其他省份相比纠纷较多。

从案由分布来看（见图 2），根据笔者检索，历年来全国法院涉碳排放权民事案件共有 446 件，在各类案件中占比最高，达 82.75%；行政案件和刑事案件次之，执行案件最少。前三类案件特别是民事案件的数量，与执行案件形成明显倒挂。在前述三类案件中较多的是 2021 年至 2023 年增长的案件，而且随着民事案件增加，未来有进入执行程序的潜在可能，因此当下有必要对碳排放权执行开展前瞻性研究。

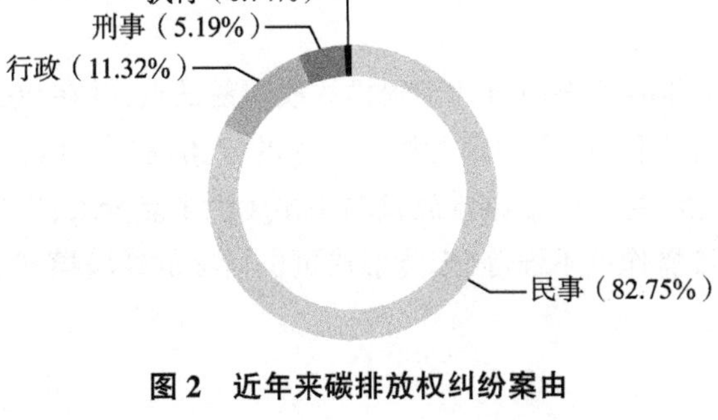

图 2　近年来碳排放权纠纷案由

从标的数额来看(见图3),10万元标的以下的案件数达206件,占全部案件数的55.68%;10万元至50万元的为75件,占全部案件的20.27%;50万元至100万元的为26件,占全部案件的7.03%;100万元至500万元的为42件,占全部案件的11.35%;500万元以上的共有21件,占全部案件的5.67%。从案件分布来看,50万元以下标的的占据多数,其次是100万元至500万元的,这说明中小企业是碳排放纠纷的主要当事人。一方面,碳排放体量较大的以能源、化工等领域企业居多,该行业国有企业占据一定比例,资金实力较为雄厚。另一方面,就《司法服务意见》的要求和执行惯例而言,碳排放权往往列在财产处置的较后顺位,对于中小企业而言往往是最后有价值的资产,因此普遍标的数额偏小。

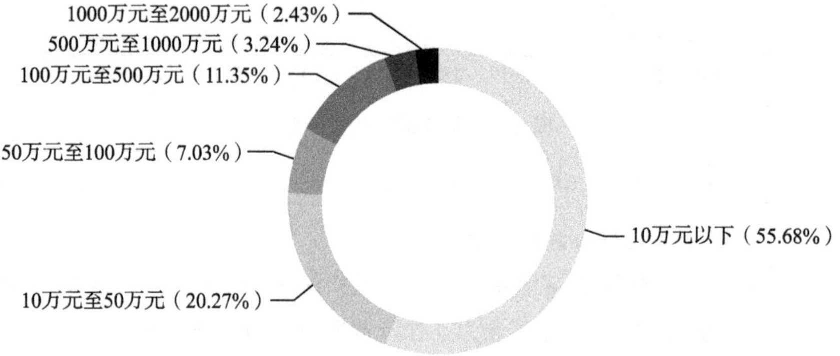

图3　近年来碳排放权纠纷标的金额

(二)涉碳排放权执行现状

经检索,涉碳排放权执行案件共有12件,经人工筛查,进入执行实施程序的7件涉碳排放强制案件均为辽宁省抚顺市东洲区人民法院执行的,且均为2019年的案件,系由当地煤炭销售或机械制造企业等与辽宁某港发电公司的买卖合同纠纷引发,法院对碳排放指标进行了查封,但由于相关财产系轮候查封,法院综合判定不具备强制执行条件,故以终结本次执行方式结案。

尽管2011年有关部门启动了碳排放权交易试点,并在2020年出台《碳权交易办法》等文件,但实践中对执行经验的探索尚属空白,相关执行工作还存在堵点难点,主要包括碳排放权的法律属性观点分歧,碳排放权执行程序缺乏规范、可操作性不强等,未能形成可供借鉴的经验模式。

三、碳排放权的可执行性

财产的可执行性是司法强制执行的基础。确认碳排放权的可执行性，应当明确其执行对象、法律属性。此外，鉴于碳排放权在登记上的特殊性，还应当结合其会计记录来明确其可执行性。

(一)碳排放配额与碳排放权

碳排放配额定义了一个国家、区域或企业所允许排放的二氧化碳以及其他温室气体的最大量。这一概念在碳减排和抗击气候变化的政策框架中扮演着核心角色，因为设定的减排目标通常与各国或区域的总碳排放量紧密相关。以《联合国气候变化框架公约》为例，参与方均承诺长期合作以将人为导致的气候变化风险降到最低，并且设定了自主的减排目标。各方为达成这些减排目标，需要基于自身的碳排放情况来分配碳排放配额。同时，国际社会还将对各国、区域或企业所进行的排放活动实施监督和评价。

在微观层面上，对于企业而言，碳排放权这一权利形式就是通过具有碳排放配额量来予以呈现。2021 年生态环境部发布的《碳排放权交易管理暂行条例(草案修改稿)》中明确了碳排放权就是分配给重点排放单位的规定时期内的碳排放配额。

根据《碳权交易办法》第 42 条的规定，碳排放所涵盖的范围广泛，包括燃烧化石能源、工业生产流程以及土地利用变更等过程中产生的温室气体排放，同时也涵盖了使用购买来的电力与热能产生的温室气体排放。在进行碳排放交易试点的 7 个省市颁布的实施管理方法中，对碳排放权的定义存在轻微差异。以《北京市碳排放权交易管理办法》为例，其将碳排放权定义为生产和经营活动中直接和间接排放二氧化碳等温室气体的权益。

(二)碳排放权的法律属性

在国际社会应对气候变化方面，碳排放权的设立是一项关键措施。对碳排放权法律属性的明晰界定对于推动碳市场合法化、规范化的运行以及实现全球温室气体减排目标具有至关重要的作用。碳排放权的交易机制建立在对其法律品性的准确理解之上，因此若碳排放权的法律属性不明确，将引发多种问题。例如，未受到制度保护的碳排放权会带来不确定性，这种不确定性可能会影响碳排放权的质押、租赁甚至执法等多个方面。此外，由于法律规定之间存在歧义，可能会在不同法律领域间造成调整对象和执行规则的冲突，从而导致规范适用的矛盾。以 2022 年 6 月发布的《民事强制执行法(草案)》为例，其并没有将碳排放权明确划归到"其他财产权"这一章节,而是仅提出了一个通则,即依据财产的类别和性质采用一般性规定。在对碳排放权的性质尚有争议的情况下,这样的规定可能会给基层执法人员带来困惑。因此,为了确保碳市场的有效运作和碳排放权的顺利执行,有必要对碳排放权的法律属性进行明确界定和统一规范。

碳排放权具有较强的公共环境物品属性。尽管生态环境部及7个试点省市出台的文件均将碳排放权界定为一种"配额",但基于现有表述尚无法最终确定碳排放权的法律属性。目前国内理论界就碳排放权的法律属性主要分为两种观点:一种认为碳排放权属于财产权,另一种认为属于行政规制权。前者主张将碳排放权视为排放主体、参与交易主体的一项权利,具体可以进一步认定为准物权或者无形资产。后者认为碳排放权是政府行政规制下的特别许可,对于拥有配额的主体而言仅构成一项财产性利益而非权利,并不能以此对抗政府的调节。〔4〕

2019年3月,生态环境部公布的《碳排放权交易管理暂行条例(征求意见稿)》〔5〕第10条第1款明确规定,碳排放配额是所有权人的资产,其权属通过国家碳排放权注册登记系统登记确认。而在2021年该部门公开征集意见的《碳排放权交易管理暂行条例(草案修改稿)》中则未体现相关表述,仅对碳排放权的含义进行了说明。这意味着主要管理机构对碳排放权的性质亦没有作出明确认定。

以私法为视角对碳排放权的研究主要持"用益物权说"观点,〔6〕认为碳排放权虽并非典型有体物,但具备了使用和收益特征,而且认定其为用益物权有助于强化碳排放权的财产属性。对此,《民法典》虽未明确碳排放权属于用益物权,但在第323条的规定中明确了用益物权客体包含动产,为可能的新型动产设立用益物权预留了规制空间。

如果从公法角度检视,笔者认为,碳排放权本身具有鲜明的行政规制权特性,至少在现阶段不宜径行认定其属于用益物权。碳排放权市场不是自发性市场,而是具有鲜明的政策属性,其仍然属于政府主导下的管理型市场,政府对碳排放权的分配具有绝对管理权,这是碳排放权区别于一般财产的主要特征。而且,碳排放权尽管具有物权属性,但其也很难被认定为一种

---

〔4〕 杨本研、方堃:《碳排放权的法律属性研究》,载《环境保护》2021年第16期。

〔5〕 《关于公开征求〈碳排放权交易管理暂行条例(征求意见稿)〉意见的通知》,载中华人民共和国生态环境部网,https://www.mee.gov.cn/hdjl/yjzj/wqzj-1/201904/t20190403_698483.shtml。

〔6〕 任洪涛:《民法典实施背景下碳排放权数据产权属性的法理证成及规范进路》,载《法学杂志》2022年第6期。

排他性私权,因为碳排放权与一般物权在保护原则上还存在较大区别,如果明确碳排放权的物权属性,会使政府在碳排放权的交易上受到较大限制。

虽然碳排放权是一种行政规制权,但鉴于其对排放单位有较强的依附性,且有明确的登记,其在一定程度上可以被视为企业专有权利。根据《民事诉讼法》的相关规定,人民法院有权根据不同情形扣押、冻结、划拨、变价被执行人的财产。[7] 依照这一规定,作为环保权益的碳排放权,具备通过冻结、变价等方式进行强制执行的条件,可以通过碳排放交易市场进行交易,因此具有可执行性。

(三)碳排放权的分类及会计处理

按照取得方式的不同,碳排放配额可以分为有偿取得和无偿取得。根据《碳排放权交易有关会计处理暂行规定》第 2 条[8] 的规定,企业有偿取得的碳排放配额应被确认为碳排放权资产,而无偿取得的碳排放配额有别于企业其他资产,不在企业财务账目上体现。

我国的碳排放交易市场目前正处于初级阶段。根据《碳权交易办法》的规定,碳排放配额的分配主要是基于企业之间的免费分配,但考虑到市场化的需求,未来也可能会按需引入有偿分配机制。尽管《碳权交易办法》和《碳排放权交易管理规则(试行)》等并没有明确区分免费和有偿获得的碳排放配额,除了免费配额需要通过初始分配进行权利确认,有偿配额需进行交易登记,但在碳排放交易和结算等环节,二者并无本质差别,都可用于交易和清缴。此外,企业免费获得的碳排放配额实际上是国家对关键企业提供的支持。但在强制执行过程中这些权利是否能够被执行,或是否应由国家统一收回,目前仍需进一步的明确和规范。这种不确定性表明,在推动碳市场向更加市场化、规范化发展的过程中,还需要不断完善相关政策和法律框架。

四、碳排放权执行的困境与对策

尽管有关部门已出台针对碳排放权交易的法律法规,对碳排放交易的办法作出规范和引导,司法实践中也存在相关的执行案例,如入选"司法积极稳妥推进碳达峰碳中和典型案例"的中国农业银行某县支行与福建某化

---

〔7〕《民事诉讼法》第 253 条第 1 款规定,人民法院有权根据不同情形扣押、冻结、划拨、变价被执行人的财产。

〔8〕《碳排放权交易有关会计处理暂行规定》第 2 条规定:重点排放企业通过购入方式取得碳排放配额的,应当在购买日将取得的碳排放配额确认为碳排放权资产,并按照成本进行计量;重点排放企业通过政府免费分配等方式无偿取得碳排放配额的,不作账务处理。

工公司等碳排放配额执行案[9],执行法院委托福建海峡股权交易中心交易碳排放配额并扣留成交款,探索了生态产品价值实现的新途径,对于维护申请人权益,提升碳市场交易活力意义重大。但从整个碳交易市场中强制执行的作用发挥来看,还面临一定困境。

(一)面临困境及原因

实践中的执行措施仅限于查封,具体后续怎么处置并没有相关规定。实际上在执行案件中想要直接执行被执行人的碳排放权额度,可能存在诸多困境,具体原因如下。

1. 法律规范规定不足

目前针对碳排放权的规范数量偏少,位阶不高。笔者通过北大法宝以"碳排放权"为关键词进行法律检索,截至2024年11月,中央层面的法律文件为1部行政法规即2024年1月发布的《碳排放权交易管理暂行条例》和17项部门规章,17项部门规章中有11项系2020年以后发布的,层级最高的为生态环境部发布的《碳权交易办法》。地方层面的碳排放权规范性文件有176项,其中层级较高的地方性法规和地方政府规章仅有11项,而有122项为地方工作文件,缺乏普遍适用性。从各类规范的内容来看,涉及碳排放权登记、管理和核查等各方面,但普遍缺乏细化规定,对碳排放权的执行工作来说尚显不足。

2. 交易市场尚不健全

全国碳排放权交易市场尚处在建立阶段,致使强制执行存在一定的阻碍。司法实践中,由于可供碳排放权强制执行的交易平台尚不健全,碳排放权强制执行措施仅限于查封,无法采取拍卖变卖等强制执行的处置措施,因此阻碍碳排放权的正常强制执行。碳排放权的执行首先需要明确其登记和交易场所。2021年,碳排放权登记结算(武汉)有限责任公司成立。其官网介绍显示,其属于全国碳排放权交易市场核心金融基础设施平台,承担全国碳排放权交易市场的登记等职能,为全国各级生态环境部门提供碳排放配额分配、履约等综合管理服务。[10] 但在该公司官网未找到可供司法登记、查询和联系碳排放权处置的信息,实务中其他法院亦通过地方碳市场来处置排放权。从实践案例来看,在福建榕昌化工有限公司碳排放权执行案中,

---

[9] 《司法积极稳妥推进碳达峰碳中和典型案例》,载中国法院网,https://www.chinacourt.org/article/detail/2023/02/id/7149452.shtml。

[10] 公司简介,载碳排放权登记结算(武汉)有限责任公司官网,https://www.chinacrc.net.cn/list/45.html。

当地法院是通过将有关配额公告至福建海峡股权交易中心交易实现了成功处置。

全国碳排放权交易市场处于建立阶段,相关登记、交易和结算等机制尚不健全,呈现多重管理特征,以北京市为例,即存在两套碳排放权登记和交易体系(见表1)。目前全国共有包括北京绿色交易所在内的9家地方性碳排放权交易场所,分布于北京、天津、上海及广东等8地,但是地方性交易场所只负责本辖区内的碳排放权交易工作,因此对于除前述省市的其他地区来说,尚无区域交易场所可进行相关执行工作。此外,即便是北京一类具有本地交易场所的地点,也存在因公司行业、规模变化与全国性的碳排放权登记结算(武汉)有限责任公司登记信息动态调整而需要面向执行法官提供统一的查询渠道的问题。故建议在试点基础上,进一步归集碳排放权管理,整合碳排放权统一登记和市场交易体系,也便于建设集中对接司法的登记、结算服务系统。

表1　北京和全国碳排放权登记、结算机构情况

场景	登记机构	职能描述	交易机构	职能描述
北京市内碳排放权交易	北京市应对气候变化管理事务中心	负责碳排放配额及碳减排量的注册登记,记录持有、变更、清缴、抵销、注销等信息	北京绿色交易所有限公司	建设和运行交易系统,组织本市碳排放权统一交易和结算
全国碳排放权交易	碳排放权登记结算(武汉)有限责任公司	负责全国的碳排放权注册登记和结算业务	上海环交所	作为全国交易平台的基础,支持全国范围内的碳排放交易

3. 缺乏统一监管

缺乏统一的监管,影响强制执行的效能。就目前而言,碳排放权交易的运行管理与监督皆由生态环境主管部门负责,缺乏法律与专门监管部门对相关行政主管部门的独立监督。主管部门权力涉及资质许可、市场准入及交易行为监督等方面,若没有专门的法律或监管部门的监督,容易滋生滥用职权、权力寻租等问题,而此又会影响市场平稳运行及碳排放权强制执行的有序实现。

此外,登记交易体系的双层结构也需要良好的协调机制来优化监管效果。对于某地区的某项碳排放权交易,是由该地有关部门来登记,还是由碳排放权登记结算(武汉)有限责任公司来登记,主要判断依据是其是否属于全国性碳排放权交易。笔者结合《碳排放权交易管理暂行条例》等法规及政策文件的内容,梳理了全国性碳权交易的若干认定标准,其中行业类别等标准需待有关部门进一步完善。鉴于相关纳入的标准目前尚在动态变化中,而且各地方在经济发展水平、产业结构和减排目标上都存在差异,这些因素在优化监管机制上均需要被充分考虑(见表2)。

表2 是否会被纳入全国碳排放权交易的考量因素

标准类别	细则	描述
行业类别	明确纳入的行业	发电、石化、化工、建材、钢铁、有色、造纸、民航等能源消耗量大、温室气体排放量大的行业
	未来可能纳入的行业	随着全国碳市场的发展,其他高排放行业将逐步纳入,由相关部门研究确定后实施
排放规模	年度排放量标准	企业年度温室气体排放量门槛当量(综合能源消费量1万吨标准煤)即可能被纳入,标准可能调整
企业性质	法人资格	具有独立法人资格的温室气体排放单位更易被纳入
	分支机构情况	不具有独立法人地位的分支机构的排放可能纳入所属企业的整体排放中
地区范围	国内生产经营	仅针对中国境内的企业,但境外企业中国内分支也可能被纳入

4. 交易流动性不足

流动性的不足,增加了碳排放权强制执行的难度。目前绝大多数碳交易市场现货交易日常成交量较少,日成交量往往在万吨左右,而仅有数百吨的交易日较为常见。流动性缺失不但难以吸引金融机构开发碳项目以推动交易,也加剧了市场被操控的风险,增大了碳排放权执行的困难。

5. 成交量小影响价格发现

成交量较为有限使碳排放权价格信号无法清晰一致。从交易量来看,被定位为中国碳排放权交易市场核心运行平台的碳结算公司官网显示,其在2023年3月17日至4月19日,累计成交碳排放额1,238,809吨,交易额67,738,887元[11]。而自2021年7月16日该市场启动线上交易以来,截至2023年4月19日的数据,累计碳排放权成交量233,538,909吨,成交额

〔11〕 根据碳排放权登记结算(武汉)有限责任公司官网信息披露栏目交易日报数据计算。

10,686,795,077.34元。[12] 这与其启动阶段首批纳入电力行业重点排放单位2162家,覆盖排放量超过40亿吨[13]的规模体量相比,市场交易尚不活跃。从价格来看,2023年3月17日至4月19日的碳结算公司交易均价为54.68元,而2023年2月以来,欧洲市场碳价格已突破100欧元[14],考虑到汇率因素二者差距达10余倍,这表明我国的碳排放权定价机制尚不健全,长远来看不利于相关企业利用碳排放权质押融资。

虽然《碳权交易办法》第22条第1款规定:碳排放权交易应当通过全国碳排放权交易系统进行,可以采取协议转让、单向竞价或者其他符合规定的方式。但目前各个试点碳市场碳价水平及走势相互间差异很大,这其中有地区发展及产业结构差异的原因,然而在同一个经济体里出现几个水平悬殊的碳价信号,且均与政府期待的合理碳价水平差距很远不利于碳交易市场长远健康发展。因此,如何形成稳定、清晰、一致和有效的碳价信号,是未来碳金融市场推进的重点。

6. 登记保护尚不完善

碳排放交易的信息登记和保护尚不健全。碳交易平台和登记平台会与不同的用户和合作方进行对接,作为登记结算中心,该平台将保存大量用户信息。从长远来看,该平台还将与不同行业的机构展开合作,应遵守《民法典》和《个人信息保护法》的规定,加强信息安全保护,以保护用户的商业秘密和隐私信息。此外,碳排放权登记结算平台托管了大量资产或资金,除交易之外,还可能有一些新兴业务特别是金融业务带来的法律风险。因此,交易平台和登记平台都需要完善内部防控体系,建立健全外部监督体系和内部自律诚信制度,重点打击欺诈、商业贿赂、舞弊、垄断和不正当竞争等行为,规范碳排放权交易相关市场活动。同时,还要注意防范相关方冒用平台名义和资质从事违法犯罪活动,避免被执行人因此对财产状况产生错误判断。

(二)碳排放权处置路径

1. 碳排放权登记管理

碳排放权登记机关是指负责管理碳排放权的登记、核查和分配等工作

---

[12] 碳排放权登记结算(武汉)有限责任公司官网信息披露栏目交易日报数据。

[13] 网站交易数据,载碳排放权登记结算(武汉)有限责任公司官网,https://www.chinacrc.net.cn/list/45.html。

[14] 《欧洲碳排放交易价格创新高》,载参考消息网2023年2月24日,https://baijiahao.baidu.com/s?id=1758702087214036363&wfr=spider&for=pc。

的政府或者其他授权机构。在国际上,不同国家的碳排放权登记机关存在差异,但其基本职能往往包括以下几个方面:第一,对碳排放权的监测、报告和验证。碳排放权登记机关需要对企业或其他机构的温室气体排放进行定期监测和报告,并对数据进行核实和验证,以确保数据真实可信。第二,对碳排放的核查和分配。登记机关需要核实企业或机构的碳排放情况,根据法律法规和政策要求给予相应的碳排放配额或者收回多余的配额。第三,对碳市场交易的支持。在一些采用市场化方式的碳排放交易系统中,碳排放权登记机关还需要提供相关服务和支持,例如,注册交易账户、进行交易匹配等。第四,行政执法和处罚。如果企业或机构违反了相关法律法规和政策要求,碳排放权登记机关则有权对其进行行政执法乃至处罚。

根据《碳权交易办法》第5条之规定,生态环境部组织建设全国碳排放权注册登记系统和全国碳排放权交易系统。碳排放配额的持有、变更、清缴、注销等信息统一在注册登记系统中记录,并进行结算,市场机构应以相关记录作为判断碳排放配额归属的唯一依据。无论是顺昌县人民法院办理的中国农业银行某县支行与福建某化工公司等碳排放配额执行案,还是沈阳华能电力机械制造厂、辽宁能港发电有限公司承揽合同纠纷执行案等七案,笔者均未检索到执行法官在登记义务协助机关登记的记录。笔者线下调研也仅发现北京绿色交易所等单位曾个别收到过法院协执。个别法院采取的方式是向被执行人发出协助执行通知书,要求其将本企业碳排放额挂牌至区域交易市场变价。就碳排放权制度的设立目标和管理需要而言,集中登记显然更有必要,而且可以起到公示效果,既有利于执行机关的财产查控和终结本次执行程序调查,也便于权利人对抗其他当事人的异议。

事实上,最高人民法院在《司法服务意见》第20条亦明确规定,执行法院应当向碳排放权注册登记机构送达执行裁定书和协助执行通知书,而目前各地法院的做法尚不完全统一。

2. 碳排放权财产确认

明确碳排放权财产法律属性直接影响执行过程中对碳排放权的定性,具体包括两个方面:一是影响碳排放权的财产申报,二是影响碳排放权的查控实践。首先,对于财产申报,以笔者所在的B市为例,在财产申报令的财产状况表中列明了当事人需要提交的五种类型财产,包括收入、银行存款、有价证券等金融收益,也有土地使用权、房屋等不动产,交通运输工具、机器设备等动产,还包括债权、股权等财产性权利和其他财产情况。笔者认为,碳排放权似乎不应与债权等并列归入财产权,但其是否属于其他财产情况,人民法院应当作出统一规定。在中国农业银行某县支行与福建某化工公司等碳排放配额执行案中,当事人在财产申报时即没有填写碳排放权,后续在法官提示下进行了补充申报,推动了执行工作。

其次,对于碳排放权的查封时间,按照最高人民法院《关于适用〈中华人民共和国民事诉讼法〉的解释》的相关规定,查封不动产、冻结其他财产权的期限不得超过3年。在实践中,法院亦按照这一要求来实施查封措施,在沈阳华能电力机械制造厂、辽宁能港发电有限公司承揽合同纠纷执行案中,抚顺市东洲区人民法院即对碳排放指标进行了3年的查封。为了更有效地开展碳排放权司法执行工作,有必要对相关司法执行措施进行统筹规划,明确在司法执行碳排放配额时采取冻结措施,且将冻结期限设定为2年。如此一来,既能保障法院查控措施具有一定的稳定性,又照顾了被执行企业对碳排放配额灵活处置的需求。

3.碳排放权执行顺位

按照《司法服务意见》的相关规定,在对被执行人的存款、现金、有价证券、机动车等可以执行的动产和其他方便执行的财产执行完毕后,债务仍未能得到清偿的,可依法查封、扣押、冻结被执行人的碳排放配额。因此,碳排放权被列在较后位置,如此规定一方面考虑到执行的便利度,碳排放权还是新生事物,应当进一步摸索执行经验,另一方面也是为了在实现公正的同时兼顾司法效率,碳排放市场相对于其他交易市场规模较小,优先处置碳排放权不利于执行效率的提升。但是,对于“可以执行”和“其他方便执行”在实践中容易产生分歧,例如,钢铁产能等指标当然属于可以执行的财产,但其执行难度亦较大,在变现上与碳排放权相比缺乏显著优势,是否应当列在碳排放权之前值得商榷。此外,虽然不动产等属于方便执行的财产,但如果已历经完整的拍卖流程后仍无法处置,其是否对照碳排放权等问题还需要进一步明确。

4.碳排放权的变价

碳排放权的变价是财产变现的关键,选择适格的变现方式有助于财产快速变现,最大限度满足公正与效率要求(见图4)。

(1)碳排放权变价的方式

根据《碳权交易办法》的规定,碳排放权交易应当通过全国碳排放权交易系统,可以采取协议转让、单向竞价或者其他符合规定的方式。

第一,协议转让。协议转让是指双方协商一致并确认成交,主要有挂牌协议交易及大宗协议交易。挂牌协议交易是从出让方系统挂出卖出或买入的申报,意向受让方确认后成交;而大宗协议交易则是交易双方在交易系统中报价、询价,由系统撮合交易。这两种交易方式在实行交易时略有不同,需要根据情况选择最合适的方式。

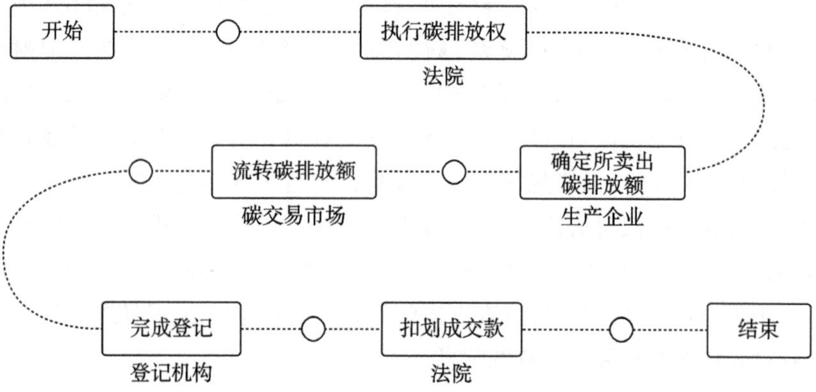

图4　碳排放权变价处置的基本流程

第二,单向竞价。单向竞价是指出让方向机构提交买入或卖出申请,机构发布竞价公告,多个意向受让方或出让方按规定报价,在公告时间内通过交易系统成交的一种交易方式。相比之下,单向竞价可以更好地反映碳排放权的市场价值,有利于形成公平合理的碳排放权价格;而协议转让则更适用于大宗交易,可以提高处置效率和维护碳排放交易价格的稳定性。目前,针对碳排放权强制执行所采用的变价方式尚未有明确规定。

根据最高人民法院《关于人民法院民事执行中拍卖、变卖财产的规定》第2条和最高人民法院《关于人民法院网络司法拍卖若干问题的规定》第2条的规定,在未有法律法规或司法解释另有规定的情况下,碳排放权在执行过程中应优先考虑采用网络司法拍卖的方式。根据《碳权交易办法》和《碳排放权交易管理规则(试行)》的规定,碳排放权交易市场为全国碳排放权交易系统,可采用协议转让、单向竞价等方式进行交易。但是,目前尚未明确规定碳排放权是否可以通过网络司法拍卖交易。尽管司法实践中已有法院对企业的碳排放权进行查封、冻结,但由于碳排放权的变价方式存在缺位等问题,对已查封冻结的碳排放权进行变价处置的成功范例较少。

(2)两种变价方式对比

参照上市公司股票司法处置,上市公司股票可以通过二级市场集中竞价、大宗股票司法协助执行、网络司法拍卖等方式执行,具体采取何种变价措施需要综合考虑拟变价股票数量、股权性质、持股比例、市场影响以及处理效率等因素。

根据广东省深圳市中级人民法院《关于强制执行上市公司股票的工作指引(试行)》[15]第15条第1款的规定,在深圳证券交易所发行的股票,无限售流通股变价方式可以区分为以下两种类型:一是拟变价股票数量占上市公司总股本比例为5%以上(含本数)或股票长期停牌(6个月以上),采取网络司法拍卖方式变价;二是拟变价股票数量占上市公司总股本比例为5%以下(不含本数),符合大宗交易条件的可以在合理期限内以大宗交易的方式卖出,不符合大宗交易条件或者大宗交易后的剩余股票可以在30个交易日内通过集中竞价方式卖出。

参照上述股票变价方式的具体规定,笔者认为,碳排放权强制执行与上市公司股票司法处置相似,当拟执行碳排放权数量较大时,适用协议转让更有利于维护碳排放权价格平稳,提高处置效率。随着碳排放权交易市场建设全面推进,应就上述问题出台规定以完善相关制度。

(3)变价过程的考量因素

参考价格的确定是影响碳排放权执行的关键因素。根据最高人民法院《关于人民法院确定财产处置参考价若干问题的规定》第2条的规定,财产处置参考价的确定可采用多种方式,包括当事人议价、定向询价、网络询价和委托评估等。

对于碳排放权的执行价值评估,尽管未有统一规定,但浙江、山东、上海等地已针对碳排放权抵押或质押贷款业务制定了操作指引。这意味着,在资产处置变现过程中,如涉及碳排放权等资产,可以采取网络询价、委托评估等方式,结合行业标准和国家政策进行综合评估,确定其参考价值,从而实现资产变现。如《上海市碳排放权质押贷款操作指引》明确规定应参照碳排放权取得的成本、市场价格及政府拍卖价格等因素,在贷款人的组织下合理确定评估价值与质押率。[16]

网络询价是一种较为常见的财产处置参考价确定方式,即通过互联网平台或相关网站发布拍卖或挂牌信息,并接受竞价或报价。在进行碳排放权的网络询价时,应充分考虑市场供求关系、行业标准和国家政策等因素,保证网络询价的公正、公开和透明。

---

〔15〕《广东省深圳市中级人民法院关于强制执行上市公司股票的工作指引(试行)》,载深圳市中级人民法院网,https://www.szcourt.gov.cn/article/30357671。

〔16〕《〈上海市碳排放权质押贷款操作指引〉出台 盘活企业碳资产 促进企业节能减排》,载中华人民共和国生态环境部官网,https://www.mee.gov.cn/ywdt/dfnews/202112/t20211210_963661.shtml。

委托评估则是将财产交付给专业评估机构进行评估,并根据评估结论确定财产处置参考价。碳排放权的评估应依据国家相关法律法规和行业标准进行,并充分考虑碳排放权市场的现状和未来发展趋势,以确保评估结果的准确性和合理性。实践中不乏有能力开展碳排放权评估的机构,但目前司法系统尚未将碳排放权评估机构专门纳入司法评估机构名录。

综上所述,对于涉及碳排放权的资产处置变现,可采用网络询价、委托评估等财产处置参考价确定方式。但无论采取何种方式,都应严格遵循相关法律法规和行业标准,确保处置程序的公正、公开和透明,以实现资产变现的最大化。

5. 碳排放权监测

碳排放权交易是一项复杂的系统工作,牵涉范围广,涉及主体多,从而需要有一个良好的信息沟通和工作协调平台来落实提高政策的实施效率。〔17〕 碳排放权具有特殊性,在执行期间,如果排放单位实施了排放行为,相当于使用了碳排放额,相关财产性权益将不复存在,人民法院只能终结相关执行。如果由主管部门统一监测,一方面容易导致监测无法全面高效覆盖,另一方面存在滥用权力的风险。组建独立第三方碳排放额核证机构,形成较完善的统计、监测和监管制度,有利于确保碳排放量的真实可信。第三方核查机构可在重点排污单位和主管部门之间担任特殊角色,其遵循的核查原则应包括独立原则、公正原则和保密原则。核查机构独立于排污单位和行政机关,避免行政权力干预统计结果,也可以防范大企业对市场的操纵垄断。

6. 碳排放权的清缴义务

根据《碳权交易办法》第28条及第40条的规定,重点排放单位需在规定时限内清缴上年度的碳排放配额。如果未按时足额清缴,主管部门将责令其限期改正,并处以2万元至3万元的罚款;若逾期未改正,对于欠缴部分,由主管部门等量核减下一年度的碳排放配额。由于违法成本较低,实践中该行政处罚措施的督促效果一直较为有限。如果重点排放单位无法履行清缴义务,而其债权人申请执行碳排放配额,则可能引发关于优先保障碳排放配额清缴义务还是债务清偿的法律问题。国务院2024年1月初发布的《碳排放权交易管理暂行条例》第24条在一定程度上提升了企业违法的成本,将有利于倒逼企业履行清缴义务。

---

〔17〕 周文波、陈燕:《论我国碳排放权交易市场的现状、问题与对策》,载《江西财经大学学报》2011年第3期。

保障履行清缴义务有利于应对气候变化和促进绿色低碳发展,实现"双碳"目标,而保障债务清偿则有利于维护债权人的合法权益。针对在强制执行过程中碳排放配额的处置问题,虽然尚未进行明确规定,但从取得方式来看,无偿取得的碳排放权源自主管部门初始分配,排放单位未给付任何现金对价。考虑到此种情况下的特殊性,笔者认为,在强制执行过程中,排污单位应当优先履行对无偿取得的碳排放权的清缴义务,在符合相关规定的情况下,可以将剩余碳排放配额付诸市场交易。而有偿取得的碳排放权系企业购买所得,故与企业其他资产无异,主管部门不应以企业未履行清缴义务,限制该部门碳排放权作为被执行财产进行处置,否则不利于保护申请人合法权益。

除了根据取得来源区分处置方式,从资产拍卖的惯例来看,因耗时较长,如何做好清缴与冻结的衔接也需要执行机关给予更多关注。

7. 碳排放权金融产品执行

在碳市场的发展过程中,已涌现或将涌现出一系列新型金融产品和衍生服务,如碳基金、碳资产质押融资、碳债券、碳资产托管、碳金融结构性存款、碳排放配额回购融资等。银行等金融机构亦可在提供碳排放权交易的资金托管服务外,进一步提供会员之间的结算、清算等服务。在新型碳金融产品交易中,执行部门应秉持穿透审查的理念,核实作为底层资产的碳排放权的真实性、完整性。当企业因配额冻结资金紧张影响清缴引发纠纷时,法院应审慎冻结企业配额,并可引导金融机构合法合规为企业提供资金支持,联合相关部门提供法律指导,帮助企业满足碳排放权履约需求。对于"以碳套现"风险,法院应加强与监管协作,保障被执行碳排放监测数据的真实,对碳排放权违规行为依法裁决加大惩处,保障碳市场健康发展。

鉴于碳排放金融产品的交易和变现涉及多元主体,应积极联合司法机关、高校、律所等专业机构研究碳排放权涉诉审判和执行案件工作,与碳排放行业协会密切沟通,以期建立健全相应的纠纷调解、协商与协作机制。

五、结语

实现"双碳"目标是一个长期任务,需要遵守政策和法律规定。中国开启碳市场交易,以低碳绿色经济为发展原则,并体现了习近平总书记有关"良好生态环境是最普惠的民生福祉"的理念和中国负责任大国的形象。随着全社会对气候变化的持续关注,碳排放权交易市场也日益繁荣,其对区域协调发展的促进作用也日益显现。然而,在碳排放权交易中,涉及行业和企业与第三方中介机构的纠纷也随之增多。各交易方要在遵守法律规定的前提下合法履行交易,应规范各方在碳排放配额交易期间的法律责任。在碳排放权交易制度中,碳排放权强制执行制度是一个关键环节,决定了碳排放权交易制度的成败。碳排放相关执行制度的完善有助于平衡各方的权利义务,改变了部分企业无财产可供执行之窘境,也有助于盘活企业资产,落实中央关于"六稳""六保"和优化营商环境的要求,促进碳交易市场的良性循环。

《环境资源法论丛》
第 15 卷,第 187~207 页

论污染环境罪的过失责任*

冯瀚元**

摘　要　基于可持续发展的法益观,污染环境罪以混合责任为其责任构成,包括过失责任。依照先验的思辨演绎,污染环境罪过失责任的本质呈现为以自由选择为前提的规范性生态人格的缺乏。结合法教义学的规范分析,污染环境罪过失责任的本质决定了其规范构造应以危惧感说为理论基础,包括具备关联性的抽象的结果预见义务以及结果避免义务,并在客观归责理论框架下展开为创设法所不允许的环境风险、实现法所不允许的环境风险、结论符合污染环境罪的规范保护目的三个具体判断规则,为过失犯污染环境罪的司法实践提供理论依据。

关键词　污染环境罪　过失责任　人格责任论　危惧感说　客观归责理论

法治的形成不仅需要宏大叙事,更以细节为其精髓。作为法治的重要环节,司法的细节在于以法教义学知识体系为基础的法律规范的理解与适用。[1] 刑法因其法律后果的严厉性而奉谦抑性为圭臬,对于刑法规范的

---

* 2024 年国家建设高水平大学公派研究生项目,留金选[2024]54。

** 冯瀚元,中国政法大学民商经济法学院博士研究生。

[1] 法教义学与法治具有手段和目的上的内在联系。法教义学具有促进法的安定性、建构融贯法律体系的功能,是实现法治的重要知识前提和方法论工具。参见雷磊:《法教义学与法治:法教义学的治理意义》,载《法学研究》2018 年第 5 期。

精细化研究既是刑法谦抑品格的体现,更是法治精神以人为本的必然要求。污染环境罪的过失责任既是理论上的难点,也是实践中的痛点。本文在论证污染环境罪的责任构成包括过失的基础上,尝试通过哲学思维与法教义学方法的结合,揭示污染环境罪过失责任的本质,并以此为基础呈现其规范构造,最终落实到司法实践中责任的实现,以推动环境刑法研究的精细化,为环境刑事法治的发展贡献智识。

一、污染环境罪的责任构成

"污染环境罪是否可以由过失责任构成"这一问题是污染环境罪过失责任研究的前提,然而却引发了学界的巨大争议,至今未能达成共识,也间接影响了司法实践中对过失犯污染环境罪的认定。

(一)污染环境罪的责任构成诸学说之争议

基于对污染环境罪的理念根基、价值趋向和规范属性的不同认识,当前学界就污染环境罪的责任形式存在过失责任说、故意责任说、混合责任说、严格责任说等争议。[2]

过失责任说认为,污染环境罪只能由过失构成。理由在于:其一,基于罪刑关系的考虑。从犯罪性质上看,污染环境罪属于特殊类型的危害公共安全犯罪,而在具有相似社会危害性的情形下,污染环境罪的法定刑低于危害公共安全犯罪。因此,只有将过失解释为污染环境罪的唯一责任形式,才能与其法定刑相适应。其二,基于处罚范围的考虑。对于造成严重污染环境后果的情形,如果是明知并且是持希望或者放任发生的心态,就超出了污染环境罪的范围,应该按照相应危害公共安全的故意犯罪论处。因此,将过失纳入污染环境罪的责任形式有利于全面保护法益。[3]

---

[2] 模糊罪过说近年来逐渐成为较为有力的学说,由于其认为污染环境罪的罪过包括故意和过失,因此在本质上仍属于混合责任说。

[3] 马克昌主编:《百罪通论》,北京大学出版社2014年版,第1073-1074页。需要说明的是,《刑法修正案(十一)》虽然对污染环境罪增加了7年以上有期徒刑的法定刑幅度,但并不能据此否认过失责任说。理由在于,7年以上有期徒刑只适用于4种特定情形,在造成相同危害结果的情况下,故意形态的危害公共安全犯罪的法定刑仍然较高。例如,根据《刑法》第338条第1款的规定,污染环境致使多人重伤、严重疾病,或者致人严重残疾、死亡的。处7年以上有期徒刑,而故意危害公共安全致人重伤、死亡或者使公私财产遭受重大损失的,处10年以上有期、徒刑、无期徒刑或者死刑。并且,污染环境罪保留了3年以下有期徒刑和3~7年有期徒刑,而适用7年以上有期徒刑的4种情形为加重情节或加重结果。根据过失责任说,可以认为,设置7年以上有期徒刑的根据并非责任形式的变化,而是基于对犯罪情节的严重程度和危害结果的考量。

故意责任说认为,污染环境罪只能由故意构成。理由在于:其一,从罪刑关系上看,当前污染环境罪的入罪门槛较低,相当于间接提高了法定刑,因此采取故意责任不会导致罪刑不均。其二,从实践效果上看,故意责任的证明难度较低,有利于打击环境犯罪。[4] 其三,根据司法解释的规定,[5] 污染环境罪存在共同犯罪,而故意是成立共同犯罪的前提。除此之外,故意责任说还对过失责任说提出了批判,主要包括:其一,过失必须明文规定,过失责任说没有规范依据。其二,过失污染环境的行为只需要通过民法和行政法进行规制,即使造成严重结果,也应该构成过失危害公共安全犯罪。[6]

混合责任说认为,污染环境罪的责任形式包括故意和过失。[7] 理由在于:其一,从刑事政策上看,《刑法》对污染环境罪的修改是为了贯彻从严惩治环境犯罪的刑事政策,而只有同时具备故意和过失两种责任形式才有利于贯彻污染环境罪的立法和刑事政策精神。[8] 其二,过失污染环境的案件在刑事司法实践中时常发生。其三,从刑法体系上看,混合责任形式并非个例。[9] 其四,根据司法解释的规定,[10]"严重污染环境"的情形包括纯粹的行为以及损害结果。[11] 其五,否认污染环境罪的过失责任形式使得过失污染环境的行为只能以过失危害公共安全犯罪论处,既模糊了罪与罪之间的界限,也容易导致量刑不均。[12]

严格责任(strict liability)是源自英美刑法的特殊罪过形式。大体而言,严格责任意味着即使可以证明行为人缺乏犯罪意图(mens rea),也不能免

---

〔4〕 周详、夏萌:《论污染环境罪的罪过形式:"故意说"之提倡与贯彻》,载《南京工业大学学报(社会科学版)》2021年第1期。

〔5〕 最高人民法院、最高人民检察院《关于办理环境污染刑事案件适用法律若干问题的解释》第8条。

〔6〕 田宏杰:《立法演进与污染环境罪的罪过——以行政犯本质为核心》,载《法学家》2020年第1期。

〔7〕 混合责任说并非指犯罪事实意义上的污染环境行为可以同时由故意和过失构成,而是旨在澄清静态意义上污染环境罪的规范构造。因此,混合责任说与择一罪过说在本质上是相同的。

〔8〕 李梁:《污染环境罪的罪过形式:从择一到二元》,载《甘肃社会科学》2021年第1期。

〔9〕 喻海松:《污染环境罪若干争议问题之厘清》,载《法律适用》2017年第23期。

〔10〕 最高人民法院、最高人民检察院《关于办理环境污染刑事案件适用法律若干问题的解释》第1条。

〔11〕 汪维才:《再论污染环境罪的主客观要件》,载《法学杂志》2020年第9期。

〔12〕 高铭暄、马克昌主编:《刑法学》(第10版),北京大学出版社2022年版,第594页。

除刑事责任。[13] 严格责任分离了罪过和刑事责任,使刑事责任可以脱离罪过而成立。严格责任说认为,对于可能判处定罪免刑或者定罪轻刑的污染环境行为,应当将罪过视为需要辩方证明的犯罪排除要素而非由控方证明的犯罪成立要素。理由在于:其一,能够降低污染环境罪的证明难度,有利于提高诉讼效率;其二,有利于保护生态环境的主体价值,防范环境风险;[14]其三,有利于惩治环境犯罪行为,预防环境犯罪;其四,能够弥补民事、行政手段在打击环境破坏行为上的不足。[15]

(二)污染环境罪的责任构成诸学说之评价

从规范保护目的的角度来看,过失责任说和故意责任说都具有一定的片面性。一般而言,过失犯以造成实害结果为必要。因此,过失责任说成立的前提是将"严重污染环境"理解为犯罪结果。但是,将污染环境罪的规制范围限制在结果犯之内,会使单纯侵害环境利益而没有对现实的人身财产法益造成损害的行为无法入罪,这不利于保护环境利益。

故意责任说虽然关注到了对环境利益的保护,但却仍然存在法益保护不全面的问题。具体来说,过失污染环境的行为同样侵犯了环境利益,不宜以过失危害公共安全罪论处,更不能仅以民事和行政手段规制。同时,故意责任说的论证理由只能说明污染环境罪的责任形式应当包含故意,但不能说明故意是污染环境罪唯一的责任形式。

严格责任说的问题在于不符合我国现行《刑法》的规定和司法实践,只能在立法层面研究其设置的必要性,而不能现实地指导污染环境罪的解释与适用。同时,采取严格责任的英美刑法具有轻罪化和过罪化的特征,[16]从行为性质和制裁措施上看,严格责任所适用的类型更类似于我国的行政违法而非犯罪。严格责任大多存在于以罚款或短期监禁为主要制裁措施的轻罪之中,[17]因此可以通过放弃对罪过的证明而提高刑事诉讼的效率。在我国传统的重罪文化和定性与定量相统一的犯罪成立模式下,几乎不存在严格责任的适用空间。只有以立法的方式全面重构现行行政法和刑法的体系,将部分行政违法行为扩张为犯罪,才有进一步讨论严格责任的必要。

---

〔13〕 R. A. Duff, *Answering for Crime: Responsibility and Liability in the Criminal Law*, Hart Publishing, 2007, p. 233.

〔14〕 侯艳芳:《我国环境刑法中严格责任适用新论》,载《法学论坛》2015年第5期。

〔15〕 郑祖星:《环境犯罪中相对严格责任的引入与适用》,载《江西社会科学》2021年第1期。

〔16〕 [美]道格拉斯·胡萨克:《过罪化及刑法的限制》,姜敏译,中国法制出版社2015年版,第22页。

〔17〕 [美]约书亚·德雷斯勒:《美国刑法纲要》,姜敏译,中国法制出版社2016年版,第21页。

(三)复合法益说之展开:混合责任说之提倡

责任构成的确定须以犯罪的保护法益和规范类型为依据。污染环境罪的保护法益是人身财产利益和生态环境利益的辩证统一;规范类型既包括结果犯,也包括行为犯,既包括实害犯,也包括危险犯。

环境法律关系是以生态环境为中介的人与人之间的权利义务关系。因此,如何协调人的利益与生态环境的利益就构成了污染环境罪保护法益之争议的核心。极端的人类中心主义将利益天平的砝码全部放在具体的人的利益上,认为只有现实地侵害了具体的人身财产利益时,才具备污染环境罪的违法前提;极端的生态中心主义则只关注生态环境自身的利益,甚至赋予生态环境与人同等的法律地位。[18] 前者过分追求理性主义哲学下的形式法治理想,后者容易为激进环保主义所操持而忽视社会经济的发展。因此,问题的关键是如何在二者之间寻找到既符合立法现状,又能够满足实践需要的"平衡点"。按照这一标准,污染环境罪的规范保护目的应当为保障经济社会和生态环境的可持续发展,进而决定其保护法益应当是人类法益与生态法益的辩证统一。[19] 一方面,可持续发展理念下的人类法益并不限于具体的人身财产法益,而应当扩展为以良好生态环境为前提的人类生存与发展的利益。要实现人类的可持续发展和繁荣,就应当适度提前刑法的介入时点,从事后规制模式转向事前预防模式。[20] 另一方面,可持续发展理念的核心是以人为本,生态环境利益只有在与人类的生存与发展具有密切关联的前提下,才能作为污染环境罪的保护法益。

根据行为与法益之间的关联,犯罪可以区分为实害犯与危险犯;根据是否以结果为构成要件要素,犯罪可以区分为结果犯与行为犯。而构成要件结果是否独立于行为最终取决于对法益的理解。因此,法益决定了犯罪的规范类型。对于污染环境罪,如果认为该罪的保护法益是人身财产法益,则为抽象危险犯;如果认为该罪的保护法益是以生态环境为对象的生态法益,则为实害犯。[21] 就实害犯与危险犯的分类来说,由于污染行为在对生态法益的侵害上只有量的差异而无质的区别,因此应当根据污染行为与人类

---

〔18〕 张明楷:《污染环境罪的争议问题》,载《法学评论》2018 年第 2 期。

〔19〕 于文轩、冯瀚元:《基于生态文明理念的环境犯罪行政从属性研究》,载《南京工业大学学报(社会科学版)》2021 年第 4 期。

〔20〕 倪传洲:《人类命运共同体视域下的污染环境罪规制模式反思》,载《昆明理工大学学报(社会科学版)》2020 年第 2 期。

〔21〕 张志钢:《摆荡于激进与保守之间:论扩张中的污染环境罪的困境及其出路》,载《政治与法律》2016 年第 8 期。

法益的关系区分出三种不同的规范类型。首先,污染行为对人身财产利益造成现实的损害,属于实害犯。其次,污染行为存在侵害人身财产利益的现实危险,属于具体危险犯。最后,污染行为存在侵害人类生存与发展利益的抽象危险,属于抽象危险犯。从实害犯到危险犯,既是刑法介入时点的不断提前,又是环境风险的不断升高。就结果犯与行为犯的分类而言,关键是如何理解“严重污染环境”的规范意义。根据文义解释和司法解释〔22〕的规定,“严重污染环境”似乎指的是对环境本身的污染,而不要求与人类法益相关。因此,“严重污染环境”属于构成要件结果,污染环境罪也仅以结果犯为唯一的规范类型,〔23〕既包括实害结果,也包括危险结果。然而,根据可持续发展的法益观,“严重污染环境”应当以人类法益和生态法益的辩证统一为基础。若污染行为对人类法益造成了现实的侵害或危险,则“严重污染环境”就是污染环境罪的构成要件结果和既遂条件。若污染行为仅通过对生态法益的侵害而意图实现预防环境风险的目的,间接地保障人类生存与发展的物质基础,则“严重污染环境”就仅仅是污染行为自身的抽象危险属性,只要存在具有高度环境风险的污染行为就可以成立污染环境罪的既遂。

污染环境罪在规范类型和规范目的上的复合性特征决定了其责任形式必然同时包括故意和过失。对于结果犯形态的污染犯罪,其责任形式既包括故意,也包括过失;对于行为犯形态的污染环境犯罪,其责任形式只能是故意。对于结果犯形态的污染环境犯罪,由于污染环境的行为与实际的人身财产法益损害之间存在一定的时空间隔,因此其责任形式既包括故意,也包括过失;对于抽象地侵害后代人利益或纯粹生态环境利益的污染环境犯罪,由于污染环境的行为本身就包含了对法益的侵害,因此其责任形式只能是故意。

《刑法修正案(十一)》进一步明确了污染环境罪同时包括行为犯和结果犯的复合结构。根据修改后的污染环境罪条文,《刑法》第338条第1款第3、4项为结果加重犯。根据结果加重犯的责任构造,行为人就前述两项加重结果的责任形式可以是过失。只要行为人对基本犯持故意,即使其对加重犯持过失,也成立污染环境罪。〔24〕 除此之外,混合责任说也具备司法

---

〔22〕 最高人民法院、最高人民检察院《关于办理环境污染刑事案件适用法律若干问题的解释》第1条。

〔23〕 田宏杰:《立法演进与污染环境罪的罪过——以行政犯本质为核心》,载《法学家》2020年第1期。

〔24〕 张明楷:《刑法学》(第6版),法律出版社2021年版,第1488页。

解释上的根据。最高人民法院、最高人民检察院《关于办理环境污染刑事案件适用法律若干问题的解释》(法释〔2023〕7号)第1条明确规定了污染环境罪的规范类型同时包括行为犯和结果犯,对于结果犯而言,以过失责任形式构成并无障碍。

二、污染环境罪过失责任本质的思辨演绎

所谓本质即指现象存在的根据,构成了经验知识的可能性条件。法律概念是理性的造物,应在独立于经验而依照思维自身的逻辑使概念展开其内在规定的过程中获得概念的正当性,为概念的具体化和现实化环节奠定必然性的根基。依照思辨逻辑的先验演绎,〔25〕污染环境罪过失责任的概念呈现为"自由—义务—人格"的辩证发展过程,最终以个体性的生态人格为其本质。

(一)作为普遍性环节的自由选择

责任是理性通过外在的方式确证其自身,意味着主体具有选择是否实施合法行为的自由。刑法教义学的道义责任论囿于决定论与非决定论的二律背反,误解了自由对于责任的意义。从存在主义的视角考察,自由不再是古典意义上作为自由意志的人的行动根据,而是人的存在的绝对预设。〔26〕这就意味着,自由不仅作为意志自身的性质而存在,还应当被视为意志得以存在的先验前提。正如海德格尔在阐释康德实践哲学时指出,"自由就是存在者之存在的敞开,存在之领会的可能性条件"〔27〕。因此,自由并非充实责任内容的经验证据,而是责任概念实现其自身的普遍性环节,构成了责任何以可能的理性根据。

在责任的最初环节,自由还仅仅是单纯的抽象性,因而在规范形态上表现为主观的罪过心理。据此,过失的心理状态本身就是刑法谴责的根据,过失责任的实质是行为人心理上不注意危害结果的事实。基于自由选择而对危险事态的疏忽大意或者盲目自信的事实使处罚过失行为具备了道德根

〔25〕 所谓先验演绎,是指独立于经验实在而对概念的正当性进行阐明的哲学方法。参见黄涛:《自由、权利与共同体:德国观念论的法权演绎学说》,商务印书馆2020年版,第73页。思辨是理性思维考察先验的具体方法,即依照概念发展的普遍性、特殊性和个体性环节阐释事物的本质。参见[德]黑格尔:《小逻辑》,贺麟译,商务印书馆1980年版,第331页。

〔26〕 [法]让-保罗·萨特:《存在主义是一种人道主义》,周煦良、汤永宽译,上海译文出版社1988年版,第23-24页。

〔27〕 [德]海德格尔:《论人的自由之本质——哲学导论》,赵卫国译,商务印书馆2021年版,第314页。

据,因此责任以违反道德为必要条件。反过来说,道德作为对行为人自由选择的评价使责任脱离了与行为要件的关联,而以行为人对意志控制的合理期待为内涵。[28] 然而,由于缺乏规范内容,抽象的道德要求无法得到具体实现,归属于个人的自由选择与关系向度的伦理要求存在无法化解的内在矛盾。正如萨特"他人即地狱"的论断,他人始终是我的屏障,是对我的自由行为的限制,个人自由和他人自由是一种异化关系。[29]

因此,作为责任的普遍性环节的自由是基于选择的绝对自由。由于自身规定性的极度贫乏,绝对自由只能走向自身的否定,最终在对外物的破坏中寻找其定在。[30] 存在主义虽然并不反对普遍价值,但认为自由选择没有绝对的标准,最终只能回归康德式的抽象道德准则。[31] 由于自由选择是一切责任的最抽象的普遍根据,因此道德责任构成了规范意义上刑法责任的前提,划定了后者的范围。当视野从自由选择转移到法律责任,先验的存在领域就已经跨入了现实的规范领域,这就意味着作为责任大厦之基石的自由概念已经完成了它的使命。虽然自由的责任构成了法律责任和道德责任得以存在的共同前提,但却必须在各自的领域中通过赋予具体的规定来获得现实的生命力。

(二)作为特殊性环节的注意义务

绝对自由因缺乏具体规定而必然过渡到特殊性的环节。对于过失责任而言,这一特殊性的环节就是以注意义务为核心的规范责任,在刑法教义学中以规范责任论的形态展开。[32] 根据规范分析,刑法规范同时包含行为规范和裁判规范的不同面向,行为规范是裁判规范的前提,裁判规范为确证行为规范的效力而存在。[33] 行为规范通过对具有规范接受能力的普遍主体科以义务而实现对行为的规制,最终达到保护法益的效果;裁判规范以具体个案中的司法者为对象,通过制约刑罚权实现保障人权的目标。因此,刑法规范的意义在于以行为规范的身份对主体科以强制性义务,违反义务则意味着具备了责任谴责的规范前提。作为科以义务的初级规则,根据刑法

---

[28] [美]道格拉斯·胡萨克:《刑法哲学》,姜敏译,中国法制出版社2015年版,第35-36页。

[29] 饶娣清:《人的存在、人的自由与人的责任——萨特自由观新释》,载《广东社会科学》2006年第1期。

[30] [德]黑格尔:《法哲学原理》,范扬、张企泰译,商务印书馆1961年版,第19页。

[31] 张汝伦:《现代西方哲学纲要》,上海人民出版社2016年版,第340页。

[32] 规范责任论认为,并非行为人对结果没有认识、预见的事实,而是只有本应认识到、预见到结果却没有认识、预见到结果这种规范性评价才是责任谴责的基础。陈兴良主编:《刑法总论精释》(第3版),人民法院出版社2016年版,第318页。

[33] 井田良『講義刑法学・総論(第2版)』(有斐閣,2018)53-55頁。

规范所形成的规范责任并非如道德责任一般作为自由主体自身存在的先验条件而存在。相对于主体的自由选择,通过法律义务的规范性强制只能首先以外物的形式暂时存在,再通过规范意识同化。因此,义务是外在于理性主体,同时也就是外在于纯粹自我责任的间接环节。对于过失责任而言,这一义务就是以结果预见义务和结果避免义务为内容的注意义务。

作为责任概念发展的特殊性环节,规范责任是对自由责任的扬弃。一方面,法律规范与道德规范之间存在相互决定的关系,道德义务可以在特定条件下转化为法律义务;另一方面,科以义务的必要条件是主体能够对规范做出符合期待的行动,因而以主体的自由选择为前提。"在规范责任论的知识结构中,意志自由是责任前提,规范评价是归责核心,心理事实是责任形态。"[34]因此,作为责任的普遍性环节的先验自由构成了规范责任何以可能的必要条件,而规范责任则是责任概念依其本性从普遍性外化到特殊性的逻辑必然。

然而,法律规范所科以的义务对于主体而言始终是外在于自由本身的强制约束。义务之所以能作为责任的根据,正在于其从外部对行为人的自由选择行为以具有法律强制力保障的方式进行规范评价。从合目的性的视角出发,规范评价的目的在于以确证规范效力的方式保护具有重要意义的社会利益。确证规范效力的前提是唤起规范共同体成员的规范意识,形成自觉维护法秩序的尊严和安定的理性社会生活状态,由此实现刑罚积极的一般预防目的。因此,责任不能停留在只包含外部强制的义务环节,而是必然返回到规范共同体成员的共同意识之中,统摄作为外物的规范义务。进而,作为责任的间接性环节的注意义务必然发展到人格这一自觉的自我意识,也即作为自由和义务之统一的单一性环节。

(三)作为自由与义务之扬弃的人格

人格是理性的现实表达,亦是抽象自由在扬弃了规范的外部约束之后在主体中的自我实现。早在康德的实践哲学中,自由就与人格的本质相关联。[35] 然而,康德的实践哲学始终强调道德的自我约束,缺乏规范的外在环节。在此基础之上建立起的自由与人格的直接联系必然在内容上是贫乏的,最终只能成为抽象而绝对的道德自律。康德正确地指出了自由意志的

---

〔34〕 张小虎:《当代刑事责任论的基本元素及其整合形态分析》,载《国家检察官学院学报》2013 年第 1 期。

〔35〕 康德认为,"人格是其行为能够归责的主体。因此,道德上的人格性不是别的,就是一个理性存在者在道德法则之下的自由"。参见[德]康德:《道德形而上学(注释本)》,李秋零译注,中国人民大学出版社 2013 年版,第 21 页。

相互承认构成了人格的内在规定,然而处于外在关系的人格只是不完善的自由,只有在更高的伦理实体中才能完成现实化。因此,人格作为责任的最终环节,并非停留在抽象性的自在自由,而是自由与义务的辩证统一,是自由在置身于伦理秩序中的主体自身中的真正实现。

在刑法教义学中,以人格为责任根据的责任理论被称为人格责任论。〔36〕然而,人格责任论试图在经验的维度上以人格作为责任评价的客观依据,这引起讨论。〔37〕事实上,人格作为责任的本质,是在具有先验性质的思辨演绎过程中为责任概念确立起正当根据,人格责任论的可疑之处正在于试图将概念的逻辑前提直接提升为现实的经验内容。依照思辨逻辑,人格只有在扬弃了自由与义务的责任概念发展进程中才能实现自身的价值,因而它并不期望能够直接建立起与责任构造之间的联系,而是铺就理解责任同时也是责任本身得以形成的道路。或者说,责任的本质并不以可见的方式展现在责任构造的每个角落,但任何与责任相关联的规范问题必然最终追溯到作为责任的本质的人格。

对于污染环境罪的过失责任而言,作为责任本质的一般性人格具体地表现为生态人格。作为生态环境法律责任共同本质的特殊人格类型,生态人格是指以自由选择为前提的主体在面对生态环境法秩序的规范期待时所具有的抽象法律地位。污染环境罪责任的本质就在于行为人因缺乏尊重生态环境的生态理性而形成的违反生态环境法规范的期待的人格,在过失责任形态中具体地表现为对生态环境利益的忽视和实施污染环境行为的不注意,最终违反罪刑规范所要求的在生产及日常活动中应当保护生态环境利益的注意义务。这一人格上的缺失导致行为人遵守行为规范的能力降低,进而使依照规范对行为人进行谴责成为可能。

从刑法教义学的维度考察,人格作为责任概念思辨演绎的最终环节,结合了道义责任论的自由选择和规范责任论的注意义务违反,并且能够容纳生态理性的具体内容,从根本上说明过失犯污染环境罪的责任谴责根据。根据道义责任论,主观归责的根据在于行为人具有选择自己行为的自由;根据规范责任论,谴责可能性以行为人违反注意义务为条件。二者都不能实现与生态环境利益和生态环境法律关系的结合,或者纯粹从空洞的自由意志出发说明责任的根据,或者将责任抽象为因违反普遍的行为规范而产生的谴责可能性,难以符合人与自然和谐共生的生态文明理念。"过失行为

〔36〕张文、刘艳红:《人格刑法学理论之推进与重建》,载《浙江社会科学》2004年第1期。
〔37〕大谷實『刑法講義総論(新版第5版)』(成文堂,2019)308頁。

人的罪责并不在于做错事的选择，而是在于未能行使道义性的自我控制，也即未能控制影响个人信念的形成与意识。”[38]个人信念的形成正是人格的形成，自由选择和规范违反无非是人格的具体表现。

三、因应风险的污染环境罪过失责任构造

在通过对概念的思辨演绎明确污染环境罪过失责任的本质后，就必然要根据这一本质对污染环境罪过失责任的规范构造进行理论上的建构，旨在明确污染环境罪过失责任所包含的具体要素以及各个要素在整体中的地位和组合方式，由此构成责任概念从先验前提向现实化环节的过渡。

（一）基于同一性观念的旧过失论

过失犯的本质是人格的欠缺而导致行为人遵守规范的能力降低，形成不注意的心理态度，进而违反规范义务，最终引起危害结果的发生。规范义务由结果预见义务和结果避免义务构成，相应地，行为人被规范所期待的能力就是结果预见能力和结果避免能力。同时，责任意味着对符合构成要件且违法的行为予以道义上的谴责，[39]而谴责的前提是危害结果能够为行为人所预见且避免，故而结果预见可能性和结果避免可能性也是成立过失犯的必备要素。

在旧过失论看来，注意义务只包括具体的结果预见义务而不涉及结果避免义务，因为谴责过失行为的根据仅在于行为人在心理事实上欠缺必要的意思紧张和集中以及对具有预见可能性的违法结果缺乏必要的注意。[40]因此，对结果的具体预见可能性就成为判断过失责任的唯一要素，只要存在具体的结果预见可能性，就可以推定行为人具有结果预见能力，进而成立过失犯罪。追本溯源，旧过失论以古典法治国理想下法律规范与伦理观念的同一性观念为思想基础，有意排斥了法律意义上的规范评价与社会伦理评价的区分，伦理或者说公共道德成为决定法的最终根据，使得符合法律及社会交往规范要求但违反社会伦理观念的行为被视为过失行为。

旧过失论下污染环境罪过失责任的构造以结果预见义务为核心，并将过失污染环境的实行行为视为以一般人认识为基准的产生严重污染环境结果的具体危险。对于污染环境行为所产生的风险，仅仅具有预见可能性并

---

[38] Stephen P. Garvey, *What's Wrong with Involuntary Manslaughter?*, Texas Law Review, Vol. 85, p. 337(2006).

[39] 大谷實『刑法講義総論(新版第5版)』(成文堂,2019)304頁。

[40] 林亚刚：《刑法学教义(总论)》(第2版)，北京大学出版社2017年版，第228页。

不意味着就一定具有避免可能性,预见义务也并不必然产生避免义务。刑法并不禁止一切风险,而只禁止超越规范所允许的范围的风险。因此,对于污染环境结果而言,行为人几乎必然存在预见可能性。如果将一切存在预见可能性且造成污染环境结果的行为都作为犯罪处理,则相当于客观归罪,强迫行为人为其无法避免的结果承担刑事责任。

除此之外,环境风险不同于一般意义上的具体危险,过失污染环境的实行行为不能以一般社会伦理观念和社会一般人为视角进行判断。片面强调社会普遍认同的具体危险对过失犯罪实行行为的限制固然符合刑法的谦抑性特征,然而,坚守谦抑性却不意味着以丧失对社会重大利益的保护为代价。犯罪的性质及特征决定了规制的手段及限度。基于环境风险的时空延展性、累积性、科学不确定性等特征,刑法对于生态环境利益的保护不能停留在风险已经转化为具体且现实的危险阶段,否则将造成难以弥补的后果。也就是说,污染环境罪的特殊属性和严重的社会危害性迫使刑法只有放弃绝对谦抑性的要求,才能实现对环境风险的有效控制。旧过失论以传统伦理观念为依托,自然也只能在传统伦理观念所能容纳的人身财产等自然犯内具有合理性。一旦进入风险刑法的场域,旧过失论下的过失污染环境罪既不能有效预防和控制环境风险,也无益于塑造公众的环境保护意识。

(二)基于交往理性的新过失论

旧过失论拘泥于行为人的心理事实,忽视规范义务的独立价值,难以适应工业文明时代社会交往关系的复杂化和去价值化,逐渐被基于规范责任论的新过失论取代。新过失论认为过失责任构造的核心在于违反源自行为规范的结果避免义务,旨在促进社会交往关系,保障社会生产生活顺利进行。现代社会的交往关系日趋复杂,任何一个处于社会交往关系网络中的主体都有权利期待他人以符合一般社会交往规范的方式行事。只有以符合社会期待的方式进入社会交往关系,行为才能被正当化,而评价是否符合社会期待的唯一标准就是普遍的行为规范。反过来说,如果行为符合社会所期待的行为规范,就意味着行为人对于自身的行为及其可能产生的危害结果已经尽到了法律所要求的注意义务,即使事前存在对于发生危害结果的预见可能性,也应当排除刑法意义上的过失责任。

对于现代工业社会而言,法律起到了在复杂社会系统之间充当“转换器”的作用,保持整个社会交往网络的稳定。[41] 凝合现代工业社会的控制

〔41〕 [德]哈贝马斯:《在事实与规范之间:关于法律和民主法治国的商谈理论》(修订译本),童世骏译,生活·读书·新知三联书店2014年版,第69页。

力和合理性从源自马克斯·韦伯的单向度的工具理性和计算理性转向了源自哲学语用学和哈贝马斯的网状结构的交往理性。[42] 正是工具理性向交往理性的转变,奠定了现代工业文明的精神气质,使理解世界的方式从主体性转向了主体间性。在哈贝马斯看来,现代社会的法治基础是以公民角色为核心且以交往行动为终极根据的团结,[43]"交往行动的团结"最终表现为以话语论证为基础的行为规范的有效性。[44] 同时,由于现代工业社会所呈现出的系统化结构,法律的合法性不仅取决于道德正当性,而且也取决于技术有效性。这样,以康德的主体性道德哲学为根基的同一性命题就被转换为了多元价值中主体间性的规则合法性命题。旧过失论恰恰是以古典观念论哲学法律规范与一般社会伦理观念的同一性观念为依据的,这种同一性意味着过失责任的判断最终依赖于主体性。反之,新过失论的思想源头正在于以交往理性为前提的主体间性,这种主体间性具体表现为普遍的行为规范,通过行为规范这一中介,社会交往关系得以按照符合实践理性的方式构建。

然而,在结果预见义务的层面,新过失论并没有比旧过失论有明显的改进,都采取具体的结果预见可能性的判断标准,这就导致基于新过失论的污染环境罪过失责任形式的判断同样只能估计具体的实害结果和现实危险,难以实现对具有科学不确定性的环境风险的有效预防。由于结果预见义务和结果避免义务具有独立的排除过失责任的功能,因此即使环境法律规范和行业规范确立了风险预防的标准,将行为人的结果避免义务扩展到对于生态环境的高度风险,但由于在结果预见义务上采取具体的结果预见可能性标准,最终也难以成立污染环境罪的过失犯罪。

(三)作为人格责任具体化的危惧感说

以古典法治国的同一性观念和现代工业文明的交往理性为基础的旧过失论和新过失论均将具体的结果预见可能性作为过失犯的构造,由此导致行为人在制造严重环境风险时即使违反源于相关法律法规或行业规范的结

[42] 马克斯·韦伯无疑观察到了工具理性对于人类精神多样性的摧毁,但正是工具理性产生出对外在事物的控制使得资本主义获得了迅猛发展。在现代工业文明中,手段成为了目的,成了套在人们身上的钢铁般的牢笼(参见[德]马克斯·韦伯:《新教伦理与资本主义精神》,康乐、简惠美译,广西师范大学出版社2007年版,第187-188页)。就此而言,生态环境的逐渐退化正是工具理性的牢笼的具象化。

[43] [德]哈贝马斯:《在事实与规范之间:关于法律和民主法治国的商谈理论》(修订译本),童世骏译,生活·读书·新知三联书店2014年版,第41页。

[44] [德]尤尔根·哈贝马斯:《合法化危机》,刘北成等译,上海人民出版社2019年版,第110页。

果避免义务,也因对于危害结果缺乏具体的预见可能性而难以构成犯罪,只能以民事或行政手段加以规制,不利于维护环境公共利益。

面对刑法上的处罚漏洞,日本刑法学者藤木英雄在新过失论的基础上提出了危惧感说,在保留结果预见义务和结果避免义务的基础上,认为只要行为人具备可能发生某种危害结果的隐约的危惧感,就可以承认预见可能性的存在。[45] 危惧感说并非无视结果避免义务而只要求行为人在行为时存在对发生危害结果的模糊感觉和恐惧心理就能够成立过失犯罪,而是以结果避免义务为前提确定结果预见义务的内容。也就是说,危惧感说在结果预见义务的判断问题上依然坚持与结果避免义务的关联性和法益侵害的关联性,即根据行为人应承担的结果避免义务的内容和发生法益侵害结果的可能性大小决定结果预见可能性的程度。[46]

危惧感说以人格责任为基础。具有抽象的结果预见可能性的污染环境行为之所以具有可罚性,就在于行为人生态人格的缺乏。危惧感说扩张刑罚适用的正当化根据则在于维持生态环境规范秩序的效力,恢复生态人理性的自由。反过来说,危惧感说的实质正是生态理性下生态人格的现实化。从规范的视角来看,法律是作为义务与权利载体的人格体与人格体之间的关系。规范意义上的人格体之所以能够承担法律责任,是因为其具有遵守规范的能力和意志,并且社会共同体基于理性交往的目的期待其遵守规范。刑罚的合法性,也正在于维持规范秩序的效力以及社会共同体对于规范秩序的期待。[47] 之所以过失犯污染环境罪的责任构造能够例外地将具体的结果预见可能性扩张为抽象的结果预见可能性,正是因为行为人缺乏生态环境法秩序所期待的生态人格,而刑罚范围的扩张正是旨在塑造这一人格,恢复行为人基于生态理性的意志自由,维护生态环境法秩序的规范效力,最终实现保障生态环境利益的目的。对于生活在生态文明时代的人来说,只有在与自然的相互关照之中才能真正实现主体的自由,从人与自然相对立的自在性过渡到人与自然和谐共生的自为性。正如当代生态哲学家阿伦·盖尔所言,"人类作为感知、自我意识、创造性的社会主体一直在自然中演化着……自然本身必须被看作组织的创造性、生成性涌现层级,而不能被还原为它们涌现的条件"[48]。毫无疑问,在生态文明的形态下,人与自然互

---

〔45〕 藤木英雄『過失犯の理論』(有信堂,1969)194頁。

〔46〕 井田良『刑法総論の理論構造』(成文堂,2005)118頁。

〔47〕 王莹:《中国刑法教义学的面向:经验、反思与建构》,北京大学出版社2022年版,第24-25页。

〔48〕 Arran Gare, *Speculative Naturalism: A Manifesto*, Cosmos and History: The Journal of Natural and Social Philosophy, Vol. 10:2, p. 320-321(2014).

相实现自身。而在生态理性觉醒的过程中,刑罚无非是教养理性的强制性手段。

四、客观归责理论框架下污染环境罪过失责任的实现

危惧感说的主要问题在于如何在司法实践中落实抽象的结果预见义务及结果预见义务所引起的结果避免义务。如果缺乏明确的认定标准,只能诉诸恐惧感、不安感等依赖于行为人偶然感觉的主观要素,难免有结果责任之虞。刑法教义学的客观归责理论以"风险"为核心概念,包括创设法所不允许的风险、实现法所不允许的风险以及结论符合规范保护目的三个层次,与危惧感说的理论品质高度契合,为其在环境刑事司法中的实现提供了有益的分析框架。

(一)创设法所不允许的环境风险

根据人格责任论和危惧感说,过失犯的处罚根据在于行为人缺乏规范人格导致注意能力降低,进而违反抽象的结果预见义务和结果避免义务,以造成法益损害结果的方式违反法规范的期待。对注意义务的违反决定了过失犯在不法层面上有别于故意犯。又由于犯罪的本质在于法益侵害,其规范含义是指以法所不允许的方式制造或升高法益侵害的风险,因此过失犯的实行行为就是通过违反注意义务制造法所不允许的风险。[49] 其中,注意义务是判断法所不允许的风险的必要条件。污染环境罪过失责任的注意义务源自生态环境整体法秩序,既包括由立法者制定的生态环境法律法规等基础性法源,也包括其他规范性文件、技术性规范、行业规范等次级法源。[50] 至于法所不允许的风险,必须以其对立的概念——被允许的风险为起点进行判断。根据新过失论的观点,如果创设风险的过失行为在总体上有益于社会经济的发展,则只要行为人遵守了相关的行为规则,符合法秩序所要求的行业基准,就能够认为该过失行为所创设的风险是被法所允许的,排除在过失犯的结果归责范围之外。[51] 对于污染环境罪的过失犯而言,被允许的风险的判断标准就是生态环境整体法秩序,与注意义务的判断具

〔49〕 类似的观点,参见闻志强:《过失犯实行行为的刑法争议与规范判断——基于学术史的考察》,载《法治社会》2021 年第 5 期。

〔50〕 所谓基础性法源,是指由立法者制定的强制性法规范。所谓次级法源,是指由立法者以外的主体所制定的不具有强制约束力但对于判决的形成具有实质影响的法规范。参见[德]托马斯·M. J. 默勒斯:《法学方法论》(第 4 版),杜志浩译,北京大学出版社 2022 年版,第 64-65 页。

〔51〕 张明楷:《论被允许的危险的法理》,载《中国社会科学》2012 年第 11 期。

有同源性。作为污染环境罪的前置法的生态环境整体法秩序也可以被称为填充规范,具有类型性地推断注意义务和划定被允许的风险的边界的双重功能。〔52〕也就是说,当过失污染环境行为没有违反注意义务,原则上就可以推定该行为所制造的环境风险应当为法秩序所允许。

理论上,创设法所不允许的风险包括三个构成要素:创设、法和风险。创设包括制造和升高,前者是指在原本不存在风险状态的情况下凭空制造了侵害法益的风险,后者是指在既存的风险状态下升高了侵害法益的风险。与制造和升高风险相对立的概念是降低风险,判断标准是是否遵守注意义务。除此之外,以影响事实因果流程的方式也能够被承认为降低风险。例如,行为人发现某工厂通过暗管向村庄内的河流排放废水,在无法直接堵截废水排放的情况下,将废水引入不流经村庄的河道中。引流造成的污染结果实际上好于原本的法益侵害结果,因此不应将污染结果归属于该降低风险的行为。法是指生态环境整体法规范,既包括基础性法源,也包括次级法源。风险是指行为自身所具有的损害生态法益及与其相关的人身财产法益的高度可能性。根据司法解释的规定,〔53〕对于生态法益的风险只需要以抽象危险的形式进行推定,对于人身财产法益的风险则需要导致现实的法益侵害结果。

(二)风险关联:实现法所不允许的环境风险

实现法所不允许的风险是规范层面上客观归责的第二个环节。"风险关联"是指制造法所不允许的风险的行为在规范意义上造成了危害结果,也就是行为所具有的禁止风险可以在规范上评价为实现了构成要件结果。具体来说,未能实现法所不允许的风险包括三种情形:介入了足以阻断因果流程的异常因素、即使存在合法替代行为也不能避免结果的发生、行为人对危害结果缺乏抽象的预见可能性。存在上述三种情形时,均可以认为实行行为与危害结果之间缺乏风险关联,排除过失犯的结果归责。

1. 介入因素与因果流程

介入因素是否阻断因果流程取决于实行行为的危险性、介入因素的异常性、介入因素与实行行为的关联性以及介入因素的危险性四个条件。实行行为的危险性越高、介入因素的异常性越大、关联性越低、介入因素的危险性越低,结果归责的可能性就越高。事实上,实行行为的危险性判断在风

---

〔52〕 陈璇:《刑法归责原理的规范化展开》,法律出版社2019年版,第77、97页。

〔53〕 最高人民法院、最高人民检察院《关于办理环境污染刑事案件适用法律若干问题的解释》第1条、第3条。

险创设的环节完成,与之连带的介入因素的危险性也同样属于风险创设的环节,不需要单独判断。因此,是否阻断因果流程实际上只需要判断介入因素的异常性以及介入因素与实行行为的关联性。

就介入因素的异常性而言,污染环境罪中常见的介入因素可以分为社会原因和自然原因,前者如环境敏感人群、其他污染者的污染行为,被害人行为,后者如气候变化、生物富集作用等。[54] 对基于生态系统整体性的自然原因,应当承认风险关联,这是由环境犯罪对象自身的性质所决定的。也就是说,污染行为所引起的环境要素及其相互作用所造成的客观结果均属于范围之内。对于社会原因,应当以行为时社会一般人为视角,考察介入因素是否超出一般认识。例如,在董某桥等污染环境案中,不存在意思联络的被告人甲、乙分别将废碱液和废盐酸在不同的时间和地点通过暗管投放入城市下水管网,产生大量硫化氢气体,该气体从某一停车场下水道溢出,造成被害人死亡。[55] 从行为时社会一般人的视角来看,难以预料对方排放的污染物恰好通过管网发生化学反应后溢出,对方的污染行为及污染物性质属于超出一般认识且行为人不具有特殊认识的异常介入因素,虽然在客观上造成了被害人死亡的结果,但因缺乏风险关联而难以进行结果归责。

如果可以肯定介入因素并非异常,就需要进一步判断介入因素与实行行为之间是否存在规范关联。例如,在郑某某等污染环境罪、危险物品肇事罪一案中,作坊主在非法炼汞作坊停工后未采取相应的安全措施对作坊内的生产设施所遗留的成品汞作妥善处置,3 名小学生放学后进入该作坊玩耍时将生产设施内遗留的部分成品汞装进塑料瓶带走,后又带入学校并在学生中流散,导致 167 名学生检出尿汞超标。[56] 首先,小学生在已经停工的小作坊中捡拾废弃物玩耍时有发生,符合社会一般人的日常生活经验,并非超出常人预料,因此该介入因素并不异常。其次,作坊主在停工后负有采取清除污染物等安全措施的管理义务,而行为人在存在履行能力的前提下怠于履行该义务,导致行为人弃置含汞废物的行为与被害人的介入因素共同产生了多人受伤等严重污染环境的结果,实行行为可以在规范上评价为实现了法所不允许的环境风险,造成了过失污染环境的结果。

---

[54] 冯瀚元:《基于规范保护目的的生态环境犯罪归责体系建构》,载于文轩主编:《环境资源与能源法评论》第 4 辑,中国政法大学出版社 2022 年版,第 150 页。

[55] 河北省保定市中级人民法院刑事判决书,(2017)冀 06 刑终 202 号。

[56] 湖南省花垣县人民法院法院刑事判决书,(2017)湘 3124 刑初 75 号。

2. 合法的替代行为

结果避免可能性以"逾越能力则无义务"作为法理依据,〔57〕这就意味着行为人只应对处于其能力范围之内的结果负责。从客观上看,假设行为符合注意义务,其所制造的风险也必然导致危害结果,则说明行为人没有能力控制行为所制造的危险,对于危害结果的发生缺乏支配力,危害结果与行为人违反注意义务的行为缺乏风险关联,不能进行结果归责。也就是说,如果存在合法的替代行为时依然会导致结果的发生,则实行行为就没有实现法所不允许的风险。

对于污染环境罪的过失犯而言,合法的替代行为主要表现为符合生态环境整体法秩序要求的行为。假定行为人在没有违反生态环境法秩序要求的情况下也会导致污染环境的结果,就说明污染结果的发生不具有避免可能性。例如,在司法实践中,有工厂主违反生产管理和环境保护规范,令工人在工厂仓库内非法生产电镀钟表产品。在生产过程中,两名工人将含有氰化钾等化学物品的电镀液倒入下水道,致其因吸入电镀液挥发气体晕厥。〔58〕对于排放污染物的行为,由于已经达到司法解释〔59〕所要求的超过污染物排放标准3倍以上的限度,构成污染环境罪当无疑问。问题在于,工作人员违反操作规范而造成自身受伤的结果是否能够归属于工厂主违规经营的行为?在该案中,工厂主违反经营管理规定,未取得生产资质,工作人员违反电镀生产操作规范,都是违反注意义务的行为。并且,如果工厂主依法依规取得生产资质,工作人员就不会为了躲避行政检查而违规将电镀废液倒入下水道,造成自身昏厥的危害结果。因此,该案不存在合法的替代行为,可以肯定行为人因违反电镀产品生产管理规范而制造了法所不允许的风险,且该风险现实地发展为两名工作人员受伤的严重结果。只不过,因为对自身法益造成损害而排除了工作人员行为的违法性,但工厂主则应当承担独立的监督过失责任。

3. 对环境风险的特别认识

危惧感说要求行为人对于结果存在与其风险程度相匹配的抽象预见义务,行为创设的风险越大,导致危害结果发生的概率越高,行为人所承担的结果预见义务的负担就越重。根据过失责任形式的构造,结果避免义务以

---

〔57〕蔡仙:《过失犯中结果避免可能性理论的法理展开——以"逾越能力则无义务"原则为解释中心》,载陈兴良主编:《刑事法评论》第40卷,北京大学出版社2017年版,第47-48页。

〔58〕广东省深圳市宝安区人民法院刑事判决书,(2017)粤0306刑初2000号。

〔59〕2016年最高人民法院、最高人民检察院《关于办理环境污染刑事案件适用法律若干问题的解释》第1条第3项。

结果预见义务为前提，因此，就必须在风险关联的环节判断行为人对于环境风险的主观认识是否与其行为所制造的客观风险相匹配。

特别认识往往以积极的方式发挥风险关联的功能。如果行为人对于客观上法所不允许的环境风险所实现的危害结果存在与行为的危险程度相符合的特殊认识，即使存在异常的介入因素，也可以视为行为人对于危害结果存在抽象的预见可能性而承认风险关联。〔60〕但是，对于排除结果避免可能性的合法的替代行为而言，则不能因具有抽象的结果预见可能性而承认风险关联，因为在过失责任的构造上，结果避免义务是结果预见义务所欲实现的目标。例如，在宗某某等污染环境罪一案中，村民为了谋取利益，帮助同村非法拆解铅酸蓄电池的"黑作坊"倾倒电池废液，造成自身健康和财产利益受损的后果，达到污染环境罪"严重污染环境"的定罪标准。〔61〕问题在于，作坊主是否应当对村民倾倒电池废液而造成自身被害的行为负责。由于判断污染物的致害性质的活动具有一定的专业性，普通村民可能在缺乏正确认识的情况下参与到犯罪活动当中。但对于作坊主而言，其长期从事非法拆解铅酸蓄电池的活动，对于污染物的致害性质具有特殊认识，因此可以肯定其对于实施帮助行为的村民自身被害的结果存在抽象的预见可能性，该预见可能性与排放含铅废液所造成的客观风险相匹配，因此村民倾倒电池废液所造成自身被害的结果可以归属于作坊主非法拆解铅酸蓄电池、以违反注意义务的方式制造法所不允许的环境风险的行为。

（三）结论符合污染环境罪的规范保护目的

危害结果是否能归属于创设法所不允许的风险的过失实行行为，最终要通过规范目的的检验。规范保护目的与禁止风险的概念共同构成过失犯结果归责的核心范畴，对过失犯结果归责起到整体的指引和限制作用，其规范功能在于将创设且实现了法所不允许的风险但不符合规范保护目的的情形排除在结果归责的范围之外，实现处罚结论的正当性。

污染环境罪的规范保护目的应为保障经济社会和生态环境的可持续发展，这就意味着，污染环境罪的保护法益包括两个对立统一的方面：首先，由于环境犯罪具有历时性的特征，因此构成当代人和后代人生存与发展之基础的生态环境就是污染环境罪的保护法益；其次，对于人身财产等人类法益的侵害必须与生态环境存在密切关联，且只有其处于污染环境罪的刑罚所能容纳的社会危害性范围内，才是污染环境罪的保护法益。相应地，污染

〔60〕周光权：《客观归责与过失犯论》，载《政治与法律》2014年第5期。

〔61〕太原市万柏林区人民法院刑事附带民事判决书，(2018)晋0109刑初481号。

环境罪的规范保护目的可以分为两种相互关联的基本类型:生态法益和人类法益。

对于生态法益而言,虽然行为造成的严重污染环境的结果并非一般意义上类型化地实现环境风险的情形,但如果以破坏生态环境的方式威胁可持续发展价值,则可以将该污染结果纳入污染环境罪的归责范围内,而不应视为存在足以排除结果归责的异常介入因素。例如,在贵州毕节供销社农药污染一案中,行为人不慎引起储存农药的仓库失火,产生大量有毒有害气体,严重污染周边环境,造成数万人中毒。〔62〕 对于大气、水体、土壤环境的污染可以转化为公共财产价值,似乎可以以扩张解释的方式将失火导致的环境污染视为"使公私财产遭受重大损失"的情形,进而将污染环境罪的结果包含到失火罪中一并评价。然而,经济价值不同于生态价值,可持续发展的法益在重视社会经济发展利益的同时,更关注作为发展之前提的生态环境。因此,失火罪不能包容具有异质性的生态法益及可持续发展价值,应当同时构成失火罪和污染环境罪的过失犯,再根据想象竞合的原理择一重罪处罚。对于人类法益而言,构成污染环境罪的实质是污染结果中包含了人身财产损失,而不是以污染环境的方式对人身财产法益造成损害。也就是说,对于污染环境罪而言,只有防止生态环境污染才是最终目的,人身财产法益损害只是污染环境的具体表现形式。因此,行为人以投放有毒有害物质的方式针对特定个人实施的犯罪并没有以生态环境要素为中介,缺乏环境风险扩散的风险,处于污染环境罪的规范保护目的范围之外,不应归责。

规范保护目的理论的实质是在相互冲突的价值中进行衡量。因此,问题的根本在于如何分配环境风险才能够在符合刑罚制裁手段与污染结果之间的比例性的范围内,最大限度地实现可持续发展价值。例如,实践中多将协助运输污染物的驾驶员作为污染环境罪的帮助犯处理。从价值衡量和结果正当的角度来看,驾驶员既不是环境风险的制造者,对于环境风险的实现也不具有现实的支配力,不应当负担污染环境的刑事责任。又如,一些环境犯罪案件中的污染者为当地带来了巨大的经济效益,不仅与被害人达成和解,甚至出现村民集体要求减轻犯罪人处罚的情形。〔63〕 如果片面坚持刑法所设定的入罪标准,忽视污染环境罪实际上是以可持续发展为价值诉求,就容易导致"机械司法"的现象发生,反而违反刑法的精神,有损公众对于

---

〔62〕 郭莉:《环境犯罪中的因果关系与客观归责》,载《广西大学学报(哲学社会科学版)》2010年第3期。

〔63〕 湖南省蓝山县人民法院刑事判决书,(2017)湘1127刑初389号。

法秩序的规范认同。因此,虽然行为事实上造成了严重污染环境的结果,但在综合衡量各方价值及判决可能造成的预期社会效果后,如果污染结果符合刑法限度内的可持续发展价值,那么实际上就说明行为人的污染行为处于刑法所能容忍的范围之内,符合污染环境罪的规范保护目的。

五、结论

人与自然和谐共生的中国式现代化应当以法治为依循,环境刑事法治实践的深入发展呼吁环境犯罪研究的精细化,污染环境罪的过失责任正是其中的理论重点之一。人类法益与生态法益辩证统一的规范保护目的揭示了污染环境罪以混合责任为其责任构成。哲学的思辨思维阐明了污染环境罪过失责任的本质,为其在现实中的规范展开奠定了普遍基础;法教义学的分析方法则以概念的先验本质为依据,揭示了污染环境罪过失责任的规范构造及其在司法实践中的实现。通过形而上的思辨演绎,作为普遍性环节的自由选择、作为特殊性环节的注意义务以及作为自由与义务之扬弃的人格共同构成了责任概念的辩证发展进程,具体到污染环境罪的过失责任上则表现为以自由选择为先验前提的规范性生态人格的缺乏这一本质,进而决定了基于危惧感说的规范构造,即"抽象的结果预见义务+结果避免义务"。在司法适用的环节,抽象的结果预见义务和结果避免义务以环境风险为核心,借助客观归责的理论框架形成风险创设、风险关联、规范保护目的的限制三个层次的判断规则,确保污染环境罪过失责任判断的合法性与正当性。

域外法治

《环境资源法论丛》
第15卷,第211~239页

“富有感染力的”环境立法*

——环境立法的全球扩散与移植

[加拿大]娜塔莎·阿弗尔德** 著 任文莛*** 李子擎**** 译

摘 要 环境法的发展或者“创新”无不涉及其自身的转移性(transferability)。有关环境法扩散(diffusion)的论述在我们发展、表达和建构环境法概念的过程中显得越发重要。环境法的实践似乎已经超越了现有的概念框架和学术词汇。“富有感染力的”立法这一不为人所熟悉的概念,为充实和解释环境法思想的多元化、多面向和转移性等特质提供了空间。本文通过界定“富有感染力的”立法现象,厘清研究中所涉及的术语、应对方法及面临的挑战,进一步研究环境法的全球扩散。同时,环境影响评价制度的“全球”性扩散,也是证明其本身是“全球最广泛采用的环境管理工具”。

关键词 扩散 移植 环境法方法论 环境政策转移 环境影响评价 环境法学术研究

---

* 原文载于2019年《环境法学刊》(*Journal of Environmental Law*)第31卷,第187-212页,已经获得作者授权。Natasha Affolder, *Contagious Environmental Lawmaking*, Journal of Environmental Law, Volumme 31, No. 2(July 2019):187-212. 本文系国家社科重大研究专项“社会主义核心价值观融入生态文明法治建设的基本路径和法律样态研究”(19VHJ016)的阶段性成果。

** 娜塔莎·阿弗尔德(Natasha Affolder),英属哥伦比亚大学阿拉德法学院法学教授。

*** 任文莛,北京航空航天大学法学院博士研究生。

**** 李子擎,北京航空航天大学法学院研究生。

引 言

在新西兰,旺格努伊河(Te Awa Tupua)[1]作为法人的资格被承认,这是一种革命性的、可转移的现象。[2]

在加纳,印度尼西亚的一个模型被投入使用,由此开发出了企业环境绩效评级计划,用来反映加纳人的环境概念。[3]

在巴基斯坦,一场以权利为基础的气候变化诉讼获得胜利,[4]这被称作是其他司法管辖区的典范。[5]

在厄瓜多尔,对“自然的权利”(Rights of Nature)[6]的认可通过构建宪法权利的转换范式得以实现。[7]

一个专业的全球环境司法机构已经创建,[8]旨在分享、传播那些适用性广、已经实践检验的环境法律司法经验。

一项有关持久性有机污染物的多边条约,[9]借鉴了瑞典关于有毒化学物质的“日落期”(sunset periods)概念。[10]

此外,还有一些气候立法“倡导者”试图推动气候立法在哥斯达黎加、中国、哥伦比亚、尼日利亚、秘鲁、墨西哥和密克罗尼西亚等国家的传播。[11]

---

〔1〕 Te Awa Tupua(Whanganui River Claims Settlement) Act,2017 No 7,s 14(New Zealand).

〔2〕 David Boyd, *The Rights of Nature: A Legal Revolution That Could Save the World*, ECW Press,2017.

〔3〕 Adwoa Darko - Mensah, *Can Environmental Performance Rating Programmes Succeed in Africa?: An Evaluation of Ghana's Akoben Project*, 24 Management Envtl Quality 599 (2013).

〔4〕 *Ashgar Leghari v Federation Federation of Pakistan*, WP No 25501/2015(Lahore High Court, 4 September 2015,Pakistan).

〔5〕 Jacqueline Peel & Hari Osofsky, *A Rights Turn in Climate Change Litigation*, 7 TEL 37 (2018).

〔6〕 2008 Constitution of the Republic of Ecuador,pt 2,Ch 7,arts 71-74(Ecuador).

〔7〕 Maria Akchurin, *Constructing the Rights of Nature: Constitutional Reform, Mobilization, and Environmental Protection in Ecuador*,40 L & Soc Inq937 (2015).

〔8〕 International Union for the Conservation of Nature, *Global Judicial Institute on the Environment*, IUCN (Jun. 18, 2018), https://www. iucn. org/commissions/world - commission - environmental-law/our-work/global-judicial-institute-environment.

〔9〕 Stockholm Convention on Persistent Organic Pollutants,2256 UNTS 119;40 ILM 532(2001).

〔10〕 Jonathan Wiener, *Something Borrowed for Something Blue: Legal Transplants and the Evolution of Global Environmental Law*,27 Ecology LQ1295 (2001).

〔11〕 Michal Nachmany and others, *The Globe Climate Legislation Study: A Review of Climate Change Legislation in 66 Countries* (LSE Research Online Report 2014) <http://eprints. lse. ac. uk/63656/>accessed 20 March 2019, xii.

世界银行也借鉴了马拉维和塞拉利昂等国家的战略性环境"试点计划",用以促进法律模式转换的实践。[12]

评论者们认为,欧盟之所以能获得气候法律领域的领袖地位,正是因为它创造了能够移植到其他地方的模式。[13]

环境法正在发展。学者们并没有忽视这一现实,他们使用移植(transplantation)、散布(spread)、传播(transmission)、扩散(diffusion)、杂交(cross-fertilisation)、传染(dissemination)、浸透(impregnation)等不同语词,描述了一个相似的概念——环境法理念传播的多种表现形式。事实上,环境法的发展或者"创新"无不涉及其自身的转移性。在我们发展、交流、讨论和构建环境法概念的过程中,话语理论的传播(discourses of diffusion)变得越来越重要,这既体现在环境法理论方面,也展现在环境法实践当中。

这些发展的迅速扩展和多层次性质表明,环境法实践——这一日益重要的维度已经超出了现有概念框架和学术术语。因此,思考和分析这些发展的视野被人为地缩小了,而且从表面上看,法律流动性的复杂性有被掩盖的风险。"富有感染力的"立法这一概念和故意使用的生僻术语,为环境法理念的动态发展和多向转移创造了充实且留有余地的空间。这种转移并不局限于环境法思想和模式的跨国界传播。相反,它们渗透到超越国家[14]和地方的立法过程、[15]跨国法律秩序、[16]私人环境治理、[17]地方立法、[18]法律文

〔12〕 World Bank, *Strategic Environmental Assessment in Policy and Sector Reform* (World Bank 2011) 2.

〔13〕 Kati Kulovesi, *Climate Change in the EU External Relations: Please Follow my Example (or I Might Force You to)*, in Elisa Morgera ed., The External Environmental Policy of the European Union: EU and International Law Dimensions, CUP, 2012, p. 115.

〔14〕 Sanja Bogojevic, *Emissions Trading Schemes: Markets, States and Law* (Hart 2013).

〔15〕 Sofie Bouteligier, *Cities, Networks, and Global Environmental Governance. Spaces of Innovation, Places of Leadership* (Routledge 2013) 2.

〔16〕 Terrence Halliday & Gregory Shaffer (eds), *Transnational Legal Orders* (CUP 2015).

〔17〕 Jodi Short, *Transplanting Law in a Globalized World: Private Transnational Regulation and the Legal Transplant Paradigm*, in Francesca Bignami and David Zaring eds., Comparative Law and Regulation: Understanding the Global Regulatory Process, Edward Elgar, 2016.

〔18〕 Akchurin (n 7) 944-8.

化和传统、[19]司法话语[20]和国际组织的实践中。[21]

描述“富有感染力的”环境立法的范围和意义,并不是一文可以详尽的。[22] 本文是一种探索性尝试,旨在对“富有感染力的”环境立法现象进行辨析,并明确这一实践是对之前学者所提出的一些术语和方法的挑战。虽然承认潜在标签可能令人沮丧,因为这远不是一个单一现象,但本文认为“富有感染力的”环境立法这一术语可以有效界定一个空间,这一空间可被用于讨论法律理念在不同司法管辖区和立法地的传播方式,以及正在传播的方式。本文围绕着一个被称为“在国际传播的……全世界采用最广泛的环境管理工具”——环境影响评价(EIA)的故事展开,[23]紧绕着环境影响评价传播的主要论证模式,以期提供一个探索术语和方法论障碍的平台,帮助了解和理解法律理念的实践。

批判性地研究“富有感染力的”立法现象,提供给我们考虑新的环境法的立足点和文化支点的新契机。这种“富有感染力的”立法实践本身要求对环境法思想内涵的内在可移转性进行质疑。本文的目的,以及其关注术语和学术方法的原因,是鼓励一种质疑,即关注定义和描述这些实践,并以此来命名法律的过去和规定法律的未来的做法,到底有何风险。

一、环境影响评价的“全球蔓延”

(一)主流叙述和隐性设想

环境影响评价在国际上的传播被认为是“富有感染力的”的环境立法的里程碑式范例。环境影响评价的推行和采纳被认为是“现代”环境法发展的

---

[19] Scotford's invocation of “internal” legal cultures. Eloise Scotford, *Environmental Principles and the Evolution of Environmental Law*(Hart 2017)19.

[20] Peel 和 Osofsky 因此考虑将基于权利的现有判决作为“其他司法管辖区”气候诉讼判决的“模式或灵感”:Peel & Osofsky(n 5)37。

[21] Alogna 认为,“通过超国家机构的方式或由超国家机构指导的法律模式的间接流通,已经在很大程度上取代了国家间的模式”。Ivano Alogna, *The Circulation of the Model of Sustainable Development: Tracing the Path in a Comparative Law Perspective*, in Voker Mauerhofer ed., Legal Aspects of Sustainable Development: Horizontal and Sectorial Policy Issues, Springer, 2016, p. 21.

[22] 因此,本文只是更大工作量的一小部分。其贡献主要在于使命名的学术方法问题化,并参与到“富有感染力”的立法之中。更大工作量使“富有感染力的”立法本身的实践出现问题。

[23] Tseming Yang & Robert Percival, *The Emergence of Global Environmental Law*, 36 Ecology LQ615 (2009).

重要一步。[24] 其普遍性意味着,任何尚未引入环境影响评价的国家现在都被视为异类,"可能只有不超过10个国家没有采用环境影响评价,这些国家主要包括处于战争状态的国家和一些小岛屿国家"[25]。

环境影响评价是一项值得深思且有趣的跨国法律实践。尽管有共同名称,但它的构思方式却截然不同,这给它的概念化带来了关注。[26] 环境影响评价在世界各地用于评估特定人类行动或活动可能对物种、栖息地或生态系统(有时也对人类环境)造成的环境影响的类型和程度。国家环境影响评价法通常规定了某些特定项目在获得批准前要经过特定级别审查的情况,包括特定风险的披露、特定期限内的执行、由特定机构进行的环境影响评价,以及(有时)涉及特定公众或私人参与的情况。[27] 虽然法律环境影响评价制度的重点是程序性的,但这一程序性重点掩盖了一个事实,即环境影响评价是对公众参与、诉讼资格、国家权力概念、专家规则、证据标准,以及任何法律制度中更广泛的权利和义务概念进行深入、实质性法律理解的一个入口。[28]

仔细考察环境影响评价在全球传播过程中的一些主流叙述,可以发现针对法律迁移的被动的、脱离语境的和非历史解释非常容易潜入"富有感染力

---

[24] Nicolas de Sadeleer, *Environmental Principles: From Political Solutions to Legal Rules* (OUP 2002) 87.

[25] Arend Kolhoff and others, *Environmental Assessment*, in Roel Slootweg and others eds., Biodiversity in Environmental Assessment: Enhancing Ecosystem Services for Human Well-Being, CUP, 2010, p. 127.

[26] 环境影响评价被跨国进行辩论,由此环境影响评价的有效性需要植根于一个现实,即环境影响评价在不同的背景下可以有不同的理解,反映了对国家权力、权利和义务的划分、环境影响评价的目的,什么算作公众参与以及相关的"公众"可能是谁的不同理解。为了对许多潜在的理论和概念辩论进行有益的综合。See Barry Barton, *Underlying Concepts and Theoretical Issues in Public Participation in Resources Development*, in Donald Zillman, Alastair Lucas and George (Rock) Pring eds., Human Rights in Natural Resource Development: Public Participation in the Sustainable Development of Mining and Natural Resources, OUP, 2002, p. 77.

[27] 为深入了解一些(相当随机选择的)国家环境影响评价法律条文及其在细节和程序要求方面的差异。See alternately Environment Protection (Amendment) Act 2008, Mauritius Acts 2008, Act No 6 (Mauritius), Law of Republic of Kyrgyzstan on Environmental Protection, 1991, 91WN0681A (Kyrgyzstan), Environmental Impact Assessment, Laws of the Republic of Paraguay 1993, Law No 294/93 (Paraguay).

[28] 如欲了解欧洲法院对环境影响评价指令的裁决的更多意义。See Vanessa Edwards, *A Review of the Court of Justice's Case Law in Relation to Waste and Environmental Impact Assessment: 1999-2011*, 25 JEL 515 (2013).

的"立法的描述中。[29] 识别这些叙述并非为了贬低现有的环境法研究。相反,将这一叙述单拎出来,能使人们意识到环境法研究的重大障碍和诸多挑战,即环境法研究在本质上与比较和跨国空间的传播有关。对叙述默认范式(narrative defaults)的关注,凸显了环境法的"创造神话"(包括对环境影响评价产生和传播的处理)是如何发展起来以及如何被制度化的,虽然该制度有时缺乏坚实的实证基础。

"跨国"视角的采用本身就引入了作为分析单位的偏见和假设,该视角也能使人们看到在全球范围内引入环境影响评价的努力。此视角让我们看到了理念的进展,如环境影响评价是"流动、网络和治理组合"的产物,而不是把此运动看作个人工作的结果。[30] 这样的视角可能很适合自由主义理论家和活动家们,他们对普适模型的概念感到满意,"他们只需要一个本地化的涂抹工作即可稍加调整"[31]。但对其他学者,包括那些强调历史特殊性和环境特殊性的后殖民主义和人类学思想的学者来说,观察和"绘制"像环境影响评价这样的普遍观念传播的活动本身是存在问题的。[32] 因此,在环境影响评价报告中出现的术语及方法上的陷阱说明了这篇文章的核心论点——环境法的流动性已经超过了术语和概念框架的发展,而这些术语和概念框架是开展与环境法紧密合作的必需品。本文以环境影响评价为例,着手解决这些术语和方法上面临的"陷阱"。

(二)被动叙述:常识想法的时代已至

环境影响评价经常被描述为"20 世纪最成功的政策创新"之一。[33] 它被誉为"常识"路径,目前已渗透到绝大多数国家的法律中。[34] 事实上,克

---

〔29〕 为了识别这些叙述,我们开展了文献调查,以找出任何与环境影响评价传播、运动、传播、转移、扩散有关的书籍或文章。特别注意寻找那些在接受了环境影响评价模式和做法的国家以及为其他地方采用的模式提供灵感的国家中出现的学术范例、学术例子。这一文献检索包括了国际法、开发银行实践和私人跨国监管中有关环境影响评价的参考文献。

〔30〕 Mariana Valverde, *Chronotopes Of Law: Jurisdiction, Scale and Governance*, Routledge, 2015, p. 106.

〔31〕 Ibid., p. 110.

〔32〕 Ibid.

〔33〕 Barry Sadler, *Environmental Assessment in a Changing World: Evaluating Practice to Improve Performance* (Canadian Environmental Assessment Agency 1996) i.

〔34〕 Virginia Alzina, *Environmental Impact Assessment Systems in Developing Countries: A Study of Success and Failure in Latin America and the Caribbean* (Ph. D. diss., George Washington University, 2001) 10-12; Alastair Neil Craik, *Environmental Assessment: A Comparative Legal Analysis*, in Jorge Viñuales and Emma Lees eds., Oxford Handbook of Comparative Environmental Law, OUP, 2019.

雷克(Craik)之所以推荐这种"常识"框架,是因为这基本能被普遍接受,很明显的原因在于:"要作出可能对环境产生不利影响的决定,应该根据对这些影响的全面理解来判断。"[35]因此,关于环境影响评价的传播,有一种主流观点认为:环境影响评价是一个好理念,它的时代已经到来。

杨(Yang)和珀西瓦尔(Percival)等学者认为,环境影响评价是"美国环境法的一项重要创新",已被广泛采纳,并被上传到国际条约中。[36]他们将环境影响评价作为全球环境法兴起的典型范例,并指出各国对环境问题的反应有着"惊人的进步":"各国正在移植其他国家的法律和监管政策创新,即使它们有着截然不同的法律和文化传统。"[37]

环境影响评价的诸多历史源头可以追溯到美国在20世纪60年代末通过的《国家环境政策法》(NEPA)。在美国立法的起源中,学者们通过引用一长串环境影响评价法律和实践中出现的国家和国际机构,来记录其"全球化"的传播过程(显然是指环境影响评价在地理上的普遍性)。奇怪的是,有关"全球化"是如何产生的以及环境影响评价在全球化下如何运作的问题,常常缺乏讨论。

仔细研究学者们如何描述环境影响评价在美国之外的传播,[38]我们会发现一种必然性:环境影响评价之所以被迅速广泛采用,简言之,正是因为它是一个好策略。克里斯托弗(Christopher)认为,美国的经验"引起了国际社会的注意",因此推动了环境影响评价在其他100个国家的发展。[39]维纳(Wiener)和里韦罗(Ribeiro)将其在美国以外的传播归因于"全世界对政策远见的需求不断增长"[40]。阿尔齐娜(Alzina)在描述拉丁美洲和加勒比发展中国家环境影响评价的激增现象时也提到了"常识"和"必然性"的概念,认为环境影响评价之所以被接受,是因为良好的规划会带来良好的决策这一"常识",以及"发达国家认可环境影响评价是一种有效的工具"[41]。环境影

---

[35] Craik, ibid., p. 1.

[36] Yang & Percival(n 23)615.

[37] Ibid., p. 616.

[38] Christopher Barrow, *Environmental and Social Impact Assessment: An Introduction*, (John Wiley 1997)170-1.

[39] Caleb Christopher, *Success by a Thousand Cuts: The Use of Environmental Impact Assessment in Addressing Climate Change*, 9 Vermont J Envtl L 549 (2008).

[40] Jonathan Wiener & Daniel Ribeiro, *Impact Assessment: Diffusion and Integration*, in Francesca Bignami and David Zaring eds., Comparative Law and Regulation: Understanding the Global Regulatory Process, Edward Elgar, 2016, p. 159.

[41] Alzina(n 34)10-2.

响评价从美国环境总署的立法迅速发展为“百例”环境影响评价法，由此也成为众多文章描述和理解环境影响评价运动的模板。[42]

同样渗透在文献中的是，在环境影响评价从一个国家迅速扩张到100个国家的故事中，人们经常看到的是它的扩张涉及一个单一“版本”法律的传播。[43] 然而，由于其传播中具体历史的缺乏，这一说法无法证实。此外，这一叙述掩盖了一个事实，即环境影响评价不仅在不同地区的形式不同，而且在不同的决策框架中所扮演的角色亦不同。[44] 虽然环境影响评价程序的名称可能相同，但在具有不同历史和法律文化的不同地方，环境影响评价程序的运作却相去甚远。[45] 最近关于中国环境影响评价制度的研究有力地证明了这一点，并要求“采用一种不同的故事讲述方式”[46]。环境影响评价是一个自然概念，其时代已经到来，这一信息不再强调不同地理和体制地点的环境影响评价制度的独特性。

环境影响评价传播的“常识”理论掩盖了其中传播机构的努力。[47] 因此，它忽略了一个事实，即环境影响评价的传播是基于机构“以转换为目的倡导者”的有意工作。[48] 少数学者明确信任特定的机构，联合国环境规划署、

---

〔42〕 虽然“100个国家”这一数字的来源往往无法确定，但似乎可以追溯到 Barry Sadler 1996 年对环境影响评价的一项研究。Sadler 的确切说法为，自从环境影响评价被引入以来，“据估计有超过100个国家已经建立了国家环境影响评价系统”。Sadler(n 33)25(emphasis mine).

〔43〕 通常情况下，即使不是直接采用，正在传播的环境影响评价的“版本”也与美国的法律非常相似。See Jose' Castaneda, *The World Bank Adopts Environmental Impact Assessment*, 4 Pace YB Int'l L 241 (1992).

〔44〕 Craik(n 34)2.

〔45〕 介绍两个关注环境影响评价的社会和文化背景的有用学术研究实例。See Jørn Holm-Hansen, *Environme-ntal Impact Assessment in Estonia and Norway*, 17 EIA Rev 449 (1997); A Cherp, *EA Legislation and Practice in Central and Eastern Europe and the Former USSR: A Comparative Analysis*, 21 EIA Rev 335 (2001). 最近的学术研究为这种观察增加了有价值的细微差别，它表明，由于积极参与影响评价工作的专业人员的培训、专业方向和学科世界观不同，评价实践在管辖范围内也可能存在显著差异。See Richard Morgan and others, *Practitioners, Professional Cultures, and Perceptions of Impact Assessment*, 32 EIA Rev 11 (2012).

〔46〕 Yun Ma, *Dynamics in Central-Local Division of the Authority of EIA Approval in China*, 31 JEL 29, 30 (2019).

〔47〕 因此 Craik(n 34)2 指出，美国积极将“推动环境影响评价的出口作为一种监管模式”，包括通过美国国务院官员参与制定联合国环境规划署行为原则草案。Wiener 认为，“环境影响评价在联合国环境规划署等国际机构的关注”以及国际条约对环境影响评价的引用，帮助了环境影响评价在各国的传播过程。维也纳(n 10)1306。

〔48〕 Credit for the term “evangelizers” goes to Craik(n 34)4.

世界银行、欧盟和经济合作与发展组织(OECD)发展和传播环境影响评价。〔49〕在其他情况下,这些机构的作用可以从体制和财政压力来源中推断出来。〔50〕这些研究贡献暗示着,各种特意推出的环境影响评价尚未具备充分的文件记录,这值得学术界关注。这同时意味着,法律学者有必要和推动法律传播的人一道,来填补法律传播的记录空缺,这是本文第三部分所要探讨的主题。

(三)脱离背景的叙述:推广最佳实践

学术界的第二个主流观点是关于环境影响评价的传播,这源于一个事实,即许多学者对环境影响评价采用的是规范性的而非描述性的方法。本文旨在收集环境影响评价的"最佳实践",并规范改进环境影响评价系统的方法。〔51〕就我们的目的而言,这一方法的重要性体现为:环境影响评价在本文中被视作一种"工具",可以无缝地从一个管辖区传输到另一个管辖区,从一个语境传输到另一个语境。〔52〕这一点被倡导孤立出"最佳实践"和"模式"的流行话语(the prevalent language)所强调。这种把环境影响评价看作一种法律技术,或将其视作与法律和制度渊源分离的"技术"的想法,夸大了该制度的可转移性。

当前对环境影响评价的研究主要是为了寻求能够复制的"成功模式"的范例。〔53〕因此,萨德勒的研究经常被引用作为寻找"卓越的例子"和"良好实践"的指导方针。〔54〕开发银行和开发署资助的研究经常采取比较办法,在选定需要改进的领域的同时,在多个不同国家同时开展环境影响评价的实

---

〔49〕一个罕见的例子是关于 Fabrizio de Francesco 的。*See Transnational Policy Innovation: The OECD and the Diffusion ofRegulatory Impact Analysis*(ECPR Press 2013).

〔50〕Kolhoff and others(n 25) 126(noting these sources of institutional and financial support for EIA).

〔51〕"经验教训"这一修辞手法经常用于这些目的。See Jiri Dusik & Barry Sadler, *Reforming Strategic Environmental Assessment Systems: Lessons from Central and Eastern Europe*, 22 Impact Assessment and Project Appraisal 89 (2004).

〔52〕的确,"法律作为工具"的概念(可转位的或不可转位的)在环境法文献中特别普遍。对于这个比喻的使用问题,See Natasha Affolder, *Beyond Law as Tools: Foreign Investment Projects and the Contractualisation of Environmental Protection*, in Pierre Marie Dupuy and Jorge Viñuales eds., Harnessing Foreign Investment to Promote Environmental Protection, CUP, 2013, p. 358。

〔53〕Cherp(n 45)335; A Chaker and others, *A Review of Strategic Environmental Assessment in 12 Selected Countries*, 26 EIA Rev 15 (2006).

〔54〕Sadler(n 33)4.

践状况调查。[55] 令人惊奇的是,这项工作并没有探讨目前环境影响评价的功能失调与环境影响评价最初引入具体国家的方式(无论进口还是强制实施)之间的可能性联系。

这种学术研究也揭示了学者们对跨国传播环境影响评价法律和实践的知识和想法作出贡献的重要方式。特别是学者们经常从“有效性”的研究角度来研究环境影响评价。[56] 这种角度就引起了人们对某些成功或失败的环境影响评价模型的关注,从而增强了文献中对环境影响评价法的去背景化倾向,并将此类法律简化为一种能无缝传递到其他司法管辖区和背景的管理技术。

(四)历史性叙述:失败案例

第三种说法与环境影响评价传播的学术研究有关,将环境影响评价令人振奋的“爆炸式增长”与实施失败带来的普遍失望的现实进行对比。[57] 现存大量学术文献记载了环境影响评价未能在许多司法管辖区“站稳脚跟”的事实。奥贡巴(Ogunba)讨论了尼日利亚的情况,该国环境影响评价借鉴了北美和英国的模式,产生了不同且独立的环境影响评价程序,但未能有效地加以整合。[58] 同样,埃塞俄比亚的环境影响评价被描述为不仅受到颁布当局薄弱执行能力的困扰,而且从另一角度看来,环境影响评价机构对该非洲国家来说过于昂贵,因而阻碍了该国的发展。[59]

对非洲环境影响评价文献的关注点多在“失败案例”上。[60] 一项有关中非国家环境影响评价的研究得出结论,影响该地区环境影响评价的关键薄

---

〔55〕 Dieudonné Bitondo, Reinoud Post & Gwen Van Boven, *Evolution of Environmental Impact Assessment Systems in Central Africa: The Role of National Professional Associations* (Netherlands Commission for Environmental Assessment 2014).

〔56〕 透过“有效性”的角度研究环境影响评价的流行程度。See Stephen Jay and others, *Environmental Impact Assessment: Retrospect and Prospect*, 27 EA Rev 287 (2007).

〔57〕 Chung-Lin Chen, *Institutional Roles of Political Processes, Expert Governance, and Judicial Review in Environmental Impact Assessment: A Theoretical Framework and a Case Study of Taiwan*, 54 Nat Res J 41 (2014).

〔58〕 Olusegun Ogunba, *EIA Systems in Nigeria: Evolution, Current Practice and Shortcomings*, 24 EIA Rev 643 (2004).

〔59〕 Adugna Feyissa Gubena, *Environmental Impact Assessment in Ethiopia: A General Review of History, Transformation and Challenges Hindering Full Implementation*, 6 J Envtl Earth Sci 1 (2016).

〔60〕 Habib Alshuwaikhat, *Strategic Environmental Assessment Can Help Environmental Impact Assessment Failures in Developing Countries*, 25 EIA Rev 307 (2005).

弱点是"执行法律、标准和指令的不足"[61]。但仅在极少数情况下,因果路径是孤立的,环境影响评价在一个国家引入的历史与其当前对实施失败的判断有关。[62] 我们需要对环境影响评价的采用、传播和演变的历史记录以及那些开始流传的主张进行评估,并提供机会将起源事件与失败实践联系起来。这些说法表明,环境影响评价"主要在西方民主国家实现其目标……(因为)照搬西方体系是行不通的,甚至会适得其反"[63]。他们认为,环境影响评价是"在发达的西方环境中构思的",这一事实对于解释其转移到不同国家的复杂结果至关重要。[64] 然而,关于环境影响评价的出现和传播中基于地点的相关研究尚未出现,这可能为这些主张提供实证支持。

采用非历史的、背景化的方法来追踪环境影响评价传播动态,最终结果是环境影响评价的"系统"不受"对系统的知情评论"的阻碍。因此,尽管加拿大的环境影响评价程序促进了尼日利亚的发展,[65] 这种跨界的法律思想交流仍旧忽略了这样一个事实:加拿大人仍然对本土程序持怀疑态度,因而加拿大宣布对其环境评估方法进行重大改革。[66]

二、"富有感染力的"环境立法

前文对塑造环境影响评价传播话语的具体叙述进行了细致的归纳,旨在展示"富有感染力的"立法在学术研究中所处的棘手地带。对法律迁移的非历史性、非语境化和被动叙述只代表了其中一些"陷阱",在更广泛的文献中,对法律流动性的描述必须绕过这些陷阱。在对这些陷阱进行更全面的探

---

[61] Bitondo, Post & Van Boven (n 55) 117.

[62] 有一个例外是 Tomoszkova 对捷克共和国的研究,他将环境影响评价的推动力追溯到欧盟成员国的特殊吸引力。See Veronika Tomoszkova, *Implementation of the EU Directive on Environmental Assessment in the Czech Republic: How Long Can the Wolf Be Tricked?*, 6 Wash & Lee J Energy, Climate & Envt 451 (2015).

[63] Kolhoff and others (n 25) 136.

[64] Holm-Hansen (n 45) 449.

[65] Ogunba (n 58) 参考了加拿大的经验作为尼日利亚 649 号立法的快速实施的灵感,并采用了基于加拿大 646 号立法的评估框架。

[66] Minister of Environment and Climate Change, *Bill C-69, An Act to enact the Impact Assessment Act and the Canadian Energy Regulator Act, to amend the Navigation Protection Act and to Make Consequential Amendments to Other Acts*, (Bill in First Reading, Canadian House of Commons, 8 February 2018) <http://www.parl.ca/DocumentViewer/en/42-1/bill/C-69/first-reading> accessed 20 March 2019; generally Jocelyn Stacey, *The Environmental, Democratic, and Rule-of-Law Implications of Harper's Environmental Assessment Legacy*, 21 Review of Constitutional Studies 165 (2016).

索之前,本文以环境影响评价为例,建立起对环境法迁移的思考基础,本文转向了如何命名法律思想运动这一复杂过程的挑战。因此,本部分将学术标签定位为描述环境法在其更广泛的思想历史中的运动,并试图为“富有感染力的”立法概念可能添加到这些现有的隐喻丰富的知识传统这一状况进行阐述。

(一)术语混乱的深刻本质

虽然许多学者已经注意到法律“在迁移”的事实,但目前文献中的趋势是学者们采用不同的路径、不同的词语、不同的方法来研究这一现象。从环境影响评价的传播被用作全球环境法出现、[67]移植、[68]扩散和一体化的证据来看,这一点也是显而易见的。[69] 在讨论法律迁移时缺乏得到一致认可的命名法,这造成了学者们各行其是,而不是从彼此的研究中获益的风险。[70] 它同样阻止了法律学者通过阐明法律分析的价值,来完善政策扩散研究的主要工具和视角。如上所述,通过聚焦过程和流程,从而扩散和传播术语,可以从个体上重新引导研究的焦点。术语的选择也可以使法律的观点得以传播,如关注“抽象权利由非实体的法律主体拥有”,并且在这一过程中不强调当地情况的特殊性和特别之处。[71]

在研究一些用于捕捉环境法理念“传播”的术语之前,重要的是要理解为什么这里追踪的是法律理念,而不是法律。正如在下文中的详细讨论,试图分析环境法的运动被混淆进不同法律思想表现形式的普遍主义的错误主张所污染、阻碍。在这些过程中,某些抽象的标签被用来暗示“法律”的单一版本正在传播。[72] 这种抽象允许某些截然不同的概念使用相同的名称。法律很难从法律文化中分离出来,“正在迁移”的东西可能只是代表法律的某

---

〔67〕 Yang & Percival(n 23).

〔68〕 Louis Kotze & Caiphas Soyapi, *Transnational Environmental Law: The Birth of a Contemporary Analytical Perspective*, in Douglas Fisher ed., Research Handbook on Fundamental Concepts of Environmental Law, Edward Elgar, 2016, p. 94.

〔69〕 Wiener & Ribiero(n 40)159.

〔70〕 在法律学术中,那些追踪环境法思想跨国流动的人在不同的文献中是这样做的——将这些现象视为域外立法、国际法、比较法、“法治”推广、跨国治理、比较宪法、跨国法律秩序、法律和全球化。在法律以外,建构主义的国际关系学者(正考虑通过“认知共同体”来思考规范的运动),政治学家和社会学家(在对规范社会化的理解以及社会运动的意义上作出了贡献)都在探索这些思想。

〔71〕 Valverde(n 30)109-10.

〔72〕 这一做法的具体表现是“预防点”。See Elizabeth Fisher, *Precaution, Precaution Everywhere: Developing a "Common Understanding" of the Precautionary Principle in the European Community*, 9 MJ 1 (2002).

个版本的理念。[73] 从法律理念的角度来看待这些运动,可以让人们以更谦卑的态度来看待他们的研究,或许还能对实际发生的复杂现实更为警觉。采用透视法律思想运动的视角,也有助于揭示法律迁移研究出发点的重要性。一个人是否从一个普遍的观念开始,并追踪它如何在不同的地方背景下被当地化?[74] 或者,作为出发点的局部表现和研究的挑战在于,与理想模型相比,某个特定的版本是如何以及为什么如此令人失望?[75]

在不同的空间和政治位置上,没有一个公认的词语来描述类似的法律思想是如何发展的。一个能有效捕捉这一现象的术语未能出现,这一事实本身就说明了问题。这表明,学者们在使用相同的词语时,可能在谈论完全不同的事情。其他人也可能用不同的词来描述相同的事情。没有一个令人满意的标签本身就暗示了这个主题的混乱、缺乏边界和不充分发展的本质。思考现有标签为何不尽如人意时,会产生什么样的见解?

关于移植(transplants)的术语需要说明一点,尽管批评声此起彼伏,但该术语仍在被法律学者采用。[76] 虽然移植比喻被恰当地批评为"太粗糙"[77]和不充分,[78]但事实证明它是非常有弹性的。因此,尽管学者们越来越反对"规范在法律上移植的简单化观点"[79],但这一术语仍然被广泛采用。[80]移植比喻继续广泛使用的后果是视野受限,这使学者的目光无法超越两种特定状态:一是从一个国家的语境中摘除法律;二是在另一个国家的语境中重植法律。

"移植"思维倾向于把对法律传播的理解局限在实证主义的框架内。它

---

[73] 最近关于环境法原则和排放交易系统等不同主题的学术研究提出警告:不能主张普遍性和文化中立的转换。See Scotford(n 19) and Bogojević (n 14).

[74] Sally Engle Merry, *Human Rights & Gender Violence*, University of Chicago Press, 2006, p. 134.

[75] Ma(n 46).

[76] Alan Watson, Legal Transplants: An Approach to Comparative Law (2 edn, U Georgia P 1993).

[77] Annelise Riles, *Comparative Law and Socio-Legal Studies*, in Mathias Reimann and Reinhard Zimmermann eds., The Oxford Handbook of Comparative Law, OUP, 2006, p. 802.

[78] Maximo Langer, *From Legal Transplants to Legal Translations: The Globalization of Plea Bargaining and the Americanization Thesis in Criminal Procedure*, 45 Harv Int'l LJ 2 (2004).

[79] Scotford(n 19) 56-7.

[80] Wiener(n 10); Jonathan Miller, *A Typology of Legal Transplants: Using Sociology, Legal History and the Argentine Example to Explain the Transplant Process*, 51 AJCL 839 (2003); Sean Whittaker, *The Right of Access to Environmental Information and Legal Transplant Theory: Lessons from London and Beijing*, 6 TEL 509 (2017).

将对法律传播的思考局限于主要讨论法律、制度和法律观念的转移。威廉·特文宁(William Twining)的“后实证主义”[81]文章很好地阐明了这种思维方式的局限性及其分析扩散的框架。[82] 对“移植”的研究通常涉及大规模转移,如整个民法或商法的转移。这些研究较少关注社会法律研究可能纳入视野的“特定产品、技术或思想的扩散途径和过程”[83]。因此,“移植”这一术语可能会遗漏掉原始法律概念的根源情况。[84]

法律多元主义者试图阐明的观念及思想上更为复杂的迁移,忽略了识别“移植”、命名“提体”和“受体”的典型尝试。[85] 非国家法律、非正式程序和非正式法律的迁移被忽视了。法律规范的复杂重叠和相互作用变得模糊不清。从“移植”的角度来思考法律的迁移,也有可能抹去之前存在的东西,这意味着迁移填补了“真空”,[86]或者将之前存在的东西视为非法律。

考虑到传播法律思想的实践中涉及多个传播地点和载体,可能正在进行的某些事情在数量和质量上都与移植隐喻所暗示的含义有所不同。[87] 乔纳森·米勒(Jonathan Miller)因此表示:“如果大多数国家……在国际人权、环境保护和反腐败努力等领域不引进一些外国或国际模式,很难取得良好成效。”[88]为响应法治议程的要求,滚雪球式的大规模法律推广正在进行。这些涉及的迁移实践在数量和机制上都与移植隐喻所描述的不同。[89] 尽管存在这些限制,本文并不提倡放弃移植隐喻,只是承认这些限制及其特征。该

---

[81] Kyle McGee, Bruno Latour: The Normativity of Networks (Routledge 2014) 95.

[82] 在两篇文章中,William Twining 阐明了法律和社会科学文献对法律传播的贡献。他描绘了法律传播的“范例案例”背后存在的有问题的假设和遗漏,并有效地揭示了通过“移植”模型来思考法律传播所产生的一些偏见。See William Twining, *Diffusion of Law: A Global Perspective*, 49 J Legal Plur1 (2004); William Twining, *Social Sciences and Diffusion of Law*, 32 JLS 203 (2005).

[83] Twining, *Diffusion of Law*, ibid 9.

[84] McGee (n 74).

[85] Paul Schiff Berman, *The Evolution of Global Legal Pluralism*, in Roger Cotterrell and Maksymilian Del Mar eds., Authority in Transnational Legal Theory: Theorising Across Disciplines, Edward Elgar, 2016.

[86] Twining, *Diffusion of Law* (n 83) 35. This links to what Rogers calls more generally the “empty vessel fallacy”. Everett Rogers, *Diffusion of Innovations* (4 edn, Free Press 1995) 240-2.

[87] 考虑到许多关于法律移植的可能性和不可能性的典型学术贡献是基于理论,而不是基于观察到的法律变化的实践,这也许并不令人惊讶。See Michele Graziadei, *Comparative Law as the Study of Transplants and Receptions*, in Mathias Reimann and Reinhard Zimmermann eds., The Oxford Handbook of Comparative Law, OUP, 2006, p. 442.

[88] Miller (n 80) 840 (emphasis mine).

[89] 上文探讨了世界银行在这种环境影响评价的推广中所起的作用。

术语的价值在于它的思想史,以及它所引发的辩论,包括关于法律、社会和文化之间关系的基本性辩论,以及法律在其社会背景下的自主性。

上述术语的问题不容易通过产生一个新的术语或调整到一个更具包容性的比喻来解决。法律传播的术语重构已经扩展到对"法律的接受、移植、传播、扩展、转移、进出口、强制、流通、迁移、转换以及跨国界流动"等的研究中。[90] 在追踪宪法思想运动的学术研究中,迁徙(migration)隐喻变得流行起来。[91] 但是,迁徙这一术语似乎去掉了法律主体,暗示法律观念会自行移动。其他术语试图捕捉批判性观点,目的是阐明迁移任务可能是复杂的、不可预测的,时有设计不当等问题。因此,移转法律涉及"法律刺激"[92]和"杂交"行为。[93]

用一个单一的、令人满意的术语来替代"移植"的状况最终不太可能出现,因为这个术语所援引的合法迁移过程是如此之多。扩散(difussion)是目前法律和社会科学中最受欢迎的术语。[94] 然而,扩散远不是一个完美的术语。它暗示了一种令人不满意的被动感,它无法唤起企业家精神、活力,引发他们有意识的活动,这些都标志着"扩散"实践。它也有可能暗示正在传播的是一个单一的想法。这可能掩盖了一个事实,即不同的环境法发展虽然看似相关,但在实际上的运作方式和历史却截然不同。在某个重要维度上,学术界缺乏强有力的分类,因为该对象难以分类。

(二)"富有感染力的"隐喻的价值

尽管存在这些困难,但命名和构建环境法思想的传播本身便是一项重要的实践。术语有助于使与环境法传播研究相关的出发点和偏见更加透明。因此,笔者在这篇文章中提出了"富有感染力的"这一概念,其为剖析工作过程的多样性、行进方向以及可以检测或想象法律理念的"影响力"的层次创造了空间。在此,笔者的目的是找到一个名字,即使作为一个占位符(placeholder),来描述笔者认为环境法实践的一个重要方面,但笔者基于自身的法律教育并不能充分描述。无论是主要关注国家执行国际法准则的国

〔90〕 Twining, *Diffusion of Law* (n 83)5.

〔91〕 Sujit Choudhry(ed), *The Migration of Constitutional Ideas*(CUP 2006).

〔92〕 Gunther Teubner, *Legal Irritants: Good Faith in British Law; or How Unifying Law Ends Up in New Divergences*, 61 MLR 11 (1998).

〔93〕 Wiener(n 10)1307.

〔94〕 Frank Dobbin, Beth Simmons & Geoffrey Garrett, *The Global Diffusion of Public Policies: Social Construction, Coercion, Competition or Learning?*, 33 Ann Rev Soc 449 (2007); Erin Graham, Charles Shipan and Volden Craig, *The Diffusion of Policy Diffusion Research*, 43 Brit J Poli Sci 673 (2013).

际法,还是“在世界被划分为‘无懈可摧’的法律体系[95]的愿景中成长起来的比较法”,都没有为这项工作提供足够的知识基础。转向科学语言解释,笔者试图看到并理解尚未充分探索的法律思想传播的维度。虽然政治科学家有时会用“传染”(contagion)这一术语来描述20世纪60年代美国军事政变的跨国“传染”[96]和城市混乱的模式,[97]但这一术语在跨国立法背景下的潜在解释力以前从未被探索过。[98]

“传染”意味着传播媒介和传播方向的多样性,而“扩散”(diffusion)则不然。它还包含原始宿主和缔约宿主的内部状态与转移物质的相互关系,以及它们相互作用的环境。因此,在跨国立法的范围内,它牵涉到某一特定政策转移所涉及的地方、人民的历史和社会政治现实,以及界定转移环境的全球体制和经济权力结构。这种对政策运动的理解将焦点从正在运动的实质(“扩散”隐喻的焦点)转移到最终决定法律理念形成和运作方式的复杂变量上。它还表明,当地因素可能导致法律观念以不可预见的方式“变异”,并产生不可预测的影响。因此,本文必须考虑那些隐藏在方法学“盲点”中的因素,这些盲点将在本文第三部分中被识别。

此外,“传染”在涵盖理论传递机制的广度方面,比被动的隐喻做得更令人满意。学术界讨论的主导机制包括社会建构机制、强制机制、竞争机制和学习机制。[99] 由于牵涉到深度思考的、动态的和相互作用的过程,这些机制要求把重点放在参与政策运动迁移者的利益和特点上。因此,与传染隐喻类似,这些理论方法并不鼓励过度关注转移政策本身,而将其指向更好地代表复杂的多向“信息网络”的向量及变量,这些“信息网络”定义了国际体系。[100]

感染性疾病的暴发是复杂的,常常让人难解,甚至在没有已知的传播媒

---

[95] Horatia Muir Watt, *Globalization and Comparative Law*, in Mathias Reimann and Reinhard Zimmermann eds. ,The Oxford Handbook of Comparative Law, Oxford University Press, 2006, p. 579.

[96] Richard Li & William Thompson, *The "Coup Contagion" Hypothesis*, 19 J Confl Resolution 63 (1975).

[97] Manus Midlarsky, *Analyzing Diffusion and Contagion Effects: The Urban Disorders of the 1960s* ,72 Am Pol Sci Rev 996 (1978).

[98] “传染性”这一比喻也被用以解释社会行为的变化是如何发生的。See Damon Centola, How Behaviour Spreads: The Science of Complex Contagions (Princeton 2018).

[99] Dobbin, Simmons & Garrett (n 94).

[100] David Lazer, *Regulatory Capitalism as a Networked Order: The International System as an Informational Network*, 598 Annals Am Academy of Pol & Social Sci 52 (2005).

介的情况下也会发生。传染的比喻,就像特布纳(Teubner)所说的"法律刺激"(legal irritantants)一样,把传播环境法理念的非批判性方法的问题暴露出来。[101] "富有感染力的"立法远不是一个明确定义。然而,这也许是有用的。这个术语既刺耳又陌生,提醒我们问题术语的价值,也说明了概念标记所需的挑战难度。在描述一些复杂和多方面的东西时,笔者所期望的并非消除所描述实践的复杂性和混乱,而是阐明这种复杂性和混乱。当然,这也让笔者面临论点凌乱和术语不精的批评。这两种批评都有可取之处。"富有感染力的"立法提醒我们,法律观念正在以人们尚不了解的方式传播、渗透和感染。

三、"富有感染力的"立法与环境法研究:谨慎者面临的五个陷阱

将这种以术语和方法学作为一个具体例子呈现的目的之一,即研究环境影响评价的传播,是探讨环境法迁移面临的重大障碍和挑战,并为其提供一个丰富的场所,而环境法迁移的本质具有比较性和跨国性。理解"富有感染力的"的立法实践所必需的比较研究,要求我们反思方法论,并关注术语、分类和比较规模,这些正是多年来一直困扰着比较法学者的问题。[102]

接下来的方法论观察认为:事实、事件、术语、结果、过程和人员都可以被方法论的选择和出发点所抹杀。最近的学术研究强调了起点的重要性,揭示了"跨国"调查,即优先于物理空间的调查,往往不强调时间,并隐藏发生在物理空间以外的环境(如经济环境)中的殖民接触。[103] 对方法选择的批判性认识,对于涉及跨出自己的法律文化,并在不太熟悉的地方发现和标记法律发展的跨国法律研究,特别有价值。[104]

超越文字描述,本文通过绘制五个特定的"陷阱"来探讨参与"富有感染力的"立法的学术实践。正是因为环境法学术界在传统上并非被方法论怀疑主义所主导,因此,确定方法问题"与任何比较事业的政治和'项目'问题不

---

[101] Teubner(n 92).

[102] Annelise Riles, *Introduction*: *The Projects of Comparison*, in Annelise Riles ed., Rethinking the Masters of Comparative Law, Hart, 2001, p. 2.

[103] Gayatri Chakravorty Spivak & Robert Young, *Neocolonialism and the Secret Agent of Knowledge*, 13 Ox Lit Rev 220 (1991); Valverde(n 30) 112-13.

[104] 该文推动了环境法学中促进直白和自我批判的方法论意识和辩论的工作。See Elizabeth Fisher and others, *Maturing and Methodology*: *Starting a Debate about Environmental Law Scholarship*, 21 JEL 213 (2009).

可分割"是具有价值的。[105] 这些"陷阱"显然相互关联——考虑到寻找可转移的环境的"解决方案"的紧迫性,寻求政策相关性可能导致脱离背景和忽视历史的做法。模糊跨国传播环境法思想的主要代理人的身份可能导致这样的结果,写传播情况的个人,同时也在撰写判决书,或倡导跨司法管辖区的法律改革。

本部分围绕五个"谨慎者的陷阱"展开。之所以这样称呼它们,是因为这些方法上的"地雷"不只埋伏在不知道这种危险的人面前。相反,这些都是学者们意识到并仍在努力避免的陷阱。笔者所做,意在明确这些风险,进而引起人们对这些挑战的讨论和意识,即便这并不能使它们消失。

(一)伪装的政策议程

正如许多关于环境影响评价的学术工作所揭示的那样,环境法学者们将规范性项目和描述性项目混为一谈。这并不是说经验项目在某种程度上不规范,也不是说学术文献本身的描述只是简单地隐藏其对条条框框的雄心壮志。[106] 相反,问题的关键在于,当分析"富有感染力的"立法的整体研究时,有可能发现一种主导力量在推动环境法的特定"项目",旨在促使法律改革朝着特定方向发展,或鼓励进一步和广泛采用特定的法律发展。

由此可见,可以通过有意选择特定词汇和修辞手段来描述法律的发展。[107] 以"最佳实践"或"成功模式"(主流环境影响评价传播叙述的语言)等意识形态中立的语言来包装法律,可能会促进和鼓励法律的转移及吸收。尽管学者们特别针对那些在法律改革原型中掩盖权力政治的人提出了这一指控,[108] 但这是一种意识形态上的普遍做法——"深绿色"议程也可以使用"成功"或"最佳"实践的中性语言来进行包装。

关于环保法庭传播的文献进一步说明了这种"最佳实践"框架的广泛使用。关于绿色法庭的重要学术著作描述了绿色法庭的"爆炸式"发展,主张

---

[105] Peer Zumbansen, *Transnational Comparisons: Theory and Practice of Comparative Law as a Critique of Global Governance*, in Maurice Adams and Jacob Bomhoff eds., Practice and Theory in Comparative Law, CUP, 2012, p. 188.

[106] Pierre Bourdieu, *De'crire et Prescrire: Note sur les Conditions de Possibilite' et les Limites de l' Efficacite' Politique*, 38 Actes de la Recherche en Sciences Sociales 69 (1981).

[107] 上文有关环境影响评价中所描述的创新语言的广泛使用就是一例。

[108] Tom Bührs, *From Diffusion to Defusion: The Roots and Effects of Environmental Innovation in New Zealand*, 12 Envtl Poli 83 (2003).

进一步传播此类法庭的特定愿景。[109] 因此,这些法律发展已成功在其他司法管辖区和其他机构得到采纳,这一事实被用作提倡进一步传播的修辞术。因此,在提交的国内法律改革文件中,"全球传播"论点是突出的。[110]

比尔斯(Bührs)对新西兰环境法的三种"创新"——资源管理法、单独可转让的渔业配额管理制度和议会环境专员——进行了有益的批判性解读,并为新西兰以外的国家提供了效仿的榜样。[111] 他认为,这些模型中有关"教训"和"学习"的话语掩盖了它们被创造背后的政治形态以及政治威胁。[112] 这种工具主义以及由此产生的去政治化,通过"借用"经常被视为"改进",或在环境法研究领域与国际标准趋同,因而得到加强。

众多环境法研究的规范性焦点,以及它在倡导项目中的嵌入性,促使人们重新关注自我意识的价值。这包括对正在推进的特定项目以及该项目及其方法之间的关系的警觉。它还促进了对替代方法可能性的慎重考虑。安妮·奥福德(Anne Orford)在她的文章《赞美描述》(*in Praise of Description*)中深度阐述了这一点。她指出,"转向描述也提供了一种手段,用以对抗主流批判模式的倾向,这种模式把一切都压扁,以至于,世界和世界上所有的人最终都可以用一组极其有限的特征来描述"[113]。这种"扁平化"悄然出现在那些试图描述出现在不同地方的法律发展的工作中,并加剧了消除地域、历史和土著特殊性的风险。

(二)忽略历史

与环境影响评价一样,环境法的大部分领域都缺乏相关法律实践的产生和流通的详细历史。然而,少数有据可查的案例表明,有些国家的环境法是

---

[109] 乔治·普林和凯瑟琳·普林关于环境法院和法庭的开创性研究以寻找"最佳实践"为中心。这项研究确定了350个专门的环境法院和法庭,参与了广泛的实地工作和访谈,以确定有效的法院和法庭的"基石"。这项有影响力的研究是在文献和倡导运动的框架下以诉诸司法。尽管判决点被限定为需要根据地方司法管辖区的特定情况做出一些调整,但关于"什么算"作为无法访问或可访问的法院的内容和参数存在一个相当明确的潜台词。See George Pring and Catherine Pring, Greening Justice: Creating and Improving Environmental Courts and Tribunals (Access Initiative 2009) 11, Figure 2.

[110] David Boyd, *Bill C-469: The Canadian Environmental Bill of Rights* (Brief prepared for the House of Commons Standing Committee on Environment and Sustainable Development 27 October 2010) <http://davidrichardboyd.com/wp-content/uploads/Bill-C-469-brief-in-English.pdf> accessed 20 March 2019 (citing global examples of constitutionalised rights in submissions advocating for an environmental right in Canada).

[111] Bührs (n 108) 84.

[112] Ibid.

[113] Anne Orford, *In Praise of Description*, 25 LJIL 609 (2012).

通过殖民强制、国际金融机构调解授权以及错误导向的法律“移植”而发展起来的。这些案例凸显了追溯“缺失的历史”对环境法学者而言是一项特别紧迫的任务。这些案例同时也突出强调了近期学者们的研究贡献的特殊价值,这些学者的工作细致地阐明了这些国家环境法理念的历史发展过程。[114]

当考虑到对环境法发展的非历史性理解的传播的后果时,作为“富有感染力的”立法叙述主题的环境法发展的特定历史,针对这种关注的需要就变得尤为明显。例如,与更复杂的时间和历史分析相比,特定状态下的特权促进了一种“规范管理主义”,这在环境影响评价推广工作中体现得很明显,将环境影响评价与客观性、合理性和实用性的管理概念联系在一起。[115] 因此,环境影响评价程序的判断依据是其是否达到了规范性标准,进而影响了环境影响评价的地方和政治产物。[116]

对环境影响评价制度强调实施“失败”的简略观点可能会掩盖一个事实,即薄弱的环境影响评价制度可能是出于有意的政治目的。布拉万特(Bravante)和霍尔顿(Holden)在分析菲律宾环境影响评价时使这种政治观点成为人们关注的焦点:

环境影响评价制度的缺陷不是一种疏忽,也不是错误判断的结果,而是反映了在持续的自然资源管理不善中既得利益者所塑造的政策方向(Broad 1995)。这并非证明政策失败,而是表明政府取得了成功,使那些控制国家的人受益……问题不在于缺乏推行更有意义的环境影响评价制度的政治意愿,而在于代表精英利益的政治意愿的存在。[117]

同样隐藏在对环境法流通的非历史解释中的,是在为出口创造法律的行为中所隐含的主导性神话和假设。虽然欧盟作为法律规范的出口方受到越

---

〔114〕 例如,Joshua geller 列举了国际规范在国内宪法起草过程中所起的制约作用的例子,这些例子有助于“社会化”国家将环境权利纳入其宪法。他对尼泊尔和斯里兰卡的环境权利进行了细致的实地研究。See Joshua Gellers, *The Global Emergence of Constitutional Environmental Rights*, Routledge, 2017, p. 2.

〔115〕 对于这种将论证延伸到更普遍的生态训练的批判的发展。See Timothy Luke, *Eco-Managerialism: Environmental Studies as a Power/Knowledge Formation*, in Frank Fisher and Maarten Hajer eds., Living with Nature: Environmental Politics as Cultural Discourse, 1999, p. 103.

〔116〕 Richard Morgan, *Environment Impact Assessment: The State of the Art*, 30 Impact Assessment and Project Appraisal 5 (2012).

〔117〕 Meriam Bravante & William Holden, *Going through the Motions: The Environmental Impact Assessment of Non-Ferrous Metals Mining Projects in the Philippines*, 22 Pacific Rev 523 (2009).

来越多的关注,[118]但对当地法律引进所需的注意却减少了。被批判的后殖民主义倾向认为西方法律规范是唯一有价值的灵感和复制来源,但这点不易被察觉。[119] 今日法律的"理想主义出口商"可能会采用普遍主义的"无意识态度",避免看到"好想法"背后的内容,从而在不知不觉中使某些理念优越于其他理念。[120] 因此,环境法的非历史叙述,旨在通过忽略具有挑战性但至关重要的历史叙述的复杂性,使"剪切和粘贴"的法律传播方法不那么令人讨厌。

我们需要什么样的历史背景?现在有什么样的模式?关键是,环境法学者正在揭示历史上以及正在进行的法律移植的进程。[121] 他们还推动了对环境权利宪法化等全球现象的理解,利用田野调查,以一种深入背景化的方式阐明特定地方的法律程序。[122] 他们的工作增强了多地点人种学研究的洞察力。它为那些渴望更好地阐释法律思想跨国流动的法律学者提供了方法论上的启示。[123]

尽管普遍主义的总体框架渗透在环境法"创新"的全球流通文献中,但某些微妙的信息确实含蓄地与这种主导结构背道而驰。在这些信息中,"国际"或"外国"对国内环境法的影响屈从于不同的叙述,这取决于"接收"国家可能被认为是发达国家还是欠发达国家。因此在关于环境影响评价扩散的文章中,广中(Hironaka)指出,国际体系往往是欠发达国家环境保护政策的最初推动力。[124]

对世界不同地区的区别对待也很明显地体现在"传播方向"的学术报道

---

〔118〕 Joanne Scott, *From Brussels with Love: The Transatlantic Travels of European Law and the Chemistry of Regulatory Attraction*, 57 AJCL 897 (2009).

〔119〕 其结果如忽视了作为环境智慧来源的习惯法和本土法。See Saskia Vermeylen, *Comparative Environmental Law and Orientalism: Reading beyond the "Test" of Traditional Knowledge Protection*, 24 RECIEL 304 (2015).

〔120〕 Yves Dezalay & Bryant Garth, *Legitimating the New Legal Orthodoxy*, in Yves Dezalay and Bryant Garth eds., Global Prescriptions: The Production, Exportation, and Importance of a New Legal Orthodoxy, University of Michigan Press, 2002, p. 320.

〔121〕 Mario Prost & Yoriko Otomo, *British Influences on International Environmental Law: The Case of Wildlife Conservation*, in Robert McCorquodale and Jean-Pierre Gauci eds., British Influences on International Law, 1915-2015, Brill Nijhoff, 2016.

〔122〕 Gellers(n 114).

〔123〕 Carol A Heimer & Jaimie Morse, *Colonizing the Clinic: The Adventures of Law in HIV Treatment and Research*, in Heinz Klug and Sally Engle Merry eds., The New Legal Realism: Studying Law Globally. Volume II, CUP, 2016.

〔124〕 Ann Hironaka, *The Globalization of Environmental Protection: The Case of Environmental Impact Assessment*, 43 Intl J Comp Soc 65 (2002).

上。从欧洲环境法借用法律的例子中很容易找到。因此,我们知道欧盟电子垃圾指令对中国有影响,[125]欧盟碳排放交易计划已被用作哈萨克斯坦的一个模型,并影响了中国的碳排放交易政策。[126]《欧盟化学品注册、评估、授权和限制条例》(REACH)的国际影响力在获得学者们的认可[127]的同时也受到了质疑。[128]

"发达国家"的话语特权模糊了一个事实,即环境法思想和"创新"不仅可朝南北方向流动,亦可朝相反和其他方向流动。[129] 在包括澳大利亚和加拿大法院在内的主要法院的司法引证实践中,我们可以看到这些其他的方向。[130] 明确的司法引证远非南半球对全球环境法和北半球法律进程的智力影响的唯一指标。例如,学者们正在阐明,印度和南亚法院在推动环境法发展方面(包括权利保护模式)是如何发挥先锋作用的。[131] 法官们同样在他们的学术著作中对非西方范例的影响表现出警觉。[132] 因此,虽然人们很容易屈从于主流叙事的力量,即思想和影响力的单向流动,但仍可且必须探索其他解释。

(三)"虚假普遍主义"的风险和侵占本土性的风险

学者们正在关注不同空间中相似法律概念的状况,这是一个挑战,即虽

---

[125] Xin Tong & Lin Yan, *From Legal Transplants to Sustainable Transition: Extended Producer Responsibility in Chinese Waste Electrical and Electronic Equipment Management*, 17 J Industrial Ecology 199 (2013).

[126] Anatole Boute, *The Impossible Transplant of the EU Emissions Trading Scheme: The Challenge of Energy Market Regulation*, 6 TEL 59 (2017).

[127] Scott(n 106).

[128] Dirk Heyen, *Influence of the EU Chemicals Regulation on the US Policy Reform Debate: Is a "California Effect" Within REACH?*, 2 TEL 95 (2013).

[129] 关于对"美国化"命题的深思熟虑的挑战。See Toby Goldbach, Peter Katzenstein & Benjamin Brake, *The Movement of U. S. Criminal and Administrative Law: Processes of Transplanting and Translating*, 20 Indiana J of Global Legal Studies 141 (2013).

[130] 例如,澳大利亚新南威尔斯州土地与环境法院考虑了印度最高法院和肯尼亚高等法院的意见,阐述了污染者支付原则: *Environment Protection Authority v Waste Recycling and Processing Corporation*, [2006] NSWLEC 419 [232]。加拿大最高法院在首次对114957 Canada Lte'e(Spraytech, Socie'te' d' arrosage) v Hudson(Town), 2001 SCC 40, [2001] 2 SCR 241 [32]一案中的预防原则给予重要考虑时,也提到了他们在印度最高法院的同事。

[131] Michael Anderson, *Individual Rights to Environmental Protection in India*, in Alan Boyle and Michael Anderson eds., Human Rights Approaches to Environmental Protection, Clarendon, 1998, p. 199.

[132] Lord Carnwath CVO, *Judges and the Common Laws of the Environment - At Home and Abroad*, 26 JEL 177 (2014); Meredith Wright, *The Vermont Environmental Court*, 3 J Court Innovation 201 (2010).

然看到普遍主义或趋同,但法律观念和概念的实际意义可能截然不同。在这种更细致的分析层面上,被视为绝对等同的法律思想可能会揭示出其本身是特定法律历史和文化的产物。这一挑战与前面提到的描述性工作和倡导之间的联系直接相关,因为错误的普遍主义也许经常是在不知情的情况下故意产生的。使用普遍主义或趋同的术语本身可能是一种修辞策略的有意部分,暗指某一特定法律的发展是不可阻挡的。

普遍主义引出的方法论问题之一是语言问题。语言既是研究项目中的实际障碍,也是学者之间思想交流的限制。跨司法管辖区的翻译工作必须考虑如何跨越法律概念。例如,这种分析对于研究外国规则是如何被翻译成中文,并最终形成中国法律的基础是至关重要的。[133] 丽娜·蒂莫托(Marina Timoteo)等学者指出,德国法是中国2009年《侵权责任法》中环境责任条款的重要依据,但这些规定在从德语翻译成中文时存在错误。[134] 考虑到这里有更大的争论,一个有趣的问题是:何为"不准确的翻译"。尽管蒂莫托对责任概念在中国侵权法环境污染规则中的翻译的批评侧重于词语的选择和过度泛化,但在德国和中国制度之间,显然还存在更深层的"翻译问题"。蒂莫托的研究同时意味着,当讲英语的人用英语阅读"中国法律"时,会出现另一层复杂性和潜在的误解。[135]

除语言之外,笔者想在此特别提醒注意的风险来自最近模仿有关"自然权利"的发展的尝试。这些权利首先来自对当地世界观的法律承认。因此,与侵占本土性有关的威胁对环境法的意义越来越大,特别是最近的立法发展,如新西兰承认旺格努伊河为法人。[136]

即使在单一管辖范围内,将一个本土性概念转化为一个国家的公共政策也涉及经过深思熟虑的政治变革行动。[137] 例如,当本土性环境法概念与西方的自然概念等同,并通过西方的自然概念加以普及时,就可能会消除本土

---

[133] Marina Timoteo, *Law and Language: Issues Related to Legal Translation and Interpretation of Chinese Rules on Tortious Liability of Environmental Pollution*, 4 China-EU LJ 121 (2015).

[134] Ibid., p. 125.

[135] Ibid., p. 129.

[136] 对授予Te Urewera and the Whanganui River法人资格的方式进行了深思熟虑的分析,这些方式"深深根植于新西兰的奥特拉瓦法律文化中",旨在规范"与土地和河流有关的人际关系"。See Katherine Sanders, "*Beyond Human Ownership*": *Property, Power, and Legal Personality for Nature in Aotearoa New Zealand*, 30 JEL 207 (2018).

[137] Saskia Widenhorn, *Towards Epistemic Justice with Indigenous Peoples' Knowledge? Exploring the Potentials of the Convention on Biological Diversity and the Philosophy of Buen Vivir*, 56 Dev 378 (2014).

法与自然权利的关系。许多“自然权利”运动试图将这些本土的环境权利概念纳入自由权利结构,从而加深对自然的理解,认为自然是人类的外部事物。[138] 这种自然构造与环境和荒野的概念相联系,有可能抹去与非人类世界的联系或血缘关系。[139] 本土性的世界观经常认为土地和水“是密切相关的祖先,而非简单的物质形态”[140]。

汤普森·福塞特(Thompson-Fawcett)、鲁鲁(Ruru)和蒂帕(Tipa)将这一论点与语言问题联系起来,认为本土性知识和法律常常涉及英语语言无法描述的现实和想象。[141] 这种与霸权主义全球规范的绝对区别使本土世界成为强大的学习来源。因此,虚假的普遍主义对土著民族造成损害,它们也阻碍了学术工作,因为它们允许学者们忘记,正是因为土著知识在本体论上是不同的,我们才从它们那里学习。[142] 承认这一独特性有助于人们认识到跨国流动、包装本土法律秩序、从本土人民手中夺走知识和法律秩序的危险。这种观点赞赏本土学者所作的贡献,它们在挪用和普及过程中使本土法律与自决权割裂开来。[143]

(四)法律的匿名“行为主体”

上文引用的本土学者对法律发展进行了细致的背景分析,启发了那些密切考虑法律思想产生和传播的具体语境的方法论。在这一领域,域外法律理

---

[138] 例外的是,厄瓜多尔宪法被引用为融合西方“自然权利”和本土“世界观”的可能性的例子。See Louis Kotze' & Paola Villavicencio Calzadilla, *Somewhere Between Rhetoric and Reality:Environmental Constitutionalism and the Rights of Nature in Ecuador*, 6 TEL 401 (2017).

[139] Jocelyn Thorpe & Stephanie Rutherford, *National Natures in a Globalized World: Climate Change, Power and the Erasure of the Local*, 90 Dalhousie Rev 127 (2010). The Te Awa Tupua Act(n 1) s 13(c)规定“特阿瓦图普亚的本质”的一个方面是毛利人社区和特阿瓦图普亚之间“不可分割的联系”。

[140] Michelle Thompson-Fawcett & Robin Quigg, *Identity, Place, and the (Cultural) Wellbeing of Indigenous Children*, in Christina Ergler, Robin Kearns and Karen Witten eds., Children's Health and Wellbeing in Urban Environments, Routledge, 2017, p. 226.

[141] Michelle Thompson-Fawcett, Jacinta Ruru and Gail Tipa, *Indigenous Resource Management Plans: Transporting Non-Indigenous People into the Indigenous World*, 32 Planning Prac & Res 259 (2017).

[142] Annette Watson & Orville Huntington, *Transgressions of the Man on the Moon: Climate Change, Indigenous Expertise, and the Posthumanist Ethics of Place and Space*, 79 GeoJournal 721 (2014).

[143] Nicolas Wheen & Jacinta Ruru, *Providing for Rāhui in the Law of Aotearoa New Zealand*, 120 J Polynesian Soc 169 (2011).

论文献为法律扩散提供了解释。[144] 对积极推动法律从一个地方扩散到另一个地点的政府机构和企业家的研究,阐明了在不同空间中法律发展之间的联系组织。

当"移植"传统中的比较法学者专注于国家层面的法律转移时,这一视角已显著拓宽,以承认来自"殖民者、传教士和商人……"的传播媒介的多样性。奴隶、难民、信徒和法学家,[145] 以及临床工作人员、[146] 律师和其他专业人员,[147] 通过商业、教育和宗教传播法律思想将法律迁移与人们的运动和行动联系起来。[148]

当然,是"人"而不仅仅是"想法"塑造了"富有感染力的"的立法模式。[149] 虽然"个人"的影响很少成为环境法研究的分析单位,但我们可以从新立法和政策倡议的"致谢"部分收集个人的作用和贡献。[150] 关注"人"的影响强调了对塑造这些人的因素进行研究的必要性,包括研究生法律教育、教学来源和术语,以及领先的学术著作。[151]

例如,人们对法官作为意见领袖、关系构筑者、公关人员和法律改革倡导者[152] 影响法律和政策的努力——这些努力被称为场外司法动员[153] ——或

---

[144] Louisa Parks & Elisa Morgera, *The Need for an Interdisciplinary Approach to Norm Diffusion: The Case of Fair and Equitable Benefit-Sharing*, 24 RECIEL 353 (2015).

[145] Twining, *Diffusion of Law* (n 82) 22.

[146] Heimer & Morse (n 123).

[147] Yves Dezalay & Bryant Garth et al., *Lawyers and the Construction of Transnational Justice*, Routledge, 2012.

[148] Twining, *Diffusion of Law* (n 82) 22.

[149] 例如,Dezalay 和 Garth 强调了利己主义的个人法律行动者在将有关法律和法律制度的观点从一个语境转移到另一语境中的作用。See Yves Dezalay & Bryant Garth, *The Internationalization of Global Palace Wars: Lawyers, Economists and the Contest to Transform Latin American States*, University of Chicago Press, 2002; Yves Dezalay & Bryant Garth et al., *Global Prescriptions: The Production, Exportation, and Importation of a New Legal Orthodoxy*, University of Michigan Press, 2002.

[150] 例如,格鲁吉亚 2012~2016 年国家环境行动计划感谢"国际专家"对最终计划的协助,并感谢荷兰政府的财政和技术援助。See Ministry of Environment Protection of Georgia, National Environmental Action Programme of Georgia 2012-2016 (Ministry of Environment Protection of Georgia 2012).

[151] These sources are richly examined in Anthea Roberts, *Is International Law International?* (OUP 2017) 46-7.

[152] 为了对国际司法教育进行有趣的研究。See Toby Goldbach, *From the Court to the Classroom: Judges' Work in International Judicial Education and Training*, 49 Cornell Intl LJ 617 (2016).

[153] Onur Bakiner, *Judges Discover Politics: Sources of Judges' Off-Bench Mobilization in Turkey*, 4 J L & Courts 131 (2016).

场外抵制的司法实践知之甚少。[154] 然而,我们可以从卡瓦特勋爵的“世界巡演”特别环境法司法裁决,[155] 以及他对“环境法官”必须发挥的关键作用的庆祝等文章中看到,司法机构正有意识地积极推进环境保护这一个人和集体共同的“项目”。[156]

要阐明参与环境法传播的“人”,就需要仔细分析在个人工作中明显或不明显占据一席之地的复杂角色和责任。这里所分析的对象包括但不限于法官、立法起草者和学者。明确承认个别立法起草者对立法的影响并不常见,[157] 对推动核心环境法发展的立法起草过程进行更广泛的研究也是如此。然而,鉴于协助立法起草工作在环境法治“推广”和环境法“现代化”计划中的核心地位,立法起草者和起草工作是新环境法研究的宝贵领域。[158] 这种研究可以以现有的立法起草者明确承认跨国影响其工作的孤立例子作为基础。[159]

对环境法中的“人”的关注,也促使人们更加密切地关注学者们的影响,他们中的许多人在法律感染力的实践中是积极的、有意识的或无意识的。很少有学者明确调查学术研究、会议报告和“实践”如何促进“法律”和特定法律版本的传播。然而,这种令人耳目一新的自我意识写作确实存在。[160] 对于学者和其他被呼吁成为“规则医生”的人[161]——无论他们是私人法律顾

---

〔154〕 Alexei Trochev & Rachel Ellett, *Judges and Their Allies: Rethinking Judicial Autonomy Through the Prism of Off-Bench Resistance*, 2 J L & Courts 67 (2014).

〔155〕 Carnwath(n 132)182.

〔156〕 Robert Carnwath, *Judges for the Environment: We Have a Crucial Role to Play*, The Guardian (London, 22 June 2012) < https://www.theguardian.com/law/2012/jun/22/judges-environment-lord-carnwath-rio>accessed 20 March 2019.

〔157〕 但看看Twining关于英国人权法案起源的“英国绘图员(David Maxwell Fyfe)的具体想法”的承认。See Twining, *Diffusion of Law* (n 82) 13.

〔158〕 有关对美国国会起草惯例进行实质性调查的例子。See Abbe Gluck & Lisa Schultz Bressman, *Statutory Interpretation from the Inside - An Empirical Study of Congressional Drafting, Delegation, and the Canons: Part I*, 65 Stan L Rev 901 (2013).

〔159〕 这样的例子包括 Conseil d' E'tat, E'tudes et Documents du Conseil d' E'tat (Documentation Française 2006)(根据“国际最佳实践”改革法国监管程序的报告); Larry Parker, *Climate Change and the EU Emissions Trading Scheme (ETS): Looking to* 2020 (Congressional Research Service 2010)(有关欧盟排放交易系统通知美国立法程序的资料); Jernej Stritih & Barbara Simonič, *Drafting a Climate Change Act: Lessons Learned*, 42 Envtl Poli L 46 (2012)(记录斯洛文尼亚对英国的“考察”和对英国制定气候变化立法的审查)。

〔160〕 Sol Picciotto, *Critical Theory and Practice in International Economic Law and the New Global Governance*, 7 Euro Ybk Intl Econ L 3 (2016); Martti Koskenniemi, *From Apology to Utopia: The Structure ofInternational Legal Argument*, CUP, 2005, p. 562.

〔161〕 Dezalay & Garth, *Global Prescriptions* (n 149) 1.

问、全球律师事务所的成员、非政府组织的员工、雇佣法律起草人，还是国际金融机构的内部律师——这里都有机会。这要求他们更加自觉地将自己的工作置于世界格局中定位，并时刻意识到这样一个事实："法律不能仅被认为是一种现成的，也可以作为最佳或最有效的实践来获得的技术。"[162]

以从事法律规范传播的"人"的身份为中心进行研究，是将"法律"和"描述"活动重新政治化的一种方式。法律学界的"实践转向"让学者们思考在法律行为人类别中增加描述的价值，从而更好地用名字和面孔来解释个人和群体影响的理论。[163] 社会法律学者通过使用定性方法和话语分析来回应这一转变，不仅阐明文本，还研究权力关系，包括那些影响欧盟环境法"实践"的权力关系。[164]

（五）资金影响的可视化

资金是一个被法律学者忽视的主题，环境法学者也不例外。无论是被称为"援助"、"法治"促进、"能力建设"、"法律改革援助"、"发展"、"市场准入"，甚至是"凝聚性资金"，[165] 资金的流动是理解法律运行方式和原因的基础。在美国，利益集团基于这一认识，通过提供"免费"的司法培训进入司法培训的"业务"，从而为影响司法决策带来了机会。[166] 对金钱以及金钱匮乏的认识，对于理解制定和实施新法律的新机构以及新法院的重大动态至关重要。

资金影响力的可视化可能是解释明显的"执行"失败的关键，如在许多非经合组织国家中所涉及的环境影响评价。当法律跨越国界时，它会遇到新的资源限制。这种现实很快就被那些远离文本而采用访谈方法的学者们所揭示。[167]

因此，对法律学者来说，认真思考资金的重要性具有方法论意义。它带

[162] Dezalay & Garth, *The Internationalization of Global Palace Wars* (n 149)5.

[163] Gra'inne de Bu'rca, *Human Rights Experimentalism*, 111 AJIL 277 (2017).

[164] Bettina Lange, *Researching Discourse and Behaviour as Elements of Law in Action*, in Reza Banakar and Max Travers eds., Theory and Method in Socio-Legal Research, Hart, 2005.

[165] 在最后一点上，团结基金被解释为在欧盟制定地域性环境法的一种机制。See Antonia Layard & Jane Holder, *Seeking Spatial and Environmental Justice for People and Places within the European Union*, in Andreas Philippopoulos-Mihalopoulos ed., Law and Ecology: New Environmental Foundations, Routledge, 2011, p. 171.

[166] Douglas Kendall & Eric Sorkin, *Nothing for Free: How Private Judicial Seminars are Undermining Environmental Protections and Breaking the Public's Trust*, 25 Harv Envtl L Rev 405 (2001).

[167] 因此，在对环境法院法官和工作人员的采访中，资源限制是许多国家环境法院执行失败的关键原因之一。See Pring & Pring(n 109).

来了可能具有挑战性的实证工作,因为在获得金融数据方面会存在障碍,并涉及可能不熟悉的定量方法。它还牵涉到资金和结果之间微妙的因果关系。但对于法律学者而言,这些障碍并不是不可逾越的,一些法经济学学者已经成功地跨越了这些障碍。[168] 无意中忽视资金的影响非常容易,然而事实上,资金对于形成甚至可以进行的研究计划都是如此重要。即使是强调缺乏或无法获得有关筹资模式的信息,仍然富有价值。这种工作可以建立在国际法学者努力的基础上,这些学者正在努力使全球市场和市场原则的"背景法"和资金流动的跨境流动对法律的重要性变得可视化。[169]

四、结论:"富有感染力的"立法是环境法学者研究的课题

德扎莱(Dezalay)和加思(Garth)在其他地方强调了所谓"合法移植"无法解决的悖论:"大多数合法移植要么彻底失败,要么基本上不成功,但移植仍在快速进行——而且几个世纪以来在不同程度上皆是如此。"[170] 考虑到这一观察对环境法学研究具有特殊意义,"感染性"的环境立法实践显然不会结束,即使我们对其复杂性和潜在问题性质的理解才刚刚开始发展。

对为什么"富有感染力的"立法实践可能会失败或容易失败的质询,引发了一系列本身可能"富有感染力的"的调查,这至少对环境法研究具有启发意义。关于法律移植的研究提醒读者,有必要探索这种立法出错的确切原因。这些特殊的原因有时被概括为对法律传播过程的过度批评,用来反驳诸如移植"不可能"的断言。[171] 但是,在关于移植法和其他立法程序之间出错,在普遍性和程度上真的有区别吗?我们的任务不是把法律的流通减少到成败的问题上,[172] 而是指出提出这些问题的重要性。

迄今为止,有些自成体系的"移植/扩散"文献倾向于将其成功与失败联系起来,以验证法律传播理念本身,这或许是因为知识传统对它所援引的过程有深深的怀疑。然而,当我们讨论大多数其他类型的环境立法时,我们并

---

[168] Jeffrey Dunoff & Joel Trachtman, *Economic Analysis of International Law*, 24 Yale J Intl L 1 (1999); Takis Tridimas & George Tridimas, *The European Court of Justice and the Annulment of the Tobacco Advertisement Directive: Friend of National Sovereignty or Foe of Public Health?*, 14 EJLE 171 (2002).

[169] Odette Lienau, *Law in Hiding: Market Principles in the Global Legal Order*, 68 Hastings LJ 541 (2017).

[170] Dezalay & Garth, *The Internationalization of Global Palace Wars* (n 149) 246.

[171] Pierre Legrand, *The Impossibility of Legal Transplants*, 4 MJ 111 (1997).

[172] David Nelken, *The Meaning of Success in Transnational Legal Transfers*, 19 Windsor Ybk Access Just 349 (2001).

未花很多时间来剖析学术方法选择的"雷区"性质，以及埋藏在有戒心的学者与毫无戒心的学者面前的陷阱。这是为何？

本文试图厘定当下正在进行的重要事件，尽管它的正确标签可能还没有找到。具有带有潜在贬义内涵"富有感染力的"的立法是一种缺乏熟悉性的占位符（placeholder），这表明追寻法律的迁移和努力为它们贴上标签都是值得环境法学者关注的研究。这篇文章中载满的方法论批判，旨在激发和鼓励未来愿意参与研究"本地和跨国"环境法现实的学者。[173]

超越语言的是，现在我们有机会更加深刻地质疑环境法的借用传统。我们有足够的空间来思考环境法的创造神话，以及这些描述中关于环境法诞生和传播过程的遗漏。对于学者和实践者一样，这项工作需要具有意识的"目光如炬"以及围绕个人与政治议程和实践的自我意识。"富有感染力的"的环境立法最终给我们带来了一个智力上的挑战——畅想环境法理念的"出口质量"。

---

[173] Peer Zumbansen, *Law & Society and the Politics of Relevance: Facts and Field Boundaries in "Transnational Legal Theory in Context"*, 11 NoFo 1 (2014).

学位论文

《环境资源法论丛》
第 15 卷,第 243~269 页

相邻采光妨害的认定与救济
——基于《民法典》第 293 条的分析

李雪怡 *

摘　要　相邻采光利益保护存在非公法认定标准缺失以及救济措施混乱适用等问题,采用法解释学方法对《民法典》第 293 条新增的"不得"进行绿色化解释,以习惯和公平合理原则作为"不得妨碍"标准的判断依据。在习惯认定路径上,需要遵循管制标准优先、习惯合法、须经充分说理方可适用的原则,并对习惯生成原因及合理性、长期稳定性、地域普遍性、可证明性等因素进行识别,将相邻采光习惯类型化为不动产利用关系的习惯、人际交往关系的习惯和人与环境共生关系的习惯。在公平合理原则认定路径上,适用情形包括达标但无可适用的习惯、管制标准与习惯相冲突、既无可用管制标准也无习惯;在综合考虑建筑的地域特征、建筑类型、采光损害的程度、建设先后顺序、损害回避的客观可能性等客观因素以及侵害人与受害人的主观心理因素的基础上,运用利益衡量理论进行妨害认定。在救济上,将采光妨害过程分为侵权行为进行过程中与侵权行为完成后两个阶段,分别采取防御型救济措施和补救型救济措施实现采光利益保护。

关键词　相邻采光妨害　妨害认定　妨害救济　《民法典》第 293 条

随着城市化进程的不断发展,我国城市人口增多、建设用地日趋紧张,建

* 李雪怡,广东法制盛邦律师事务所实习律师。

筑密集化的建造和空间的立体化利用,以及人们对美好生活的需求使其对居所的舒适度提出更高要求。人们舒适、健康的生活离不开光照,而光照的排他性使其变得稀缺。于是,相邻建筑采光纠纷频繁发生,甚至发展成群体性的社会矛盾和冲突事件。

原《物权法》对相邻采光利益范围未予以清晰界定,"不得违反国家有关工程建设标准,妨碍相邻建筑物的通风、采光和日照"的规定看似提供了相邻采光妨害认定的客观标准,但实质上是使民法上的认定标准借由技术标准而直接与行政法上的认定标准相等同。这一立法规定不仅没能切实解决纠纷,反而使建筑方借此规定"合法"侵害邻人的采光利益,对此,《民法典》第293条在原《物权法》第89条的基础上增加了"不得"二字,〔1〕实为价值层面的深刻变革。〔2〕同时,《民法典》延续了原《民法总则》第9条绿色原则的内容,将环境保护和环境利益的理念融入民法内部价值体系,并在分编中进行了绿色改造。现代物权法发展的重要趋势之一是日益重视环境保护,〔3〕相邻关系是最能凸显物权规范和环境保护内在联系的制度领域,〔4〕对其中的采光规范也应结合绿色原则的价值理念进行解读。《民法典》第293条虽作修改,但仍未能消除其模糊性而使之存在巨大的解释空间,通过民法解释方法明确相邻采光妨害认定依据并提出切实可行的救济方案不仅可解决相邻采光纠纷,还可促进民事主体环境利益的实现。

一、相邻采光妨害认定与救济之现状检视及可行路径分析

(一)相邻采光妨害认定与救济的现状检视

在司法实践中,采光纠纷日渐增多,但现有立法并未给出具体充分的解决方案,导致相邻采光利益在私法上未能获得应有保护。相邻采光妨害认定与救济面临以下困境:一是妨害认定过度依赖管制标准;二是责任承担方式的适用情形不明晰;三是赔偿范围难以判断且赔偿标准不统一。管制标准是相邻采光纠纷妨害认定的重要依据,在最高人民法院2019年发布的典型案

---

〔1〕《民法典》第293条规定:"建造建筑物,不得违反国家有关工程建设标准,不得妨碍相邻建筑物的通风、采光和日照。"《物权法》第89条规定:"建造建筑物,不得违反国家有关工程建设标准,妨碍相邻建筑物的通风、采光和日照。"

〔2〕巩固:《〈民法典〉物权编绿色制度解读:规范再造与理论新识》,载《法学杂志》2020年第10期。

〔3〕王利明:《〈物权法〉与环境保护》,载《河南省政法管理干部学院学报》2008年第4期。

〔4〕石佳友:《物权法中环境保护之考量》,载《法学》2008年第3期。

例中，明确将管制标准等同于容忍限度，[5]导致公、私法就采光利益的保护界限趋同。原《物权法》第89条引入管制标准以及表述上的歧义是造成这一认识的直接原因。首先，相邻关系规范蕴含较强的生活属性，仅依管制标准进行判断背离了相邻关系的处理原则。其次，现行立法并未明确规定不同责任承担方式的适用情形，法官通常优先适用损害赔偿。在具体案件中，受妨害方通常难以通过排除妨害的救济方式实现权益的完全救济。[6] 由于采光权益难以用货币衡量，法官自由裁量确定的赔偿数额未必能填补当事人所受采光权益损失。最后，采光权益作为一种环境利益，具有不同于传统民法上财产利益和人身利益的特征，具体表现为“来自建筑物的压迫感、单纯的不愉快、轻度的精神侵害等”[7]，这些影响难以直接等同于传统侵权责任理论中的“损害”。传统民法并未考虑到人类作为具备自然属性的生态理性人，[8] 存在享受美好环境的需求，采光权益难以量化的特性导致赔偿标准难以确定且不统一，虽然一些地区出台了采光妨害赔偿标准，但各地制定的依据和标准不尽相同，甚至存在巨大差异，使“同光不同价”的现象普遍存在。

在立法上，《民法典》第293条的修改为上述问题的解决提供了突破口，使“不得违反国家有关工程建设标准”和“不得妨碍相邻建筑物的通风、采光和日照”成为两个独立并行的认定标准，让相邻采光妨害认定回归容忍义务这一判断依据，这在很大程度上扩大了对相邻采光利益的保护范围。因管制标准本身并不存在太多争议且涉及公法问题，本文不详细展开论述，仅主要讨论“不得妨碍”的认定标准。

但是，立法的修改并未解决所有问题，《民法典》第293条的模糊性使其存在巨大的解释空间。人类对于环境利益的认识是一个逐渐深入的过程，采光利益作为一种环境利益对个体的基本生存和生活具有重要价值，从浅层的生存需要到精神性享受，后者是更为深层的环境利益，采光利益主要归属于后者。[9] 司法裁判中将当事人的主观权利诉求等同于行政上的客观合法性

---

[5] 孟某、李某某诉云南铜业房地产开发有限公司相邻采光、日照纠纷案，云南省昆明市中级人民法院(2019)云01民终2427号民事判决书。

[6] 刘子畅：《区分所有建筑物采光权司法保护的实证研究——基于近十年判决的分析》，浙江大学2018年硕士学位论文，第12-14页。

[7] [日]大冢直：《关于生活妨害的停止请求的基础考察》，载《法学协会杂志》1990年第6期。转引自刘子畅：《区分所有建筑物采光权司法保护的实证研究——基于近十年判决的分析》，浙江大学2018年硕士学位论文，第3页。

[8] 吕忠梅：《环境法典编纂视阈中的人与自然》，载《中外法学》2022年第3期。

[9] 吴亚平：《采光权的法律性质思考》，载《法律适用》2006年第11期。

监督,背后的实质是法官以城市化为确定裁判规范的社会基础,将公法上的规定作为利益平衡的规范并以此作出判决。[10] 然而,主体的主观权利诉求并不能仅仅基于实用性和便利性而直接被客观标准替代,《民法典》中引入绿色原则蕴含着生态人理念,也表明了民事主体具有多元利益诉求。简单处理的裁判思路不适用于处理相邻人之间的复杂关系。学界也大多认为公法上合乎技术标准不能作为私法权利义务增减的抗辩理由。[11] 因此,公法规定适用于私法时须进行补充。[12]

(二)相邻采光妨害认定的可行路径

1.必要容忍限度在相邻采光妨害认定中须具体化

我国一直将采光关系纳入民法相邻关系制度予以调整,故研究相邻采光利益保护还需回到相邻关系基本制度中发现解题的思路和方法。相邻关系,"是指相邻近的不动产所有人或利用人之间,一方所有人或利用人的支配力与他方所有人或利用人的排他力相互冲突时,为调和其冲突以谋求共同利益,而由法律直接规定的权利义务关系,其为不动产的法定负担"[13]。关于其本质,学界主流观点认为,相邻关系是对所有权的限制与扩张;[14]还有学者认为,相邻关系是一种独立的权利边界界定规则;[15]相邻权的本质在现代社会中已发展为利益的冲突与平衡。[16] 其中,权利边界界定说可为采光妨害认定问题的研究提供理论基础;利益冲突与平衡说所蕴含的利益衡量理论可以为采光纠纷的解决提供思路。对所有权的限制与扩张也是对相邻权的延伸与收缩,可以借对《民法典》第293条的绿色化解释来实现采光利益,通过扩展、充实和细化传统民法规则,将环境内容注入其中,进而实现对环境民事权益的确认和保障。[17]

容忍义务是处理相邻关系的核心技术,我国民法中虽未予以直接规定,但处理相邻关系需要遵循的"有利生产、方便生活、团结互助、公平合理"原

[10] 陈越峰:《城市空间利益的正当分配——从规划行政许可侵犯相邻权益案切入》,载《法学研究》2015年第1期。

[11] 谭启平:《符合强制性标准与侵权责任承担的关系》,载《中国法学》2017年第4期。

[12] 金启洲:《民法相邻关系制度》,法律出版社2009年版,第100页。

[13] 梁慧星、陈华彬:《物权法》(第7版),法律出版社2020年版,第213页。

[14] 有学者质疑这一观点并认为这一说法无法解释相邻关系的所有内容。张鹏、曹诗权:《相邻关系的民法调整》,载《法学研究》2000年第2期。

[15] 韩光明:《财产权利与容忍义务——不动产相邻关系规则分析》,知识产权出版社2010年版。

[16] 陈红梅:《相邻环境权益的私法保护》,河海大学出版社2019年版,第108-113页。

[17] 巩固:《民法典物权编"绿色化"构想》,载《法律科学(西北政法大学学报)》2018年第6期。

则以及“当地习惯”，均体现了容忍义务的实质内容。[18] 但是，在相邻采光领域中，对必要容忍限度需考量的具体因素缺乏明确规定，因此需要加以明确。笔者通过体系解释，选用公平合理原则以及习惯进行解释，可为相邻采光利益妨害的认定提供可行方案。

2. 习惯作为相邻采光妨害认定依据的可行性

首先，习惯是原始社会人们的行为准则，是处理社会事务的主要依据，为法律的产生创造了前提，可以作为法律的补充和来源。[19] “中国的法治之路必须注重利用中国本土的资源，注重中国法律文化的传统和实际。”[20]《民法典》第289条明确规定了“当地习惯”，根据体系解释，该条文对第293条也具有约束力。其次，习惯形成的必然和合理性使其具备成为裁判规则的正当性。习惯源于人类长期生活经验的总结，人们会自觉或者不自觉地遵循习惯。“不是法院认定的习惯本身，而是在这个习惯背后、透过该习惯所表达出来的被规范者一般的确信，才能够正当化某行为在法伦理上的正确性，进而正当化其具有习惯法在规范上的拘束力。”[21] 当习惯被长期普遍遵循时，其逐渐被规范化为规则，从法律的发展历史来看，习惯习俗乃是法律的源头。因此，习惯的法源地位使其具备导入司法机制的可能性和合理性，并发挥着补充制定法、调节司法审判以及稳定社会秩序的功能。[22] 最后，相邻关系是整个民法体系中最常适用习惯的，[23] 习惯是近代社会相邻关系法的主要渊源。[24] 习惯普遍适用于相邻关系的原因在于：第一，相邻关系的类型多样且各自具有特殊性，法律无法详细规定亦无法穷尽所有可能，故我国相邻关系的法律规定较为抽象和原则性，习惯具有适用空间。第二，相邻关系妨害具有很强的现场感受性，法官难以仅通过文字、数据或图片等方式来感知妨害的存在以及妨害程度的大小，法律难以细化规定也使法官自由裁量空间巨大，习惯既可为法官作出判断提供依据，又可约束法官的恣意。第三，习惯的包容性、灵活性和发展性使其在处理相邻关系纠纷时具有较大优势。有学者

---

[18] 焦富民：《容忍义务：相邻权扩张与限制的基点——以不可量物侵扰制度为中心》，载《政法论坛》2013年第4期。

[19] 刘作翔：《习惯的价值及其在中国司法中面临的问题》，载《法律适用》2008年第5期。

[20] 苏力：《法治及其本土资源》（第3版），北京大学出版社2015年版，第6页。

[21] 吴从周：《试论判例作为民法第1条之习惯法：为我国判例制度而辩护》，载《台大法学论丛》2010年第2期。

[22] 金秀丽：《论习惯的司法适用问题》，载《学术交流》2017年第11期。

[23] 胡康生主编、全国人民代表大会常务委员会法制工作委员会编：《中华人民共和国物权法释义》，法律出版社2007年版，第198页。

[24] 蔡养军：《对我国相邻关系法的历史解读》，载《北方法学》2013年第1期。

指出,相邻关系是一种"熟人社会"的熟人关系,这决定了相邻关系的处理自有一套处事和处世的规则,〔25〕其不同于以陌生人社会为主导的商业社会的人际关系可以通过纯粹理性的法律来加以解决,习惯是在相邻关系的不断发展过程中形成的,将习惯作为相邻采光妨碍的认定依据是可行的。

3. 公平合理原则作为相邻采光妨害认定依据的可行性

从体系角度看,《民法典》第288条规定的"有利生产、方便生活、团结互助、公平合理"相邻关系的处理原则也可用于相邻采光妨害认定。从表述的顺序上看,公平合理原则位于最后,可理解为兜底性原则,处理相邻采光关系,最终要实现的价值为相邻各方的利益能维持在一种相对平衡的状态,利益分配的基准为公平、合理。法律具有价值规范的属性,其有要追求的法律价值,〔26〕因此,需要从法律价值或者法律目的的高度出发为权利设置一个合理界限。相邻采光妨害的认定问题从本质上说就是运用法律为相邻各方的采光利益划定边界,容忍义务可作为确定界限的法律技术。同时,容忍限度的确定也需要价值的指引,相邻权的确定依赖于"必要性"的判断。在采光关系中,采光的必要性、享有程度以及个体需求不同等问题使法官在判断时难度更大,公平合理的法价值可提供指引。

公平原则是现代民法的一项基本原则,是民法追求的基本价值理念之一,"公平是法律价值的伦理基础"〔27〕。在人际交往中,公平是指相互间的给予与获取保持大致持平的平等互利。这与相邻关系制度目的是相匹配的,即在"义务理性"之下,作为"合理的"现代人的人的理性不仅仅体现在对自己利益最大化的精明判断上,还包括对相邻利益的尊重和容忍的理性。〔28〕对"合理"的理解更侧重于"必要性",强调相邻权人只能在非妨害他人不动产的情况下不能实现自身相邻权时,有权以对邻地产生最小范围妨害的方式限制邻人对其自身权利的行使。〔29〕因此,从价值层面上看,公平合理原则较为全面和准确地表达了相邻关系处理的原理,应当将其作为相邻采光妨害认定的依据。

---

〔25〕 邱本、王岗:《再论相邻关系》,载《当代法学》2015年第6期。

〔26〕 [法]雅克·盖斯旦、[法]吉勒·古博:《法国民法总论》,陈鹏、张丽娟等译,法律出版社2004年版,第701页。转引自韩光明:《财产权利与容忍义务——不动产相邻关系规则分析》,知识产权出版社2010年版,第79页。

〔27〕 于浩:《功利主义视角下法律价值的认知逻辑》,载《社会科学》2017年第5期。

〔28〕 韩光明:《权利冲突、相邻关系与义务理性》,载《比较法研究》2008年第5期。

〔29〕 胡康生主编、全国人民代表大会常务委员会法制工作委员会编:《中华人民共和国物权法释义》,法律出版社2007年版,第195-196页。

二、习惯作为相邻采光妨害认定的依据

(一)习惯引入相邻采光妨害认定的原则

1. 管制标准优先原则

管制标准优先原则关乎习惯的适用程序。根据《民法典》第289条的规定,[30]习惯的适用前提是法律法规没有规定。从文义上对相邻采光关系规范进行解释,不得违反管制标准是首要判断依据。相较习惯,管制标准从国家公权力的角度对人们最基本的采光利益划定了底线,具有科学权威、明确统一、便于确定、节约资源、尊重行政等方面的优势,应作为优先考量的因素,既给予公众相对明确的行为指引和预期,也减轻法官认定的难度。故将习惯引入相邻采光妨害判断应当遵循管制标准优先原则。

2. 习惯的合法性原则

合法性针对的是习惯本身,也是习惯引入相邻采光妨害判断的基本要件。习惯良莠不齐,其事实存在不代表其具备合法性,故在适用习惯时需要法官对其合法性进行判断与证成。合法性判断的难点在于确定标准与规则。习惯的"合法性"包含两重含义,一是"合法律性",二是"合正当性"。[31] 前者的检验方法为审查习惯是否与现有制定规范相冲突,如习惯与制定法的文义、精神和目的不相符,该习惯便存在合法性不足的问题;后者即实质合法性、合目的性,是一种社区成员对习惯的合法性认同后内化了的社区共识,需要法官在司法实践中加以判断、识别和论证。通常,习惯的合法性审查包括如下几个方面:一是是否损害国家、集体、社会公共利益;二是有无侵犯他人合法权益;三是是否违背社会道德基本规范;四是是否违反法律、行政法规强制性规定。例如,在一起案件中,法院就以"将房屋前后的公共通道围成封闭式院子独自使用"的习惯违法和损害公共及私人利益为由否认其效力。[32]

3. 习惯须经充分说理方可适用原则

须经充分说理方可适用关乎习惯的适用方式,作用在于避免习惯的恣意适用和滥用。我国的裁判文书过去一直缺乏说理,主要原因在于我国法官就说理方式未形成一套规范的分析流程或法律思维,[33]缺乏法律意义上的充

---

[30] 《民法典》第289条规定:"法律、法规对处理相邻关系有规定的,依照其规定;法律、法规没有规定的,可以按照当地习惯。"

[31] 王林敏:《论习惯的合法性检验标准》,载《山东大学学报(哲学社会科学版)》2009年第5期。

[32] 刘某、廖某某相邻采光、日照纠纷案,广西壮族自治区桂林市中级人民法院(2018)桂03民终1781号民事判决书。

[33] 凌斌:《法官如何说理:中国经验与普遍原理》,载《中国法学》2015年第5期。

分论证和说理。习惯发源于民间社会的传统法律文化和人们的日常生活,相较于制定法,更易获得社会公众的认同,因此在一些难办案件中,如缺乏制定法的明确规定或法律与习惯存在错位甚至冲突,法官为追求裁判的社会可接受性,倾向于依据习惯进行判决。[34] 但是,民俗习惯具有不确定性和模糊性,法官如果不对习惯进行充分论证将导致依据习惯进行判决缺乏说服力。例如,有法院依据"安场镇安常社区街上相邻房屋间建房均有不留通风采光之民俗"作出判决,[35]但对该民俗的合法性、稳定性以及存在与否等内容均未进行审查论证,这将直接影响当事人对该案件结果的认可程度。因此,适用习惯进行相邻采光妨害判断应当进行充分说理。

(二)习惯引入相邻采光妨害认定的判断标准

1. 习惯形成原因及合理性

习惯生成的原因及目的直接导向了习惯的内容,要确定习惯能否适用,就要探究其合理性。习惯的本质是一种行为规则,是法的"前身",是不同利益之间发生冲突时解决纠纷的衡平利益机制,其之所以能被人们普遍接受和遵从,有其社会、思想、文化和经济根源。[36] 习惯的地方性特征意味着习惯的形成与其地理环境、人文历史以及利益斗争等因素的共同作用。因此,对习惯形成原因的考察需要以习惯适用的社会环境和自然环境为研究对象,法官在进行采光习惯识别时需要对相关因素综合考量。

此外,习惯司法适用长期面临"良俗与恶俗判别之难"[37],习惯生成的背景与原因仅仅证明了其存在的现实需要,并不意味着其具备合理性。合理性判断关乎价值判断,难以提前设定统一的标准,需要依靠法官在个案中结合习惯生成的原因与背景进行综合认定,进而逐渐形成对习惯合理性识别与确认的社会共识。

2. 习惯的长期稳定性

习惯必须和国家制定法一样具有规范性才能作为判案依据,从外部看,规范性具体表现为某一规则长时间、反复地在一个地区发挥作用。[38] 关于

---

[34] 唐娜、王彬:《结果导向的裁判思维——基于法官审判经验的实证研究》,载《法律适用》2020年第4期。

[35] 郑某某与高某某相邻采光、日照纠纷案,贵州省遵义市中级人民法院(2015)遵市法民终字第528号民事判决书。

[36] 杨立新主编:《中华人民共和国民法典释义与案例评注(物权编)》,中国法制出版社2020年版,第330页。

[37] 江西省高级人民法院研究室:《直面民俗习惯的司法之难》,载《法律适用》2008年第5期。

[38] 瞿琨、戴燚:《民间规则的司法识别:程序、内容与机制》,载《山东大学学报(哲学社会科学版)》2012年第5期。

习惯之构成要件存在“四要件说”,具体包括“人人确信以为法之心”“一定期间内反复为同一之行为”“法令所未规定之事项”“无背于公共之秩序及利益”。[39] 惯行的长期反复会逐渐加深人们的预期,久而久之就会形成这样一种认识:依照惯行是正确的,违背惯行则不被人们所接受,甚至需要受到惩罚。虽然反复多次未必能实现习惯的内心确信,但在此过程中,这种确信会逐渐加深。

习惯的长期稳定与“法的确信”之间应是表里关系。“法的确信”理论是大陆法系判断习惯司法适用性的重要标准之一。人们选择某种行为,原因首先在于其认为该行为对其有利或者不产生负面影响,这是从主观方面去阐释规范行为的内心确信;只有当主观意志表达具有客观意义,即某种义务观念时,习惯这一规范的“法的确信”即“当为”观念才得以产生。[40] 此外,人类的从众心理会使个体在行为时偏向于模仿他人行为,当在社会中形成既定行为模式时,社会就会对特立独行的人的行为予以否定性评价,并贴上“异端”的标签,从而逐渐划清常态和异端之间的界限,这就是形成“确信”的过程。由于这种“法的内心确信”难以通过表象显现,所以通常以长期稳定性作为习惯的判断依据。当“法的确信”被运用到司法裁判中时,需要法官捕捉这种行为或现象及其反映的大众心理,并通过语言描述的方式间接论证说明人们对于某种习惯确实存在“法的确信”。

3. 习惯的地域普遍性

与法律不同,习惯具有一定的地域性,如《民法典》第 289 条中的“当地习惯”,从文义上看,作为处理相邻关系依据的习惯应当限于“当地”适用的惯行。习惯总是与特定群体相关联,不同地区的人们在生活上存在较大差异,但这也并不影响习惯在特定地区的普遍适用性。此外,个体习惯不应成为裁判依据,只有那些在当地实施多年并被当地多数人所遵从和认可的习惯才能被称为“当地习惯”。也正因为这一习惯被当地多数人所认可,以该习惯为依据作出的判决才能获得当事人及类似群体的认可,习惯也因此具有了正当性。

4. 习惯的可证明性

由于我国尚未进行官方的习惯调查或者民间习惯汇编,因此将事实意义上的习惯转变为法律意义上的习惯主要通过在司法实践中个案的累积来实

[39] 胡长清:《中国民法总论》,中国政法大学出版社 1997 年版。转引自金秀丽:《论习惯的司法适用问题》,载《学术交流》2017 年第 11 期。

[40] 王林敏:《论习惯法中的“法的确信”》,载《甘肃政法学院学报》2011 年第 1 期。

现。有研究发现在法院主动适用习惯作为判案依据的案例中少有对习惯进行说理的案例,习惯识别论证过程的缺失导致法院在运用习惯时显得十分牵强和随意,[41]重要原因之一在于习惯的证明难度大。如果强行将习惯用于司法裁判,得出的裁判结果往往难以让人信服。因此,习惯的可证明性也应成为习惯司法适用的要件之一。

"由于作为习惯法本体的习惯是长期形成的,而且人们对此具有内心确信,因此习惯法具有可证明性。"[42]习惯作为一种事实存在,应当具有可供证明的客观事实,而不仅仅依据当事人陈述。例如,某地的建筑习惯,可以通过周边其他房屋存在较多类似建筑予以证明。当事人作为熟悉并信仰习惯的主体,其对习惯的具体内容理应清楚,故负有举证责任,这也是习惯进入司法的启动机制。同时,考虑到当事人可能面临举证能力薄弱等问题,也可由法官运用释明权将习惯导入司法。[43]

(三)基于实证分析对相邻采光案件中习惯的类型化

类型识别是法律发现作为一种法律方法的核心要素,确定习惯的类型也是习惯识别的一个重要方面。目前习惯的类型划分较为常见的是以是否善良为标准分为良俗与恶俗;高其才教授从研究习惯本身的角度将习惯划分为宗族习惯、村落习惯、行会习惯、行业习惯、宗教寺院习惯、少数民族习惯等。[44]习惯适用的研究需要对具体的习惯类型进行发现、论证,才能真正使习惯摘下神秘的外衣,[45]进而在具体案件中得以适用,使事实意义上或者说是道德意义上的习惯转变为具有一定司法强制力的法意义上的习惯。类型划分应当与目的相匹配,从更好指导司法实践的角度,通过整理和分析相邻采光纠纷中适用习惯的案件,本文拟根据习惯所调整的关系的不同对涉及相邻建筑采光的习惯进行划分,具体划分为三类:涉及不动产利用关系的习惯,主要表现为建筑习惯;涉及人际交往关系的习惯,主要表现为邻里习惯;涉及人与环境共生关系的习惯,主要表现为生活习惯。

1. 不动产利用关系的习惯:建筑习惯

采光、日照关系请求权是相邻一方建造建筑物或在土地及建筑物上搭建

---

[41] 陈洪磊:《〈民法典〉视野下我国民族民事习惯的司法运用——基于235份裁判文书的分析》,载《华中科技大学学报(社会科学版)》2021年第5期。

[42] 王利明:《论习惯作为民法渊源》,载《法学杂志》2016年第11期。

[43] 王林敏:《民间习惯的司法识别》,中国政法大学出版社2011年版,第67-68页。

[44] 高其才:《中国习惯法论》(第3版),社会科学文献出版社2018年版,第11-15页。

[45] 王林敏:《民间习惯的司法识别》,中国政法大学出版社2011年版,第19页。

构筑物、工作物影响相邻土地或建筑的采光、日照所引起的,[46]因此,讨论相邻采光关系离不开不动产,其反映的是不动产利用的关系,具体来说就是建筑习惯,通常涉及建筑结构、朝向、选址或高度等内容。有学者对相邻建筑物间距进行调查,发现各地有不同的习惯。[47] 各地会根据实际的地形地势情况衍生出不同的房屋建造习惯,房屋的间距会直接影响采光。

在农村地区的司法案件中,已经显现出建筑习惯的适用空间。对于建筑习惯的认定,可以通过与同地区房屋建筑相比较的方式进行。例如,在一案中,法院经现场勘验,认为原告翻建房屋北屋南北长度与同村其他房屋北屋南北长度均相差不大,符合本村翻建房屋南北长度的习惯,并不存在恶意将北屋大幅度向南跨的行为,被告房屋客观现实地影响了原告房屋的采光。[48]

在一些案件中,法官主动根据当地普遍知晓的习惯进行判案,径直认定该习惯并据此作出裁判,该类型的习惯应归属于"众所周知的事实"[49]。例如,在一案中,法院认为,案诉照墙按当地风俗习惯的确普遍存在,应予保留。[50] 此外,法官还可从房屋建造与一般人普遍认识的角度来判断案涉房屋建造的合理性。在一案中,法院认为被告房屋的西北角屋檐与原告厨房的距离尚不足20厘米,从建房居住习惯及安全角度来看,二者间距过于贴近,确已妨碍原告厨房的采光和通风。[51]

2. 人际交往关系的习惯:邻里习惯

主流观点认为相邻关系产生于对所有权绝对原理的反思,随着财产固定化和"私有""界分"等观念的产生,群居的人类社会中个体间的紧密联系必然使所有权绝对无法在现实生活中持续,对所有权绝对的否定意味着人与人之间不再是原子化的个体存在,而是相互关联的,因各种原因所产生的交往关系必不可少。因此,相邻关系虽然被规定在"所有权"中,但其要解决的核心问题是人际关系,有学者提出,相邻关系的本质已从所有权的限制与扩张

---

[46] 王俊、林岚:《采光、日照纠纷案件裁判精要》,人民法院出版社2012年版,第42页。

[47] 郑永福、陈可猛:《近代中国"相邻关系"中的民事习惯》,载《史学月刊》2008年第12期。

[48] 闫某、周某相邻采光、日照纠纷案,河北省邢台市中级人民法院(2021)冀05民终1717号民事判决书。

[49] 最高人民法院《关于适用〈中华人民共和国民事诉讼法〉的解释》(2022年修正)第93条第1款第2项。

[50] 方某某诉余某某相邻采光、日照纠纷案,浙江省淳安县人民法院(2012)杭淳威民初字第101号民事判决书。

[51] 杨某业等诉杨某来相邻采光、日照纠纷案,广西壮族自治区钦州市钦北区人民法院(2017)桂0703民初822号民事判决书。

发展为人与人之间利益的冲突与平衡,〔52〕或者说是不动产权利人行使其权利的合理延伸和必要限制。〔53〕在长期的邻里交往关系中会逐渐形成平衡冲突的相处“机制”,而这种“机制”就是一种邻人间的交往习惯。这种交往习惯的关键在于其有效性,〔54〕通常无须过分探究其何以有效,长期的有效性使探究其中的“道理”并不那么重要,只要当事人及当地的人们对这一交往习惯予以认可。例如,在一案中,法院查明事实部分明确,经法官向辖区城建部门和居委会了解,当地老城区民房在建房后如需开窗,按习惯应经城建部门批准和四邻同意,否则应维持现状。〔55〕

3. 人与环境共生关系的习惯:生活习惯

法律通过相邻关系规则调整相邻不动产之间的权利冲突的原因之一就在于保护个人的基本生存利益,〔56〕生存利益关涉人们生存的外部条件即环境。人在自然环境中生存难免与环境产生关系,对采光、日照的需求这种常见的表现形态逐渐也形成了人与环境之间存在共生关系的习惯。在一案中,法院考虑到“秋冬季节,我市的广大农村家庭有在自己院落内晾晒粮食等农作物以及衣被等日常用品的风俗习惯”,综合认定被告的挡光行为侵害了原告在自家院落内享受采光、日照的权利。〔57〕在另一案中,法院认为,在当地农村,村民在房前屋后的空闲地栽种树木是村民的一种生活习惯,邻里间形成一些树荫属正常现象,据此认为被告不构成侵权。〔58〕

除了对自然环境的利用,人们还要受所处环境的约束。在一案中,案涉房屋位于商业区,居住密集,这决定了原被告双方住所可利用的空间受限,加上房屋具有商住两用的特殊性,进一步决定了原被告双方就相邻利益妨碍应具有更高的容忍义务。原告应正视采光、通风等相邻环境利益极易受到损害的客观事实,遵守长期以来自觉形成的密集居住习惯。〔59〕

---

〔52〕 陈红梅:《相邻环境权益的私法保护》,河海大学出版社 2019 年版,第 108-109 页。

〔53〕 杨立新:《中国物权法研究》,中国人民大学出版社 2018 年版,第 357 页。

〔54〕 费孝通:《乡土中国》,北京大学出版社 2012 年版,第 93 页。

〔55〕 张某三与陆某宛通风、采光纠纷案,河南省南阳市中级人民法院(2009)南民一终字第 448 号民事判决书。

〔56〕 王利明:《物权法研究》(第 4 版,上卷),中国人民大学出版社 2016 年版,第 646 页。

〔57〕 张某敬与张某相相邻采光、日照纠纷案,山东省聊城市中级人民法院(2016)鲁 15 民终 848 号民事判决书。

〔58〕 崔某宝诉被告崔某库相邻采光、日照纠纷案,辽宁省新民市人民法院(2019)辽 0181 民初 7362 号民事判决书。

〔59〕 崔某明诉韩某民相邻采光纠纷案,山东省冠县人民法院(2015)冠民重字第 5 号民事判决书。

三、公平合理原则作为相邻采光妨害认定的依据

(一)适用公平合理原则的情形

公平合理原则抽象性较高,使法官的自由裁量权大,应审慎适用,对此,本文提出如下三种适用情形:

第一种情形是采光符合国家标准但无可适用的习惯。《民法典》第293条的修改使国家标准不再是相邻采光妨害判断的唯一标准。前文虽然提出了习惯的妨害认定路径,但习惯并非处处存在,其主要适用于农村地区,由于我国城市化发展过快,许多城市地区尚未形成具有广泛共识和普遍适用的习惯规则。因此,公平合理原则具备适用条件。

第二种情形是国家标准与习惯相冲突。采光权同时具有公法和私法两个面向,[60]这使公法标准与习惯均可用于相邻采光妨害判断,但二者的生成逻辑存在较大差异,导致可能出现采光妨害认定结果不一致的情形。首先,公法标准是国家维护公民最基本采光利益的底线,习惯则是当地长期形成的建筑、生活惯行,目的是使人们处于较舒适状态下的采光环境,从采光要求的程度上看二者存在区别。其次,从二者生成所考量的因素上看,管制标准主要从医学、科学角度来设定,习惯则出于对人文因素和人们心理等因素的考量。具体来说,虽然在管制标准以外改变建筑间距会对建筑附近第三人产生影响,但如依据管制标准,其仍属达标,而从习惯角度却未必。那么,当不同判断依据存在冲突时,公平合理原则可提供最终的衡量依据。

第三种情形是既无管制标准也无习惯可适用。现有采光管制标准并不少,但各个标准均有其适用范围,现有标准难以覆盖所有地区和建筑类型。加上习惯亦不具有普适性,这将导致可能存在既无管制标准又无习惯的情形,在缺乏具体规则时寻求原则性规定是一项重要的立法技术。制定法上规定了多项原则,公平合理原则作为兜底性原则,可作为采光妨害认定的其他依据缺位时的最后判断依据。

(二)适用公平合理原则须考量的客观因素

1. 建筑的地域特征

我国地域辽阔,各地地理状况与经济发展不平衡,因此各地需要出台适用于本地区的采光规范,如《锦州市建筑间距、住宅日照、建筑退让管理规定》(2016)等。人们的采光需求受地域和自然环境所限,房屋建筑设计以及

---

〔60〕 郾德奎:《市域邻避治理中空间利益再分配的规范进路》,载《行政法学研究》2021年第5期。

朝向的选择需与当地气候相匹配,例如,南方夏季潮湿炎热,对房屋通风有较高要求,故朝向一般以南或者东南为主;而北方房屋大多为正南朝向以抵御西北风。《民用建筑设计统一标准》(GB 50352—2019)规定,日照标准"根据建筑物所处的气候区、城市规模和建筑物的使用性质确定"。房屋的朝向及建筑形态会影响采光情况,因此,在建造房屋时对相邻各方房屋采光构成的影响是否符合公平合理原则需要考虑建筑所处地域特征。

同时,社会地域特征也应被纳入考量因素。日本的"容忍限度"理论中,采光妨害是否逾越了社会一般人的容忍限度的考量因素之一为日照纠纷发生的地域。[61] 主流观点认为我国立法中规定的处理相邻关系的原则即为容忍限度。[62] 也就是说,建筑所处的地域特征也可纳入公平合理原则的考量因素。有判决以"案涉房屋所在的临浦镇扇面街地域因历史原因房屋均相对密集"为由认定原告对其房屋采光所受影响须承担容忍义务。[63] 此外,在经济较为发达且房价较高的地区,人们对于住宅环境的要求通常会更高,对采光的敏感度也更高。采光利益是社会经济水平发展到一定程度后的产物,判断是否构成采光妨害还需考虑地区的经济价值和生活水平等因素。

2. 建筑类型

以建筑用途为划分依据,可将建筑大致分为住宅建筑、公共建筑、商用建筑、工业建筑、农用建筑,与采光密切相关的是住宅建筑。不同用途建筑对采光的要求以及对采光妨害的容忍限度不同,德国现代主义建筑理论提出了住宅的三大要素:阳光、空气、绿化,民法并非保护所有采光利益,而是主要聚焦于住宅建筑,[64] 人们对于住宅建筑采光受妨害的容忍义务远小于其他类型建筑物。在一案中,法院认为安装太阳能光伏板设备不是生产生活所必需的,其主要用于生产经营,营利需要建立在牺牲邻居生活利益的基础上,违背了公平合理原则,故判决拆除太阳能光伏板设备并赔偿损失。[65]

但并不是非住宅建筑的采光影响均不构成采光妨害,相邻采光关系规定

---

〔61〕 陈华彬:《我国物权立法难点问题研究》,首都经济贸易大学出版社2014年版,第241页。

〔62〕 胡康生主编、全国人民代表大会常务委员会法制工作委员会编:《中华人民共和国物权法释义》,法律出版社2007年版,第207页。

〔63〕 冯某与童某相相邻关系纠纷案,浙江省杭州市中级人民法院(2015)浙杭民终字第2871号民事判决书。

〔64〕 赵桂华:《阳光权之探析》,载《中国环境管理干部学院学报》2015年第6期。

〔65〕 宋某书、贾某梅相邻采光、日照纠纷案,山东省济宁市中级人民法院(2020)鲁08民终5792号民事判决书。

在物权编的相邻关系制度中，相邻采光利益包含了财产性利益。[66] 在“徐某荣、董某利等相邻采光、日照纠纷案”中救济的就是采光利益中的财产性利益，在该案中，法官认定被告所建大棚妨碍了原告农作物的采光，侵害了原告的采光权，判决改建大棚以消除影响。

此外，非住宅类建筑更强调财产性利益。从价值位阶上看，人格性利益优于财产性利益，再加上非住宅建筑的采光利益需求远不及住宅型建筑的利益需求大，一方面是因为非住宅建筑属于工作场所，并不包含居住环境的需求，其功用在于生产经济性价值，优先考虑的是成本与便利性；另一方面是因为非住宅建筑本身追求且可以创造利润盈余，这部分利润盈余亦可用于抵消欠缺采光所造成的损失。因此，如住宅建筑主体与非住宅建筑主体发生纠纷，在判断采光妨害时，对住宅建筑一方予以倾斜保护更符合公平合理原则。在纠纷双方为同一类型建筑主体的情况下，则可根据理性一般人的经验和认识依据公平合理的价值作出判断。

3. 采光损害的程度

在不借助管制标准的情况下，法官在裁判文书中用文字呈现其对采光损害程度的认定过程是很困难的。解决问题的可行路径有二：一是通过法官现场勘查来加深其对损害程度的认识和感知，二是通过司法鉴定依据技术手段搭建采光遮挡前后的采光情况模型。前者成本较低但更依赖法官的自由心证，后者成本较高但能清晰呈现采光损害的对比情况，结果更客观。

在现场勘查路径中，法官可通过亲临现场依据自己之五官作用感知事物之物理上的性质或状态并在此基础上进行事实判断。[67] 对采光的感知和建筑的物理状态无法通过语言文字、照片视频完全展现，案件现场的反映性决定了就采光的舒适性需亲临现场才能与当事人感同身受。[68] 现场勘查可以让法官对证据有更清晰的认识并加深内心确信，深化法官对于案件事实认识的客观性和全面性，进而判断影响采光的因素以及妨害程度是否超过一般理性人的容忍义务。

在司法鉴定的路径中，采用相关技术测量标准对采光受损程度进行定性、定量分析，采用软件对日照时数进行分析计算，再将建筑物群的空间位置

---

〔66〕 吕忠梅教授提出“环境保护相邻权”的概念，采光权、日照权即归属于环境保护相邻权，是一种包含财产利益、人格利益、环境利益的复合型权利。参见吕忠梅：《关于物权法的“绿色”思考》，载《中国法学》2000年第5期。

〔67〕 张卫平：《民事证据法》，法律出版社2017年版，第100页。

〔68〕 陈大光：《论案件现场形成的规律与特性》，载《政法论坛》1997年第1期。

关系输入计算软件,建立数学模型,最后以受采光损害建筑的日照时间变化量来评价采光影响程度。[69]

波斯纳的研究与观察发现,司法实践中实用主义客观存在,法官需要了解法律之外的内容,其经验在判案过程中存在作用空间。[70] 因此,在无法适用公法标准时,法官可根据自身日常生活认识与经验结合鉴定或勘验结果判定采光妨害程度是否符合公平合理原则。

4. 建设先后顺序

依据"自甘风险"规则,如果受害地利用在后,加害地利用在前,法院一般不予支持受害人的主张,因为受害人对采光妨害的发生是明知的。关于建设先后,主要存在两种情形,一种是后建建筑对先建建筑的采光造成影响,另一种是先建建筑对后建建筑的采光造成影响。前者较常见,由后建建筑承担采光妨害责任通常无争议;后者通常被认为是后建建筑"自甘风险"的行为,多数观点认为后建建筑物权利人无权向在先建筑物权利人主张权利。[71] 但在实践中,这两种类型均存在例外情形:一种例外情形是虽然后建建筑对先建建筑的采光造成影响,但这种影响是先建建筑造成的,在这种情况下,要求后建建筑担责不符合公平合理原则。例如,在一案中,法院明确指出原告错误地认为只要自己修建在前,今后被告再修建房屋时就一定得给自己留下采光、通风的空间,这是对处理相邻关系法律规定的曲解,原告对其房屋加建时就没有给他人今后建房预留采光、通风的空间,而现在又要求被告为其保留采光、通风的权利,不符合公平原则。[72] 实质上,这是先建建筑"自甘风险"的行为。另一种例外情形则是先建建筑没有给后建建筑留空间导致后建建筑采光受妨害,在此情况下,因在先建筑对损害发生存在故意甚至是恶意,也不应概括保护在先建筑的利益。

5. 损害回避的客观可能性

法律不强人所难,否则将破坏人们内心的期待可能性,损害法律的尊严。在相邻采光纠纷中,由于采光的特殊性以及历史、地理、经济社会发展需要等因素,存在客观上无法实现对采光利益周全保护的情形。只有在加害人对相

〔69〕 南锟、李永一等:《采光权妨害判断标准研究——以相邻关系纠纷中采光权妨害司法鉴定为视角》,载《中国司法鉴定》2016年第4期。

〔70〕 [美]理查德·波斯纳:《法官如何思考》,苏力译,北京大学出版社2009年版,第36-37页。

〔71〕 林某丹、何某诉宁波华光房地产开发有限公司相邻关系案,浙江省宁波市鄞州区人民法院(2016)浙0212民初字第3670号民事判决书。

〔72〕 杨某文等与杨某碧等相邻通风、采光和日照纠纷案,重庆市第四中级人民法院(2011)渝四中法民终字第00488号民事判决书。

邻采光妨碍可以回避但却不回避的情况下,才具备对加害人科以法律责任的合理性。例如,建筑权利人为获得更大面积的房屋,建房时在原有规划基础上向外延伸了一定面积,导致房屋建成后对相邻住宅采光造成更大损害,即使采光符合管制标准或者当地习惯,但由于加害人的行为缺乏必要性和正当性,基于公平合理原则,邻人对此不负容忍义务。

(三)适用公平合理原则须考量的主观因素

目前理论研究和司法实践中对相邻采光妨害的认定较少涉及侵害人和受害人的主观因素,相邻采光利益与通行等其他相邻利益不同,其更加关注主观上的舒适感,光环境会对人的生理机能和情绪产生影响。〔73〕建筑物的居住价值中除基于实用产生的遮风、避雨、保暖等基本需求的满足外,还包含了关乎身心愉悦的"宜居"的内容。〔74〕多数学者认为采光利益具有人格和财产双重属性,其中的人格要素即体现于相邻各方的主观因素。事实上,采光妨害对采光利益财产属性的损害并不大,采光利益的财产属性主要体现在建筑物价格之上,〔75〕但建筑物价格主要受地域、市场需求、建造成本等因素的影响,虽然采光也会影响房产价格,但相较而言占比很小。据此,仅仅从客观层面讨论相邻采光妨害认定是不够的,还需考量主观因素。

现代法律将人们之间的冲突抽象成理性利益的斗争,但若仅从利益视角去观察,将会"物化"人类这种生物。"人性以及对人性的认知是法律内容乃至法律体系的产生基础。"〔76〕观察人的行为及其所追求的利益离不开主观层面的考察,相邻关系纠纷难以解决背后的人性原因就体现于各方在日常相处过程中一次次因对方不理解或是不配合而产生的不满情绪,这些情绪会直接影响行为人的善意与恶意,进而使法律所预设的"理性人"在具体的案件中为"不理性"之事,这对采光妨害认定以及纠纷妥善解决具有重要影响。

1. 侵害人的主观恶意程度

在日本的相邻采光妨害判例中,权利滥用理论将"妨害日照、通风的妨害者是否具有恶意"纳入容忍限度的判断要素之一。〔77〕西方思想的源头产生

---

〔73〕刘天宇、舒平:《光舒适视角下居住空间形态设计的健康影响研究综述》,载《建筑学报》2022 年第 1 期。

〔74〕刘雅芳、巩泽等:《中国传统建筑与身心健康》,载《医学与哲学》2021 年第 1 期。

〔75〕虽然不能否认环境利益本身也应当有一定价值,但由于现有研究中尚未能将此利益转化为通用的货币价值,本文暂不将其纳入采光利益的财产属性进行讨论。

〔76〕刘清生:《论中国道路的法律人性基础:个人法到社会法》,载《法学》2021 年第 8 期。

〔77〕罗丽:《日本日照妨害救济法理及对我国的启示》,中国法学会环境资源法学研究会 2003 年年会论文。

于对“人性恶”的认识,[78]这种“恶”是指对“私益”无边的追求与欲望,在土地和空间有限的背景下,这种无限追求私益的行为因缺乏正当性而演变为在主观上存在侵占他人利益的“故意”。这种主观故意具有可苛责性,加上采光妨害认定的模糊性较大,因此,采光妨害认定时应偏向对受妨害者的利益保护。具体来说,在相邻采光关系中,侵害人的主观恶意主要表现为两个方面,一是在自己的土地空间范围内建造建筑时明知可以避免却不采取任何方式避免对邻人采光造成影响,二是超出自己的土地空间范围,额外建造建筑物对邻人采光造成影响。

2. 受害人的主观心理感受

受害人的主观心理感受在裁判文书中极少被提及,但并不意味着法官在审判过程中并未对此予以考量,事实上,法官在当庭审理或者了解案情时均可感知受害人的主观感受,而这一部分的“案件事实”会自然融入法官的自由裁量,并在判决结果中呈现出来,只是没有或难以将这一认知过程呈现于说理部分。相邻关系纠纷与其他商业社会中陌生人之间的纠纷不同,情感因素在相邻人之间产生影响的比例更高。为化解纠纷,需要法官在说理过程中、在与当事人接触的过程中居中调和。当然,这种“法感情”并非不受约束的自由情感,而是需要建立在事实理性之上的,这样才能使“法感情”正当化。[79]

(四)基于利益衡量的相邻采光妨害认定结果

相邻采光妨害认定始终需要以具体法律规定为解释文本,对于两个“不得”的解释是解题关键。利益衡量理论为此提供了更有力的理论基础和指引。针对同一法律文本,如存在两种或两种以上的解释,则会产生不同的判决结果。具体来说,如果不将“不得妨碍”作为一项独立的妨碍认定依据,仅依管制标准则更易得出不构成采光妨碍的结论,但该种解释方式并不能使当事人服判息讼或被社会所广泛接受,所以对于该条文的立法变化,不能仅解释为表述上的不同,[80]而应看到其背后隐藏的立法者对于社会需求变化的洞察。这实质上也是利益衡量作用在立法上的体现,法律必须直面真实的社会,社会情境也应成为法院裁判的重要依据。

---

〔78〕 里赞:《“人性恶”与法治:一个形而上学的视角》,载《现代法学》2001 年第 3 期。

〔79〕 唐丰鹤:《司法过程中的法感情——基于心理学情绪理论的分析》,载《四川大学学报(哲学社会科学版)》2021 年第 5 期。

〔80〕 有著作中对于该条的理解认为“该条的轻微变动仅仅是文字上的完善”,本文并不认同该观点。参见黄薇主编:《中华人民共和国民法典物权编释义》,法律出版社 2020 年版,第 212 页。

利益衡量理论除了可运用于法律文本解释上,在个案处理上也同样适用。法律的作用在于梳理并确认各种利益,通过划定边界来明确各种利益的范围以及其在整个社会利益网络中的位置,从而确定对各项利益是否进行保护、保护的范围和顺序,进而促进或限制某种利益,实现促进社会进步和发展的目的。当针对具体案件的特定当事人利益难以确定时,可以将其放大为群体利益,再结合制度利益和社会公共利益,最后确定是否保护采光受影响一方当事人的利益。[81]

较为典型的是近年来加装电梯引起的采光妨害纠纷,广东省高级人民法院 2022 年发布的一件典型案例中,案涉楼房共有 15 户单元房,其中,80%的业主同意加装电梯,但个别业主不同意,其认为加装电梯的行为妨碍其居住房屋的采光和通风,降低居住环境的舒适度。之后,同意加装电梯的业主取得《建设工程规划许可证》后径行施工且电梯已投入使用,于是反对加装的业主诉至法院要求补偿。此时,就原告的采光利益和被告便于出行的利益,何者应当被优先保护?通过利益衡量进行分析,如倾向于保护低楼层居民的采光利益,将原告、被告双方利益扩大为群体利益后可发现,这将导致老旧小区的楼上居民都无法通过加装电梯来改善出行方式,在我国社会老龄化日益显现的背景下,老年人的出行便利可能难以得到保障。从社会公共利益保护和经济发展的角度来看,加装电梯可以促使电梯生产、安装、维修等系列产业的发展,涉及经济增长和劳动力就业等公共利益问题,[82]如此一来,要实现采光利益所付出的成本巨大。从制度利益的角度看,相邻采光关系制度是为了防止他方在非必要的情况下对相邻主体采光利益的过度妨碍所构建的,如果为保护采光利益而需要付出过大成本,那么,这种利益保护将丧失其正当性和合理性。相反,如倾向于保护高楼层居民便于通行的利益,低楼层居民的采光利益将受到严重损害,且高楼层居民通常为多数人,容易造成“多数人的暴政”,使作为少数一方的低楼层居民的“合法”利益受到损害且求助无门,少数人的采光利益也因其不能产生直接可见的效益而显得微不足道。在该案中,法官认为,原告应充分尊重同一楼房大多数住户对加装电梯以便利出行的实际需求,对加装电梯造成的不利影响应予以必要的忍让。但由于加装电梯后客观上对原告居住房屋的日照、采光造成了不利影响,故同意加装电梯的用户应当对不同意加装且权益受损的住户予以适当补偿。法官根据利益衡量的原理,平衡了双方权益,在无法对采光受损方进行完全保护的情

---

〔81〕 梁上上:《利益衡量论》(第 3 版),北京大学出版社 2021 年版,第 121 页。

〔82〕 宋伟哲:《既有住宅加装电梯的困境、批判与对策》,载《河北法学》2022 年第 9 期。

况下,通过金钱补偿的方式由受益方填补了受妨害方的利益损失,使纠纷得到公平合理的处理。

四、相邻采光妨害之救济措施

《民法典》物权编规定的物权保护方式中可适用于相邻采光纠纷的方式有排除妨害、消除危险和损害赔偿;《民法典》侵权责任编第1167条列举了停止侵害、排除妨碍、消除危险等侵权责任。可以挡光建筑建造情况作为救济措施的区分依据,在侵权发生前即建筑物建造前可通过公法上的行政许可来防止损害发生,在侵权过程中即采光妨害形成的过程中可以通过停止侵害、排除妨碍、消除危险的防御型救济措施予以救济,在侵权发生后即采光妨害已经造成且通过拆除完全保护采光利益的成本过高的情况下,可以采取损害赔偿的方式予以救济。〔83〕 侵权发生前的处理涉及公法,本文仅对后两种情形展开论述。

(一)侵权过程中的防御型救济措施

相邻采光妨害的产生通常是一个持续的过程,建造建筑物需要一段较长的时间,在建筑物建造完成之前实现采光利益周全保护的可能性更大,成本更低。采光妨害属于一种"间接的消极的侵入",即"土地所有人因利用自己土地的结果,而发生的对于邻地的侵害"〔84〕,相邻采光妨害的后果较积极侵入型相邻环境侵害的后果更轻微,一旦建筑物建造完成,要实现全面救济的难度更大。因此,在相邻采光妨害侵权过程中可采取防御型救济措施以实现采光利益的周全保护。〔85〕 实践中,如果实施采光妨害的一方建筑为非法建筑,由于其缺乏正当性和合法性,通常可直接采取防御型措施予以拆除。如挡光建筑为广告牌、挡板、围墙等附属性建筑,由于拆除的成本不高,通常也可采取防御型措施予以拆除。

1. 停止侵害

停止侵害是指被侵权人要求侵权人停止正在进行(而非已经停止或尚未实施)的侵害行为。我国从原《民法通则》就开始区分停止侵害和排除妨碍,根据原《民法通则》起草者的观点,停止侵害的适用范围比排除妨碍广,排除妨碍主要适用于存在妨碍但未直接侵害财产性权利的情形,而停止侵害除可

---

〔83〕 刘长兴:《我国相邻权规范的绿色解释——以相邻采光为例》,载《政治与法律》2020年第10期。

〔84〕 陈华彬:《物权法研究》,法律出版社2009年版,第212页。

〔85〕 范雪飞:《请求权的一种新的类型化方法:攻击性请求权与防御性请求权》,载《学海》2020年第1期。

适用于财产性权利外，还可适用于人身性权利和知识产权。[86] 从词义上看，停止侵害与“妨害”一词更注重“后果”不同，其更加关注“侵害”行为的即刻、暂时的“停止”，其目的在于使侵害的过程停下来，避免进一步侵害的产生，但并未从源头将侵害或者造成侵害的威胁清除。停止侵害请求权可以使侵权行为即刻停止下来，在立案后侵权人仍继续其建造行为的，增加的救济成本应由侵权人承担，法官无须因建筑已建造完成、拆除成本过大而通过损害赔偿的方式对采光利益予以间接救济。综上，停止侵害请求权在相邻采光纠纷案件中应有一定的作用空间。在举证内容上，权利人应当举证证明侵权人建造建筑物的行为正在进行，即侵害行为持续性这一事实。最后，需要注意的是，当事人在起诉时如果仅仅提出停止侵害是无法实现采光利益周全保护的，因此，停止侵害请求权仍然需要与排除妨害请求权或消除危险请求权合并使用。

2. 排除妨碍

排除妨碍是指侵权人实施的行为使受害人无法行使或不能正常行使自己的人身、财产权利，受害人请求加害人将妨碍权利实施的障碍予以排除，所针对的情形是妨碍状态持续发生。在相邻采光纠纷案件中的具体表现为采光妨碍已经构成并随着侵权人的建造行为进一步加深，排除妨碍请求权使受害方可以要求侵权人对其行为造成的采光障碍予以排除。排除妨碍请求权的行使需要满足如下构成要件：一是妨碍必须对被侵权人采光利益的圆满状态构成持续性干涉；二是妨碍必须具有违法性，即超过相邻采光利益主体的容忍限度。

3. 消除危险

消除危险是指行为人的行为和其管领下的物件对他人的人身、财产安全造成威胁，或存在侵害他人人身、财产权益的可能，该他人有权要求行为人采取有效措施，将具有危险因素的行为或者物件予以消除。消除危险请求权所针对的情形为侵权行为既未造成实际损害，也没有构成现实的侵害或妨碍，但存在造成损害或妨害的现实危险，具体来说就是侵权人在建造或装修房屋前已获审批并取得相关的施工许可，或者侵权人超出规划许可范围进行施工等存在造成相邻采光妨害的高度可能性。建设项目通过行政审批和获得许可，仅是公法上对建设项目的认可，不能否认建造方可能存在相邻采光妨害的可能。不能将行政法上与民法上的采光妨害判断简单等同，公私法相邻关

[86] 程啸：《侵权责任法》（第3版），法律出版社2021年版，第749-750页。

系作为两种各自独立的法律关系形态,在功能上应具有相对独立性。[87] 因此,即使建设方获得公法上的许可,被侵权人仍可通过行使消除危险请求权来获得救济。行使消除危险请求权需要满足如下构成要件:一是采光妨碍的危险现实存在,被侵权人对此负有举证责任;二是采光妨碍的危险是侵权人超出邻人容忍限度范围建造建筑物所致,即建造行为与采光妨碍危险状态的产生之间存在因果关系。

最后,如果判决文书仅表述为"停止侵害""排除妨碍""消除危险",缺乏具体的操作标准将使执行上无法具体落实或者落实的标准不清。[88] 因此,法官在适用防御型救济措施时应将其明确为具体可执行的措施,例如,判令侵权人在限定时间内拆除案涉建筑物,或者判令侵权人降低建筑物的高度、扩大建筑物的间距。

(二)侵权发生后的补救型救济措施:赔偿损失

损害赔偿包括恢复原状和金钱赔偿,随着市场经济不断发展,恢复原状的成本逐渐提高,使恢复原状优先原则逐渐被金钱赔偿主义原则替代。我国折中地选择了自由裁量主义立法例,将适用何种损害赔偿方法的权限交由法官自由裁量。[89] 在相邻采光利益纠纷中,如采用恢复原状的方式,对于侵权人甚至整个社会而言,所需承担的成本巨大且造成资源浪费,故如在侵权过程中未能通过防御型救济措施获得救济,则在房屋建筑完成后,通常采用金钱赔偿的方式进行补救性救济。此外,相邻采光利益中的人格性利益不涉及对社会性人格的评价,只表现为对人身体健康的影响,这种影响只能通过财产性手段进行补救。[90]

1. 归责原则:过错责任原则

学界、实务界就采光权侵权的归责原则观点不一,在一案中,法院认为原《民法通则》第83条规定的民事责任,不以侵害人存在过错为前提,只要存在损害后果和因果关系即可。[91] 有学者参考法国、日本的规定,提出基于有利于受害人采光利益的考虑,加上采光权的物权属性,主张应当适用无过错责

[87] 焦富民:《功能分析视角下相邻关系的公私法协调与现代发展》,载《法学论坛》2013年第5期。

[88] 王俊主编:《相邻关系纠纷案件审判要旨》,人民法院出版社2005年版,第61页。

[89] 程啸:《侵权责任法》(第3版),法律出版社2021年版,第758-760页。

[90] 王俊主编:《相邻关系纠纷案件审判要旨》,人民法院出版社2005年版,第15页。

[91] 武汉银海置业有限公司与龚某泉相邻采光、日照纠纷案,湖北省武汉市中级人民法院(2014)鄂武汉中民终字第01289号民事判决书。

任。[92] 也有学者在对比域外法的基础上提出适用过错推定责任的观点。[93]笔者认为应当适用过错责任,理由有二:第一,过错责任是侵权法最基本的归责原则,无过错责任和过错推定责任须有法律明确规定方可适用。相邻采光侵害与环境侵权本质上存在区别,不能依据环境侵权而适用无过错责任。第二,过错责任建基于个人主义哲学,理性使人类具有自由意志,人们只需为自己的过错行为负责,无须为他人承受意外所造成的损害。这一制度设计使人们对自己行为享有更大的自由以及对行为的后果有更强的控制力和更明确的预期,进而实现近现代民法自由法的定位。近代民法的建立基于两个基本判断:平等性和互换性,过错责任也基于此而获得公正性与合理性。[94] 在相邻采光关系中,相邻人之间并没有形成鲜明的对立和信息差,妨害方与被妨害方的地位也并没有被固化,适用无过错责任或过错推定责任的理由并不充分。从举证责任分配的公平性上看,以受妨害方举证困难主张适用无过错责任或者过错推定责任的理由亦并不充分,受妨害方举证困难的原因不在于采光妨害与损害后果之间的因果关系链条复杂或者专业技术性阻碍,而在于采光妨害认定欠缺明晰的依据和标准,对此可以依据本文的第二部分和第三部分加以解决。在相邻采光关系中,过错的表现形态为采光妨碍人对超出被妨碍人合理的容忍限度的建造行为持故意、放任态度。

2. 相邻采光利益损害的构成要件

侵权责任的客观构成要件有三:侵权行为、损害后果与因果关系,在采光妨碍纠纷中对应的即为建造建筑物等挡光行为、采光受到妨碍的后果、挡光行为与采光妨碍后果之间存在因果关系。首先,在侵权行为构成要件中,强调的是建造行为对相邻人造成的影响超出民法上的合理容忍限度,受害人应当予以证明。其次,损害后果分为两个层次,一是采光利益本身的损害,二是采光受损所导致的财产损失或身体损害。受害人可以行为人违反管制标准、当地习惯或者公平合理原则为依据证明行为人造成了受害人采光受到妨碍的后果;针对采光受妨碍后进一步导致的损失,受害人可通过增加的电费、取暖费,降低的房价,身体不适所花费的治疗费等金钱损失来加以证明。最后,关于因果关系,法官根据相关因果关系说,依一般社会见解,按照一般人的知识和经验加以判断即可,具体从原因、结果的前后时间顺序、损害事实的客观

〔92〕 黄绍坤:《日照权之侵权责任》,载《黑龙江省政法管理干部学院学报》2016 年第 4 期。
〔93〕 陈红梅:《相邻环境权益的私法保护》,河海大学出版社 2019 年版,第 148-149 页。
〔94〕 梁慧星:《从近代民法到现代民法——二十世纪民法回顾》,载《中外法学》1997 年第 2 期。

性等方面予以考虑。[95] 需要注意的是,如受害方在先前建造时未预留足够空间导致建筑方在正常建造的情况下对受害方房屋采光造成影响,即受害方与侵权人的行为共同造成损害结果的发生,那么在赔偿范围和赔偿数额上应当进行合理分配。

3. 相邻采光利益损害的赔偿范围

(1)房屋贬损价值

住房是我国最重要的财产形式之一,属于大部分人生活中最大的单项购买。现代人们对住房和物权的高度重视,不仅来源于人类文化渊源中对拥有住房的渴望,更是因为获得及保护物权过程中经历的艰辛和漫长。[96] 住房商品化和市场化也使住房本身拥有较大升值和投资的经济收益。同时,良好、优美的生活环境已成为“人民对美好生活向往”的固有内容,并在房价、地价等方面得到直观反映,因此,房价变化是采光受影响的表现形态之一。目前,通常的做法是将房屋采光被遮挡前的市场价和被遮挡后的市场价分别进行评估,以二者的差值作为房屋受采光影响而导致的减损数额,甚至将其直接作为采光妨害赔偿的数额。

(2)受害方采取补救措施的必要费用

采光减少还会产生受害方采取补救措施而花费的必要费用损失,例如,因照明时间增加、使用取暖除湿设备、烘干机等额外支出的电费,对房屋进行采光窗户改造而产生的装修费用等。在一案中,法院认可了通风、采光受阻所造成的清扫积雪费用。[97] 在另一案中,法院在确定赔偿数额时将采光妨害而导致的取暖、照明费用等支出纳入考量范围。[98]

有学者认为房屋贬损的价值可以吸收因采取补救措施而支付的必要费用,[99] 笔者对此不予认同,因为财产损害赔偿应遵循“完全赔偿原则”,受害人因侵权行为所受损失包括积极财产的减少和消极财产的增加两部分,房价的贬损应属前者,采取补救措施所支出的费用则属后者,二者的性质和内容均不相同。

---

〔95〕 王者洁:《采光权侵权的救济路径与规则》,载《学习与探索》2015 年第 4 期。

〔96〕 何艳玲:《“法律脱嵌治理”:中国式邻避纠纷的制度成因及治理》,载《中国法学》2022 年第 4 期。

〔97〕 黑龙江省海林林业局与任某兰相邻关系纠纷案,黑龙江省牡丹江市中级人民法院(2013)牡民终字第 223 号民事判决书。

〔98〕 刘某等与镇原县浙江商贸有限责任公司相邻采光、日照纠纷案,甘肃省庆阳市中级人民法院(2014)庆中民终字第 248 号民事判决书。

〔99〕 黄绍坤:《日照权之侵权责任》,载《黑龙江省政法管理干部学院学报》2016 年第 4 期。

(3)精神、健康损害赔偿

相较可直接计算的财产性损失,采光妨碍造成的精神损害更应予以重视,受妨碍方在诉状中描述更多的是精神、心理上的不适,[100]而非房价的减损或生活成本的增加。对相邻采光利益的保护,更倾向于保护其人格利益,甚至可以为了保护民事主体身体健康和精神安适等人格利益而损害经济利益。[101]

有学者认为阳光权属于精神性环境权,但由于精神利益涉及人数众多,属于纯粹精神享受权利,在我国司法资源不足、效率低下的背景下,对阳光权予以精神损害赔偿私益救济难度较大且有失公正。[102] 笔者认为,是否对采光妨碍造成的精神、健康损害进行赔偿,关键在于环境精神利益在当前社会和法治发展水平下能否纳入法律保护范围。外在的经济社会发展水平和人内在的需求层次是观察环境精神利益诉求成长的两个重要因素,案件中原告的诉求以及法官在判决中对采光利益的认可均体现了采光精神利益已经逐渐成长为具有普遍意义的社会心理预期,这使该利益诉求类型权利化具备了社会现实基础。人格利益从物质性要素向精神层面的发展趋势使"民法对人格利益的确认和保护也经历了从着眼于人身物质性要素的'人之本体'保护到把人精神层面的利益诉求逐步纳入法律范畴的发展过程"[103],环境精神利益也应受到法律的保护。司法实践中,法院大多以精神损害赔偿于法无据为由对原告诉请不予支持,但也有法院认为,采光权侵害既体现在对物权的侵害,也可能导致健康权、身体权等其他权利的侵害,是多重侵害的综合,赔偿内容应包括健康赔偿费、视觉污染费等损失。[104]

4. 确定相邻采光损害赔偿数额的影响因素

(1)采光损失程度

采光损失程度具体表现为三项指标:一是每日采光受妨害的时间,二是受采光妨害的房屋面积,三是采光受妨害的天数。针对每日受妨害的时间和

---

[100] 张某有、青海省公路建设管理局相邻采光、日照纠纷案,青海省民和回族土族自治县人民法院(2020)青0222民初2392号民事判决书。原告在诉请中描述了其房屋终年难以见到阳光的情节,并诉称采光受妨碍使其正常生活遭受到严重影响,对其一家人在物质上和精神上均造成了损失,严重影响了其家人的身心健康。

[101] 孙磊:《环境相邻权基本问题新探》,载《学术论坛》2014年第4期。

[102] 史一舒:《我国环境侵权精神损害赔偿制度的司法限制与扩张——基于18个典型案例的分析》,载《山东大学学报(哲学社会科学版)》2018年第3期。

[103] 张璐:《论环境违法行为所致精神损害赔偿的权利基础》,载《东南学术》2017年第6期。

[104] 马某德等与湟中县住房和城乡建设局相邻采光、日照纠纷案,青海省西宁市湟中区人民法院(2020)青0122民初122号民事判决书。

受妨害的总天数,时间越长妨害程度越高,妨害方的可责性越大,赔偿数额应相应增加。针对房屋面积,通常来说,房屋受损面积越大损害程度也越大,赔偿数额也越大。此外,如果采光受损的为厨房、杂物房、书房等居住环境利益较小的空间,可以适当降低单位面积损害赔偿的标准。

(2)当地经济状况与当事人生活水平

采光利益是经济、社会发展到一定阶段后的产物,其价值的高低会受供求关系的影响,在地广人稀的欠发达地区,土地的密集化程度低,采光供大于求,采光利益价值较低;而在寸土寸金的发达地区,土地资源日趋紧张使土地呈现立体化利用的趋势,发达地区的人们对良好采光环境的需求远比欠发达地区的人们更迫切,此时采光供小于求,采光利益价值上升。我国各地经济状况差异较大,人们对采光的内在需求程度也存在差异。因此,在确定采光妨碍的损害数额时需要考虑当地的经济发展状况以及人们的生活水平,但总体来看各地的赔偿数额标准差距不宜过大。

(3)房屋价格、地段与面积

不同地段、面积、价格的房屋受采光妨碍后,当事人的反应程度、赔偿要求会有所不同,这也从侧面说明了这些因素对房价的影响程度是不一样的。在一些发达地区存在城中村,城中村中的房屋采光大多受损严重,但该区域居民通常不会因此提起诉讼,原因在于其认为相比采光受阻,地理位置优越、交通便利、房价较低等因素更重要,而这些因素也使该地区的房价并不会因为采光受阻而大幅降低。因此,在确定赔偿数额时,房屋的价格、地段、面积也可纳入考量,但这些因素占比较低。

5. 损害赔偿计算模式的选择

目前学界和司法实践中的损害赔偿数额计算模式可归纳为如下四类:第一,定额赔偿法,即按居室被遮挡状况确定一个一次性赔偿数额。[105] 第二,直接以受遮挡房屋被侵害前后房价的差额作为赔偿额。第三,根据受损害程度,确定房屋每平方米的赔偿数额,与房屋受损害面积的乘积即为总赔偿额。第四,在第三种模式的基础上进行细化:①以国家相关标准为基准,确定一个数额较大的赔偿单位[元/(分钟·平方米)]与一个数额较低的补偿单位[元/(分钟·平方米)],将二者相加后计得赔偿总额。②将低于国家标准的

[105] 湖北辉宇房地产开发有限公司、罗某坤相邻采光、日照纠纷案,湖北省孝感市中级人民法院(2022)鄂09民终391号民事判决书。在该案中,原告诉请房屋贬值损失5万元和增加的取暖电费等经济损失5万元,法院基于公平合理原则判决被告对原告应予以适当经济补偿,补偿金额酌情确定为5万元,但未对数额予以释明。

情形进一步划分为不同时间段，并确定不同时间段对应的赔偿单位[元/(平方米·小时)]，高于国家标准的可作一次性等额赔偿。[106] ③赔偿总额=采光赔偿基数N(元/平方米/小时)×受侵害的总建筑面积×每天受侵害时长×总侵害天数+精神损害赔偿金。[107]

在上述计算方法中，定额赔偿法模糊性过大，并不可取。关于第二种模式，挡光前后的房价差值不能直接等同于采光妨碍导致的房屋价值的损失，且在一些案例中，存在房屋采光受减损，但因新建建筑带来该地区商业价值反而使受害人房屋升值的情形，第二种模式亦不可取。确定单位赔偿数额的方式也存在自由裁量过大或过度依赖既定标准的问题。

对此，有研究对房屋采光妨碍房价贬损评估中常用的市场法进行修正与完善，即运用模糊综合评判法提升参照样本的近似程度，通过层次分析法模拟出案涉房屋采光因素占总房价的权重，进而测算出采光妨碍导致的房屋贬值的金额。[108] 据此，可以更准确地估算采光妨碍导致房屋贬损的价值损失，对于欠缺既定赔偿标准的区域可采用该方法，但其缺陷在于评估成本较高且通常适用于频繁在市场上流通的房产。对于农村地区房屋，其房屋贬损的赔偿单价仍有赖于法官的自由裁量。

在现有的赔偿数额计算模式中，大多采取概括赔偿的方式，笔者认为这会加剧采光妨害赔偿的模糊性和不确定性，应结合上述关于赔偿范围的论述对赔偿数额计算公式予以完善：赔偿数额=房屋采光妨碍所导致的贬损价值(采光造成房价贬值的单价×受侵害的总建筑面积)+因采光妨碍所增加的电费、取暖费等费用{赔偿基数[元/(平方米·小时)]×受侵害的总建筑面积×每天受侵害时长×总侵害天数}+精神或健康损失费用，每一部分的数额在判决中均应予以明确而不应采取概括总额的方式，如此方能逐渐形成较为统一、科学明确的采光妨碍赔偿数额标准。

---

[106] 李超：《采光妨害的判定及其赔偿标准》，载《人民司法》2009年第11期。

[107] 王者洁：《采光权侵权的救济路径与规则》，载《学习与探索》2015年第4期。

[108] 闫涵：《采光权侵害对住宅贬值评估研究——以山西省丁香园小区采光权纠纷案为例》，兰州财经大学2022年硕士学位论文，第20-47页。

征稿启事

《环境资源法论丛》由吕忠梅教授主编，法律出版社出版。自 2001 年出版第 1 卷，至今已出版 15 卷，所有文章收录于中国知网和北大法宝网。自第 15 卷起，《环境资源法论丛》由中国政法大学民商经济法学院环境资源法研究所主办，坚持"跟踪环境法研究热点、展现环境法发展方向"的出版思路，设置"重点专题""基础理论""制度研究""案例评析""外国法译评""学位论文选粹"等栏目，每年出版 1 卷，长期面向学界诚征稿件。

1. 来稿以 1 万至 3 万字为宜，须为原创性学术作品，严格遵守学术规范。

2. 欢迎名家大作、新人新作，也欢迎博士、硕士研究生踊跃投稿（含博士和硕士学位论文）。

3. 注释体例等格式规范请参考《环境资源法论丛》第 11 ~ 15 卷。编辑部保留在尊重作者基本观点的前提下进行文字修改和内容删减的权利。

4. 来稿请附作者简介和联系方式。稿件一经采用，即奉上样书和稿酬。

5. 投稿请以电子邮件方式发送至邮箱：hjzyflc@ 126. com。投稿两个月内未收到编辑部通知的，可自行处理。

《环境资源法论丛》第 16 卷，拟以"生态环境法典编纂研究"为重点专题，特别欢迎关于环境法体系化、生态环境法典制度设计的稿件。第 16 卷截稿日期为 2025 年 5 月 31 日，拟于 2025 年 12 月出版。

《环境资源法论丛》编辑部

2024 年 12 月 1 日